고성 연화산 옥천사 사적기

▣ 편 자
최선일(문화재청 문화재감정위원)
원명스님(고성 옥천사성보박물관장)

▣ 감 수
고경스님(순천 송광사성보박물관장)

▣ 번 역
도해스님(광주 원각사 부주지)

▣ 윤 문
이인혜

▣ 사진 제공
동북아불교미술연구소, 옥천사성보박물관
정성혁(충북대학교 겸임교수)

고성 연화산 옥천사 사적기

초판 인쇄 2020년 3월 05일
초판 발행 2020년 3월 10일

편 자 : 최선일

펴낸이 : 신학태
펴낸곳 : 도서출판 온샘
주 소 : 서울시 용산구 한강대로 208-6 1층
전 화 : 02-6338-1608
팩 스 : 02-6455-1601
이메일 : book1608@naver.com
ISBN 979-11-966441-6-1 93220
값 18,000원

고성 연화산 옥천사 사적기

최선일·원명 편
도해 번역
고경 감수
이인혜 윤문

도서출판 온샘

옥천사 사적기를 펴내며

경남 고성 연화산 옥천사는 사찰의 이름에서도 알 수 있듯 감로수가 흐르는 1,500년의 역사가 있는 곳이다.

편자는 1990년부터 옥천사의 성보 문화재를 실견하기 위해 방문하였고, 2014년에 사립박물관에 소장된 도난 문화재를 찾아주는 일을 계기로 몇 차례 더 방문하였다.

사찰에는 30년 이상 문화재를 지켜주신 노스님들과 맑은 향기가 나는 소임을 맡은 스님들이 살면서 사찰의 역사를 밝혀줄 연구자를 찾았고, 그 인연으로 동북아불교미술연구소에서 학술대회와 성보박물관 특별전시회 등을 도와주었다.

또한 옥천사성보박물관은 문화재의 수집과 전시 등을 통하여 문화재적 가치를 밝히려는 전시회를 체계적으로 추진하여 어느 박물관보다 내실화를 기하고 있다. 이에 몇 명의 연구자들이 고성 옥천사의 역사와 성보문화재의 문화재적 가치를 밝혀줄 수 있게 성보박물관에 소장된 옥천사 사적기를 탈초, 감수, 번역을 진행하게 되었고, 작은 역사의 흔적을 학계에 공개하게 되었다.

사적기 편집은 필자와 원명스님이, 감수는 송광사성보박물관 고경 관장스님, 번역은 광주 원각사 부주지 도해스님이, 윤문은 이인혜 선생님이 하였고, 부처님께 회향하는 마음으로 도서출판 온샘 신학태 대표가 간행을 해주었다.

이 작은 사적기 번역본을 부처님 앞에 올리며 20세기 초 사적기를 정리한 스님과 옥천사를 지킨 신도들께 두 손 모아 감사드린다.

2020년 2월

최 선 일

감사의 글

옥천사는 통일신라 문무왕 16년에 화엄십찰로 창건된 유구한 역사를 간직한 사찰입니다. 또한 '모든 것은 항상 하지 않는다'는 금구성언의 말씀 따라 연꽃이 피고 지듯 연화산 옥천사도 흥망성쇠를 간직하고 있습니다.

이미 전임 주지 지성스님께서 '연화옥천의 향기'를 발간하여 옥천사의 전반적인 역사와 현황을 정리하신 바 있습니다. 하지만 1차 자료로 인용된 '옥천사 사적기'는 부분발췌 번역에 그쳤습니다.

이번에 발간하게 된 '옥천사 사적기'는 옥천사의 역사를 종합적으로 기록한 현존 문헌으로는 가장 오래된 것입니다. 옥천사성보박물관 수장고에서 무심히 한 세기가 지나서야 좋은 인연들에 의해 일반 대중에게 얼굴을 내보이게 되었습니다.

비록 오래된 고문헌은 아니더라도 9차에 걸친 중창과 함께 한 역대 큰스님들과 시주 단월의 원력이 생동하는 귀중한 문헌입니다. 이번 '옥천사 사적기'의 간행을 통해서 옥천사와 인연 맺은 신도님들이 원찰에 대한 자긍심과 애사심이 증장되기를 바랍니다. 더불어 다시 천년 세월이 흐른 뒤 연꽃 향기가 나는 사적기가 간행될 수 있도록 사부대중과 함께 정진해 나가겠습니다.

마지막으로 도난성보 환수를 인연으로 늘 옥천사의 문화재와 성보박물관에 애정을 가지고 도와주시는 최선일 선생님께서 수장고의 육중한 문을 통과할 수 있도록 사적기를 탈초해 주신 것에 감사드립니다.

또한 감수를 해주신 순천 송광사성보박물관장 고경스님, 번역을 맡아 주신 광주 원각사 부주지 도해스님, 윤문을 해주신 이인혜 선생님, 사진촬영을 해주신 충북대학교 정성혁 교수님, 마지막으로 어려운 출판여건에도 간행을 허락해주신 도서출판 온샘 신학태 대표님께 옥천사 사부대중을 대표하여 감사한 마음을 전합니다.

불기2564년(2020년) 2월 19일

옥천사 주지 원각 합장

차 례

I. 옥천사 사적기 원문

편자 최선일 · 원명스님

감수 고경스님

도서출판 온샘

▪ 玉泉寺事蹟記[1]

표제: 玉泉寺事蹟記〔玉泉寺印〕

내제: 佛紀二九六二年[2] 改編

玉泉寺事蹟册〔玉泉寺印〕

1쪽 玉泉寺史蹟要目[3]

一. 寺格總說

二. 本寺位置

三. 沿歷緣起 別記上仝下丈

四. 殿閣重創

玉泉寺記

滋芳樓記

法堂成造

仝 重創記

滿月堂記

淸風堂記

---

1 1935년 / 종이 / 28.3×17.4㎝

2 佛紀二九六二年는 1935년이다.

3 본 사적기의 원본은 책의 면면이 역순으로 제책되어 있다. 따라서 가장 마지막 면이 첫면이 되고, 첫면이 가장 뒷면으로 배치되어야 한다. 본 탈초편에서는 이를 감안하여 순서를 수정하여 등재하였다.

十. 完文

戶曹節目略記

3쪽 沿歷及年代表

創建次第	創建者氏名	年代	由來	備考
第一創	義湘祖師	新羅文武王十六年丙子		昭和十年까지 距今一二六〇年
第二創	眞鏡國師	〃 孝恭王二年戊午		〃 一〇三八年
第三創	混應和尙	高麗光宗十五年甲子		〃 九一二年
第四創	慧隱和尙	〃 睿宗五年庚寅		〃 八二六年
第五創	寶融和尙	〃 高宗二十六年乙未		〃 六四一年
4쪽 第六創	智雲禪師 圓悟禪師	〃 恭愍王二十年辛亥		〃 五六五年
第七創	學明大師 義悟大師	朝鮮仁祖十七年己卯		〃 二九七年
第八創	妙旭禪師	〃 肅宗三年丁巳		〃 二五九年
第九創	聾醒和尙	〃 高宗二十五年戊子		〃 四八年

5쪽 玉泉寺沿歷記

寺格總說

本寺는 新羅古刹로 涉歷高麗하야 爰及朝鮮에 千三百年의 長遠한 沿歷이 有하고 山明水麗한 勝槪는 南鮮의 一位에 点據하다 山名은 蓮華요 寺號는 玉泉이라 함은 古記云 山勢가 突兀崢嶸하야 如數朶芙蓉이 秀出南斗之傍者 是蓮花也오 中有玉波가 瀉出石竇에 聽一途潺湲하야 鏘鳴岩曲

6쪽 之限者 是玉泉也 則山之有寺에 可想其昉이 命名之義者也
오 又嘗觀杜老玉泉詩하니 蓮花交圖共鳴鳥之句가 當於斯
也 則玆山形勝이 與子美之所爲詩로 亦以其肖而名焉이라 蓮花
玉泉이 奚獨與子美之所稱으로 異歟아 此乃山岩寺之爲名者라
하니 蓮華及玉泉이 通古亘今에 名義一稱者 是寺總格也라

寺格位置

晉陽之南 固伽倻之北에 有蓮華山하니 山脈이 卽小白山系로

7쪽 德裕智異兩嶽을 經하야 橫亘百餘里에 屈曲起伏하야 南走一
支가 與咸安之艅航과 晉州之臥龍으로 竝立成局에 蓮華山勢가
重疊連峰에 坊環西南하고 豁開東北에 天秘地開한 精秀道場
을 点位함인 즉 四圍山勢가 逶迤延盤에 突兀蓮山이 削出雲外하고
清流玉派가 洗滌塵垢하니 遠客이 驟停에 頓覺仙界之眞緣이
오 每以春風夏雨에 異香이 襲人하고 秋月冬雪에 神光이 淨明하
니 養眞之禪庄이오 修道之樂園임을 於斯覺得하니라

8쪽 沿革緣起

新羅文武王(第三十三王)十六年丙子에 義湘祖師가 寺基를 奠
開하고 佛宇를 創建하니 至於玆山基局하야는 如始作祇桓之精舍
요 初造旃檀之瑞像이라 玉泉靈가 開建於此源하다
右는 新羅 義湘祖師가 支那에 西學하야 終南山至相寺에서 智嚴
禪師의게 華嚴奧旨를 學得함에 藍茜의 本色을 阻壞하고는 文
武王 九年에 還國하야 小白山 錐洞에 居하게 됨에 門徒가 三千人의

9쪽 多數에 至하엿스니 그 中에 上首弟子를 列擧하면 悟眞 智通 表訓
眞定 眞藏 道融 良圓(亮元) 相源 能仁 義寂 十大德이리고 그 中

에서 眞定 相圓 亮元 表訓을 四英이라 하엿스며 同十六年에 王勅를 受하야 浮石寺 創建를 爲始하야 華嚴宗 十刹의 大學을 定하고 宗風를 大揚하게 되엿다 하니라

唐大薦福寺 故寺主飜經大德法藏和尙傳에(崔孤雲先生撰)

誘令一國 學遍十山이라하고 其下 自註하기를

10쪽 海東華嚴大學之所有十山焉 中岳公山美理寺 南岳智異山 華嚴寺 北岳浮石寺 康州伽耶山海印寺 普光寺 熊州伽耶峽普願寺 鷄龍山岬寺(括地志所云 鷄藍是) 朔州華山寺 良州金井山 梵魚寺 毘瑟山玉泉寺 全州毋岳山國神寺(今歸信寺) 更有 如漢州負岳山靑潭寺也 則此十餘所也라하니라

本寺가 新羅 時에 云毘瑟山玉泉寺라 寺額을 命名함은 卽義湘 祖師가 十大寺刹中 一部伽藍也라 然이 昔之毘瑟를 爲名者는

11쪽 山之東北에 仙遊玉女彈琴(望仙) 三峰이圍繞列立하야 對案相峙에 仙人은 彈絃琴하고 玉女는 調毘琴之格故로 觀其圖局하야 當時命名者也오 朝鮮 仁祖十七年己卯에 學明 義悟 兩師가 重建寺宇하고 以蓮華로 改定者는 山之峯嶽崢嶸에 十丈蓮華之形勢故로 但按北山勢而因其名者이며 又云突兀尖峰이 聳出雲外에 完如半開之蓮集故로 因其山之形模하야 連後 更以蓮華之意로 命名者 是也라하니라 此卽第一創也라

12쪽 按智異山 雙溪寺 眞鑑國師碑銘(崔孤雲先生撰)에 云 隣岳招提(寺院別稱)가 有玉泉以號云云으로 爲證 則以玆山 爲隣岳이라 云함이오 是寺의 玉泉를 指함인 즉 雙溪古號가 玉泉으로 爲名이 與是寺並立를 確知也라

新羅孝恭王(第五十二王)二年戊午에 眞鏡國師가 早訪名師하야

勝地絕境을 探尋하야 道學를 畢한 后에 自在無碍의 遊跡化
行으로 玆山에 住緣를 暫托함이더니 曾前으로 求法出山타가 治裝

13쪽 還本한 朗琳禪師와 接顏相見하야 道友를 交結한 后에 感此山
氣之精秀와 水石之皎潔하고 於修道者의 適宜之道場이라 하야
修禪社를 創設하고 禪衆을 糾合하야 安禪入定의 制程으로 寺規를
嚴竣하니 眞風이 大振이라 寺基를 擴張하고 伽藍를 修築하니
佛殿衆寮가 幾層宏大함이라 禪敎를 兼進타가 眞鏡國師는
因後他山으로 移錫하다하니 此是 第二刱也라
高麗光宗(第四王)十五年甲子에 混應和尙이 門徒를 引率하고

14쪽 玆山에 掛搭한 以后로 佛殿及梵樓를 重刱할새 事巨力乏함으
로 重建의 緣由를 詣京上奏하와 優答를 奉하고 下來하와 地方官
府의 補助로 不數日而成功하니 煥然刷新이라 和尙이 先是辭
親出家의 十五에 入山하여 削髮染衣하니 天資가 銳敏하고 慧學이
聰俊하야 經典를 通學한 後 律儀를 嚴守하니 法雷轟震에 遠
近衲子가 雲集道場이라 選佛場開하니 四衆交參이러라 除玆惠
居大師가 南遊頭輪山타가 適期玆山으로 移錫하와 混應和尙과

15쪽 道懷를 論量하고 定慧를 雙修함에 此伽藍의 重建機會가 實由
善知識의 智德雙運하야 亘萬歲而永作無窮之福田시라 云하
니 此是 第三刱也라
高麗睿宗(第十六王)五年庚寅으로 爲始하야 曾前부터 慧隱和
尙이 自初入山에 上慕先師之功勳하고 下報緇衲之美擧하야 鎭肅山
門에 自有高德이러니 一日은 哀然 歎日 報佛恩德이 莫如守護
伽藍이라 하고 擴張舊制할 새 良工를 招致하고 石材를 並運하

16쪽 야 殿堂를 增築하니 寺格이 宏雄이라 臨期에 妙應大師가 宗風를
宣揚키 爲하야 名山巨刹을 踏破하다가 幸而玆寺에 留錫하면서 慧
隱和尙의 玄旨를 遊刃하고 宗理를 分析하니 可謂法鼓競鳴이며
智德雙峙더라 時則山內林木이 參天하고 村閭遠隔에 山高水咽
이라 百姓殄滅한 精粹道場으로 修道者의 適要處로 爲定하고 精
藍를 更加修補하니 東禪西僧에 道風이 融〃하고 前寮後堂에
慧月이 朗耀하야 儼然有叢林之軌範하니 參學與敎學者 各

17쪽 自能擇에 修悟하야 爲人天之師表者 往〃輩出이라 然後로 妙應
大師은 智者의 八敎三觀의 宗旨를 熟練하고 妙理를 講話하니
僧規가 整然함으로 當時 尊의 名聲이 遠振함에 此是 第四刱也라
高麗 高宗(第二十三王)二十六年乙未에 普融和尙이 緇徒를 董率
하고 山門를 再興하니 面有太和之慈容하고 心懷蘊妙之德相
이라 百緣同心에 萬事如意러라 論量世智에 要防邪牽이요
迷茫苦海에 濟衆寶筏이라 稱頌함으로 高開化籌之頂門

18쪽 하니 嶺湖 兩域에 碧眼子가 輻湊并歸러라 去丁酉에 當大
藏經板之移設晉州分司에 鑑證被任에 功勳이 甚多라
內證外校에 消失數年之星霜하니 本寺之護衛에 居然疏
忽이라 卽還本山하니 如干寺宇가 難免於風射雨注어
늘 先是부터 着手하얏든 寺役를 連續經營할 새 深感
慧隱禪師之威德解弛하고 回顧大衆之誠心微弱하
야 祈佛發願하고 極力刱役하니 慧隱雲和尙이 亦執

19쪽 策於外務에 合心同力하야 內外專一하니 寺院重刱이
一層雄大함으로 遠近諸刹이 異口同讚이라 告功之夜에
神妙한 呈祥이 有하니 法宇及梵樓가 雙然成新이라 第五刱也라

高麗恭愍王(第三十一王)二十年辛亥에 智雲 圓悟 兩師가 本是方丈
의 一區에 獨築孤庵하고 安禪入定하다가 一日은 甁鉢를 收拾하고 侍眷를
引率하야 有緣處移錫하기로 誓言自進할새 此山에 惠
然來臨하와 宗風를 紹隆하고 伽藍를 修築하다 盖論兩師之智

20쪽 德功勳 則非但興寺로 巨星이라 亦乃宗門匠伯시니 世間百千燈光
이 燈〃相傳하야 明而不盡者를 謂之觸物解理에 事理雙融也라 佛
法運用의 無爲之中에 表有爲之相 則其生滅應用之理가 恒隨機緣而
示現自在하나니 的知終極復始者 是也로다 槪論兩師는 以護法之
宗匠으로 當時 演福寺文殊會에 參拜하고 回程之路에 臨하야
熙宗元年乙丑에 鑄成한 金口一座를 携來하야 本寺에 設用
키하고 然後佛事를 大作回向하니 此乃豈是偶然成之리요 實[4]

21쪽 朝鮮仁祖(第十六王)十七年己卯에 學明 義悟 兩師가 寺
基를 開拓하니 可謂龍蛇之大亂以后에 開創寺運 則滄
桑浩劫에 成壞之變이 如有하고 風雨經閱에 閉塞之患이
連生이라 本寺의 經歷由來가 自新羅二刱으로 至高麗
四刱하야 如春開秋落之勢로 上下千載에 興廢交進를 從
玆槪觀이나 國祚變換에 加之廢佛崇儒之被害가 不無
하고 苛酷한 兵火에 寺院의 實蹟이 殘遺한 形影까지 無漏

22쪽 全滅함이라
古記云 庚辰皇明崇德四年에 學明이 暨義悟하야 於是
寺初刱이라 하며 仁祖二十二年甲申에 東上臺를 初建하고 仝
乙酉에 尋仞堂 甲午에 窮禪堂 法堂 甲辰에 性冀 勝安

4 뒤에 "第六刱也"가 빠진 듯하다.

頓戒 等 諸師가 正門를 建築하니 前後二十年間에 達함
이라 按傳記云 學明禪師가 遍踏南邊타가 轉到此方하야 當
前日夜에 留宿於大芚里村落할새 深夜夢中에 有一老神

23쪽 人의 案前으로 越山向谷에 迥然히 大伽藍於圖局이 出現이라 夢
覺에 以旣然未然의 非凡像想中에서 東明이 已白이라 翌日早旦
에 大芚峙를 登踰하야 休杖獨坐에 望見蓮華山氣則景槪勝絕
이 實合於夜夢之幽想이라 更히 扶笻徐步하야 到此寺址에 結草
爲屋하고 獨居數年之後에 與義悟等諸師로 一處相着하야 開昌
道場하고 剏設院寺이라 하엿스니 第七創也라
大亂之後寺敗之際에 空道無寺라 敵窟이 已成에 宋大將軍이 部

24쪽 下을 多率하고 節陣行暴함을 學明大師가 放出하엿다는 傳言
이 有之하며 宋大將의 神를 奉祀하는 祠堂이 山門에 尙今有之하다
朝鮮肅宗(第十九王)三年丁巳에 至하야 前期兩師의 剏寺竣功한
지 追後六十餘年를 經하야서 妙旭禪師가 繼後創役하니 法役之
徵이 太過에 一鉢이 無恒하야 浮雲難繫하고 鳥散魚潰에 擧寺皆
空이 自甲寅으로 至丙辰에 幾不能復矣라 山人妙旭이 刻念重興
하야 身先入定하야 招集緇徒하고 奬勵諸衆하야 修治於狐兎

25쪽 之窟하고 樹立於樵牧之場 則佛宇更設이 煥然一新이라 云하얏
스니 毁寺廢院이 極度嚴酷에 本寺之全敗於空虛之地를 實測
이라 按建物於年代 則丁巳年에 點漏閣 香積殿 滿月堂를 剏
하고 仝戊午에 觀音殿 淸溪堂 玉蓮庵를 建築함인대(高宗甲
午年 地方民擾에 充火를 當한 后 重建의 力를 不得함) 庚申年에 極樂
殿 靑蓮庵 白蓮庵 等의 建築만(火燒 后에 依前 重創) 함이더라
妙旭禪師의 重建以來 三十餘載로 至丙辰年間하야 時竺大師가

26쪽 爲師繼効前賢之所劃하야 與義修 就瓊 寶旭 釋奎 坦珠
致寬 等 五六禪으로 同心設誠하야 公殿諸寮를 去舊重新하
고 以虛就實에 積小成大 즉 不乏所用이라 盖竺師 則玉泉重
興之主張也요 瓊, 奎, 旭, 寬, 珠 五六師는 守成之良儔也 즉 世
稱竺師之道場也라 云하니 第八創也라
朝鮮高宗(第二十六王)二十五年戊子에 當하야 聾醒和尙이 本寺로
傳山하야 前後十數年間에 重興한 功勳이 最大하다

27쪽 切論和尙之補寺護法之威德 則敎運이 衰退하야 寺社革去에 三
韓以來 幾千의 大伽藍이 擧皆淘汰됨이오 殘微한 寺額도 漸次削
減되여 愁怨이 日深함이더라 乾隆四十九年七月日 發禮曺文
帖에 云(玉泉寺 本以晉州富刹로 房爲七房이오 僧爲三百餘矣러
니 近來 則房則如前 而僧則一百三十八名에 不過하니 雖不及
古昔極盛之時나 論以近來各寺 則可謂全盛이오 且以紙品이
頗好之) 則其時其事를 可以推知이오 本寺도 全局寺刹의 一部

28쪽 伽藍에 緇流가 減損하고 變怪가 慘極함이라 于今二百年內에 限
하야 加之雪上加霜으로 特히 以上과 如한 御覽紙進上寺刹에 編入
되어 煩雜한 制度下에서 寺財가 蕩竭되고 賦役에 疲弊되여 荒
唐紛擾中에서 焉間百餘年來의 經歷에 渾寺가 全然破滅
之境에 陷落됨을 山野共歎이러니 幸히 寺運이 回旺함인지 和尙이
移錫한 以后 渾寺의 慘憺한 光景을 宿覽하고 春風秋雨幾
個星霜을 外護內整에 獻身勞力ᄒᆞ므로 立大志發大願하야

29쪽 祈佛誓願하고 萬死一生의 餘에 寺財를 回舊하고 寺庵를 還本케
泰然自若터니 不過多年이 去甲午年에 地方民擾의 衝火로 因하
야 重〃梵樓와 留鎭古品이 全히 烏有에 歸함이라 寺況이 極度

悲慘에 再建를 圖劃할새 渾山大衆과 合心團力으로 上訴政官하고 下及各營의 信賴을 得하야 山內庵舍은 僅히 還搆이나 宏傑堂寮은 荒廢한 空地에 露柱만 遺殘함이라 然이 現今寺庵의 裕財와 佛殿의 燒香齋供이 悉히 和尙의 偉勳임을 瞻慕함이니 第九刱也라

30쪽 (和尙의 實記은 有功碑文에 參照) 함
本寺의 沿革由來를 槪論하면 新羅 義湘祖師가 開山初刱으로부터 高麗 刱建主 混應禪師에 至하기까지 禪敎兩宗을 闡揚하엿슴이오 妙應大師는 天台宗旨을 熟覽하야 妙理를 講究하엿스며 其後 慧雲[5]法師는 闍崛山開山祖師 梵日國師의 宗統를 傳承한(高麗宣宗時) 斷俗寺住持 大鑑國師의 門風를 継來하엿슴에 智雲, 圓悟 兩師도 順調로 玄化를 宣布함이오 李朝 中葉

31쪽 에 至하야 學明 義悟 兩師는 慧覺尊者의 門孫으로 寺基를 重刱하엿스며 推後로는 天海禪師의 後를 襲하야 浪軒, 應日, 雲吾, 碧虛 등 高明碩德이 聯出하야 山門을 守護함이오 限百餘年來로는 大雲, 水龍, 錦溟, 龍雲 諸大宗匠이 講鍾를 吏鳴하엿스며 現存法侶로는 雪坡, 晦庵, 龍潭, 喚庵, 翠山 等 各 門庭이 年久住山하야 宗風를 宣揚함이더라

32쪽

33쪽 殿閣重刱篇

玉泉寺記

晉陽之南 蔚然環者曰 蓮華山也 萬壑千岩 舒縮交校 會脈周遭爲洞 一門萬道 飛泉交會 爲一澗流 其內奔走 屢

---

5 慧隱의 오기.

折轉流而下二十餘里 遇東川而合流 涉於嶺南矗石樓去十
餘里之下郊外長江矣 自州而望之 山川相繆 鬱乎蒼〃者也
山之中 有寺曰 玉泉 之東維有峰 自天落 其勢 若藕絲之浮地 生

34쪽 綠之渡水 止于不遠之地 作局開張 爲庚坐甲向之点塏 雙流扶於
左右 疎竹表於道場 不隱不露 爲奇絕之境 此所謂壺中別有天
地者也 雖有王維之筆 不能擧萬一也 前有僧學明 結其數間
茅屋 其制如蚌螺之膓肚 卑陋窄俠 故人不居止 不能無慨然 妙
旭其名者 悟其塡址之美歟 爲刱建精舍 告衆而受其尺疏 與詩人
君子而詠之 今爲二百餘詞也 外稱叢遠近筆詞 自爾生矣 惟欠記
跡 去二月初 明照震公而手擇措之者 三事一舭 來寄言余曰 已搆

35쪽 精舍 禪衲聚扱趣問 寶燭光明 香爐烟氣 依俙於兜率天宮 皎
然於祇桓精舍 願一言以記之 余才拙筆鈍 何以爲記乎 筆如王維 文
若退之 然後隨意下筆 拒經春秋至冬月 初再如累日 昒昕非懈而
觸曰 記者其事迹 何以退之文羲之筆 浮譽於其間哉 書之不已 敍
其山川之作局開張矣 刱建之年月始末 諸幹士之會謀 成乎檀越之隨
喜 召號後來諸人 以爲觀監焉 山自白頭一氣分 竹林七象同
安室 尙泰成成俯潮溟 出定茗香共點焚

36쪽 康熙四十年辛巳四月日 知白道人尙玄撰

後錄

庚辰年東上室刱建化主學明

壬午年僧堂刱建化主比丘美玉

丙戌年禪堂刱建化主比丘文眞義悟

甲辰年正門刱建化主比丘頓戒

庚戌年十王殿刱建化主比丘惟卞

37쪽 己巳年滿月堂刱建化主比丘德聖世弘
甲戌年觀音殿及靑蓮庵刱建化主比丘幸聰
辛巳年十王殿重刱建化主比丘前判司天海
中鍾金鼓并化主比丘敬雄
辛巳年白蓮堂重刱化主比丘敬憲 以外本寺及瓦工等畧

滋芳樓記

中洲人說山水之勝 輒曰天地淸淑之氣 盡萃於東南 昌黎 送寥

38쪽 道士 亦爲此語矣 混沌氏始剞劂也 流時爲物 從自然中 出來造化 玆
心機意 近律劬勞焉 凡九洲之內高山大川 莫載錄於禹貢一篇 又
有殘方所掌 則大略可知 已至若某山之奇邃 某水之佳麗 必藉
夫文章筆舌 始發楫而闡揚焉 天台之遇思邈 零陵之遭子厚
廬瀑之得太白東坡者 皆山水之幸也 如我者 有疑於天之慳板 而鬼
神之所護 則其見惑爾 二氣所釁 自有已矣 徐結而爲山 融而爲川 有
亦嘗古無而今有也 亦顯晦在人 焉子具弁死 恃望局見 未嘗窺渤

39쪽 海 以外詩人之詠 亦是皆以爲〃蔓 天地東南 世所謂之神 而卽靑丘
一域中物秦童 未至杜老孤竹 則豈有其慳秘探涉而欲令俗人窺觀
耶 折或顯晦 有時闡發在人故歟 千五百年之間 釋氏之敎盈天下
佛殿梵宮 相望於烟霞境界 而名山盡屬於如來道場矣 以吾東淸
淑之氣 不鍾於人 不鍾於山川者 徒爲緇徒所占山遊者 先說某山
有某寺 必有歸宿之地 余知造物精神氣力 殆於望流時 而流時之
於緇徒 亦當以遇爲幸否 從方丈南去百餘里 有蓮華山〃有玉泉

40쪽 寺 〃之設 纔百年 而今爲大刹也 是山也 始有名於東國 若使無釋氏 吾
恐其任日 一湮沒於海隅荳脈 而不知有蓮華山間淸泉石白 可以觀始者

亦自有恨 彼玉泉 何以見稱焉 天下之東南 又於海國之東南 而專以
扶輿磅礴之氣結之 而是山川則何關於遇不遇 其埋沒也 其闡揚也
非幸也 茅以世間所傳 說或有顯晦爾 寺僧起法堂鐘樓之南 始告
而來 謁於余 爲求文以記之 寺以始創 歲月及長第就儲 則已載於
事蹟之軒 敝峰壑之幽 勝泉石之爽 往來者 皆目寓焉 至於出佛

41쪽 乘之說 非吾所宜言 釋氏亦以寂滅爲其道 雖張皇於文字間 窃
恐非其本旨也 吾寧問而不書 至於山川顯晦 則不能無所感焉 遂爲之記
乾隆二十九年甲申陽月下澣 山西翁徐公有常記 時住持雷遠
材木大施主
咸平后人 幼學 牟以成書 固城縣令崔公嵩

晉州南面蓮華山玉泉寺 法堂成造 新建法堂 繼成丹雘 斯人之建計
也 萬歲千秋 豈不美哉歟 役軍之功勞 雖不煩書 施主緣化 列錄于后
(諸般施主等芳名略) 順治十一年甲午四月十一日 法堂成造畢
乾隆十年乙丑六月日 改刻

42쪽 時住持 通政 達願
書寫 通政 浪軒
改刻 浪淳
化主 比丘 性翼

大雄殿法堂重創記文

昔闕賓國王 而揷一枝竹於佛前日 建立精藍畢 佛云如是如是 王問
本起之因 佛許究竟之果 宣其實語中密語 普覺將來無量群生

43쪽 含容法界之理也 惟我本寺 羅代招提 搆造宏闊 模楷精灑 氣凝

光映 甲於南洲 荒風凄雨 有時毁壞 畵樹傾仄 丹雘累褪 無常成壞 難得而測者也 惟獨大雄法殿衰頹甚險 故去高宗元年甲子春 龍雲和尙化萬行而合衆力 重建經營 小龍大德 先創董役 運搬木石 破舊成新 其營建法宇 比前宏傑 開有限之賄財 永種無漏之福緣 則豈獨一時捨施之功德耶 亦乃含容法界之眞體也 若不往劫逢値大法王之眞緣 豈登常樂之彼岸 豁開頂門眼 普

44쪽 照大千界 應合群機 永作人天之寶燭矣 回向蓮華一寶閣要群生得光明 四生六途一光中 土土皆作黃金色 乃至盡法界虛空 無量衆生 證悟淸淨本然 則同諸如來圓覺伽藍淸淨覺地 表裏相契也

聖上二年乙丑三月日 衲 無爲子 識

蓮華山玉泉寺滿月堂重刱記

山也 邑之南名區也 寺也 山中之佛國也 堂也 寺之內梵宇也

45쪽 嗚呼 堂之重刱 歷年多矣 棟樑傾頹 瓦縫零落 居僧痛惜 過客傷感之 歲在丁卯春 堂主玄水釋義修者 慨然有志於重改重建 成以慈悲信心 誠問寺中一鳴焉 寺中感其鳴 而廣施財力 所有房財 俶其補用 又使二三比丘 爲募檀越 物若天來 功若役冠 數月之間 竟成大厦 益新舊制 因以蓋瓦之 因以落成之 因以塗排之 因以丹雘之 巋然壯麗 儼若天成焉 是知物而日興 而由人而興之 噫 向之痛惜之者 發歡喜 肩白衲 露赤脚 東軒西軒 南牕北牕 數

46쪽 月引以淸風 或誦其間 或啜茶 或偃臥其間 莫若樂其樂而隨其喜讚美者 亦莫知其欲也 月懸悉知 亘萬古而長照 堂屬於叢林 歷千秋而隱輝 而叢林滿月堂名字 共長照天月一色 則堂

以滿月名 尤可嘉矣 余一遊 聊以爲記
　　　乾隆十二年 赤兎季秋 曲江后人 識

嶺右晉陽蓮華山玉泉寺淸風寮重修記文

吁 晉陽之南 花岳高焉 花岳之東 玉泉源焉 玉泉之北 淸溪

47쪽 流焉 而山之秀 水之麗 氣合於壺之中者 豈非卜此萬年之靈區乎
此間不可無棲息之殿舍 故歲在崇德四年庚辰 始開新基 則三
佛宇四蘭若八衆寮 巋然立焉 而風堂數間 亦開於東西之陽
邇來百有餘年矣 室之初創者云誰 古之師天海也 室之重創者云
誰 今之僧 浪軒, 應日, 應淸, 瑞淸也 功成丁亥之春 而淸風美
焉 有覺棟楹 斲舊成新 翬飛詹軒 去小成大 則宏壯華麗
之態 冠於一洞 秩〃幽〃之聲 闡於三嶺 而居於斯 長於斯者

豈不爲千百年之計哉 寺中之費 房中之損 難以一筆可記 後
來禪徒 倘揣其一勞久安之意乎 因取其綱領者 以論之
　　　乾隆三十二年丁亥仲冬 釋頓隆書

48쪽 嶺右晉州郡蓮華山玉泉寺奉香閣重修兼丹䨼記文
夫通天下一地也 而其地勝爲大者 有四焉 一日金剛 二日妙香 三四
則九月頭輪也 頭輪之脈 落爲群峰者雖多 山秀水麗者 南距
百餘里許 蓮華山 是第一也 山之下 有寺額曰玉泉也 不知其何
人之開 歲有年前 而洞谷弓廻 層巒疊嶂 風塵自絕 烟霞縹

49쪽 緲 若不甚邃 淸趣尤多 有志於山水遊觀音 躡烟霞臨泉石 尋幽邃
勝之輩 若濁若素 逐日而來者 猶若纏市之人 可謂山雲水月之中
一名區也 惟我寺中 搆其寶殿 成其堂宇 則可謂閱世維久 基礎

堅完 惟是瞻星一室閣 九夏滔霪 三冬氷雪 碧瓦龜拆 櫛風沐雨 棟樑摧頹 衆所悽慨者 此是寺也 乾隆十六年辛未首春 奉香中 德震初道人 重修事論於住持釋朗軒曰 惟其金剛不朽因軒也 以 道人之言 曲陳衆意 則世波搖落 人心不古之際 而矢心荷擔者 十

50쪽 有餘人 略出寺儲 改葺室殿 高曠宏廣 殆甲江右 越明年 招諸 畵工 繪于壁上 帶雲之月 半懸碧空 天下寶刹 皆有瞻星 灑然淸 潔者 無出此也 其施我聖上卽位之三十年也 歲未及周 乃成厥功 事若符合殊功 偉績與渾俱 都監釋通政致寬 請記於余 〃 固辭而不免 擧其梗槪重葺之年代 乃序而記之

乾隆十七年壬申仲秋月 懶庵 守衍 記

蓮華山玉泉寺禪堂重修記

51쪽 余與浮屠師明現交以方外者 久矣 向嘗飛錫而來 亹〃說蓮華 閣寮之魁傑 嶽瀆之明麗 余是雖未躡其境 心常歷然坐馳 矣 今且款門 願借數行文字問己 則曰寺之有禪堂 法侶說玄 舍 而樑朽閱歲補葺無人 法侶以是齎咨久矣 唯時浪軒, 若 律 得淸 三師 乃聰明有志者也 相與慷慨 而發願於期以改舊而修 新 所須募緣之處 而公取一刹中衆財 以爲工費之用凡得勸施 者 若干矣 蒼承孟春始役 而迄數月功訖 間架規模 視前增侈

52쪽 諸禪競賀告成 而啻如燕雀之喜也 三師猶恨其財力 且匱色熚 未伽[6]勞 一歲鳩財 今秋煥施丹碧增光 其有勞於此寺 大矣 烏可無 一言 而記其績乎 余聞而歎曰 頭流一支 東走凝迴此立爲蓮華

6 加의 오기.

一麓列秀開攢 無愧此物獨名 而山中衆寮之照耀於諸方
丈諸大伽藍 是獨傑然無艱矣 矧玆說玄重搆之堂 尤爲蓮華
諸閣中赫〃 使興勝遊賞者 無不改觀興歎 三師雖謂之大有
功於此寺 可矣 棟宇之一成一毁 自有其級 三師者 遍丁其毁

53쪽 乃能有成 余嘗釋氏必曰 前世宿緣且深信心 爲敎印乎 三師
者 可驗夫前世宿緣而成信心矣 余記重現請文 又嘉三師能
成其志 於是乎 書以贈之 未知是能爲記其績乎
赤牛季秋上浣 石浦 朴受紋 記

蓮華山玉泉寺公殿諸寮重修記 丹靑燔瓦記并
晉之南距州五十里 有蒼然鬱然而起 攢靑抹綠 烟都霧市之
間者 花岳宗訣 德裕方丈 而與艅航臥龍 爲兄爲弟而兀立 秀

54쪽 而麗 穹而幽 其遯世修眞之淵藪也 古人愛其明秀 劃於生塲
界 建一柱刹竿 以怡養修成之所以代乎 祈桓鹿苑之精藍開闢
后 天慳地秘之虛域 一旦燎然燦然之佛國 豈地有待運有時
人有和而然歟 於是焉 鳥獸悅得其所 龍天喜而環擁 蓮花
香颷 亦萬世而恒宣 玉泉寺甘露 共千秋而長得 玉潑泉淨〃
行 念〃修之 蓮華藏之界 步〃而歸 蓮華山玉泉寺之者 豈徒然
哉 體經始開土之志 以中興爲己任者 厥號時竺 志慮絕流手

55쪽 段非凡 和虛就實 引小成大 齋庄供廚之不乏 公殿諸寮之扶支
雖莫非此人之謀猷 而義修就瓊兩韻士 觀而慕〃亦爲竺公之
爲 而爲領爲袖 於竺之去後 此所謂興起有時〃代不乏人者也 然
竺爲中興之主 修瓊爲修成主儔也 己亥改淸溪堂 壬寅燔法堂
瓦 乙巳改觀音殿 丙午改僧堂 戊申改備上庫 此竺公之主張而

修瓊十三人刻之 辛亥繪五法堂正樓及諸寮 庚戌新搆地藏
殿 丁巳改羅漢殿 庚申改極樂殿 癸亥改紫金堂及後佛三壇

56쪽 幀 乙丑燔三法堂瓦 此則修, 瓊, 旭, 寬, 遠 五公之主張刻之者 刻〃
亦有其人焉 後之居斯寺者 亦未知其孰主張是 孰刻之是 嗟呼
後之視今 以今之視昔 則安知今日之制度 或有加於某日 而日
後之盛 亦有加於今日者哉 遂書以爲記
乾隆十年靑牛天中月 松巖脫遠 記

玉泉寺祝聖殿序文

大抵寺刹法宇 顯世乎有之此假象 而自求乎福之心也 願堂

57쪽 聖殿之刱 世所稀也 此獨發忠義爲君祝壽之顯也 然
則 自求多福之心 爲君祝壽之誠 度長比重 不可同年
而語矣 惟我兵相國朴珪熙 去戊子春 下矗營 憂國
以誠 治人以明 越明年 政通人和 營邑晏然 其年冬 魚監
察公 爲國祈禱 且奉而來 宣布敎令 則兵相國曰 此吾
所聞也 親臨本寺 不愛數千金 而使僧徒百日爲祝祈
禱 越明年 魚公再到 又爲祈祝之後 祝聖殿刱設之

58쪽 意 宣布敎令 則兵相國 再臨本寺 周行道場 尋基相
宅 而聖殿成造之資 不待傍助 親自專任 三千金出施
以命之 以國民爲名 孰不感賀哉 僧徒各別供念護而
營之 群工必備顧而設之 衆心咸樂 纔始於己丑之春
覆簀於庚寅之春 匠石告功 因命畵工 未月絕筆 忠
貞所在 何事不成 於是相公再臨 三營偕來 擇日齋戒
設壇具禮之後 三位殿牌 同時奉安 懍〃乎如在之誠

59쪽 自發三間殿上三光 而照耀於齋壽三位聖殿 三寶護
而永享 堯風永扇上 無兵革之憂 舜日長明下 有
擊壤之樂 噫噫 兵相國忠貞之願 造成祝聖殿盛事
以山僧之拙文 何敢讚美而記哉 是亦寺中獻誠之事也 不揆
不材 於是乎 敢玆讚記 刱設愿堂 相國之力 忠願所行
孰不讚德 事神以明 爲國祝壽 精誠廣大 福美山斗
由吏韓昌珍 監董徐珍旭

60쪽 時僧統映虛文讚 都監皓月永洽
別座哲月如仁
光緖十六年庚寅 二月日 水龍浩澄 謹誌
右序中 三位聖殿三寶護而永享之句 則斯典寶鑑
亘萬世而無盡之眞詮也 去甲午衝火之難 擧寺皆歸
烏有 而獨聖殿 當局之巨寺 安保其時 加害者等 而
若以聖殿犯火 則皆當逆律爲罹 敢不毁燒者 是也

61쪽 房庵重創篇
蓮臺庵重創記文
蓮山氣脈 西有橫亘之區 山岳護衛 洞府深邃 地軸盤
結 別開靈場也 中有一小庵位而西固 只守蓮花世故 依
然出世間之淸意高潔者 只住此間 修道之名區也 左右松林
査蒼 上下渼波細流 隱〃有寂靜之閒趣 故往昔發心修道
之師 往〃常住道場矣 槪觀蘭若之由來 則古老相傳云

62쪽 斯庵建築緣起 與本寺創建紀元 若先若後之爲言者然耶
完有維舊之基奠 而創建年代 難可勝記也 其搆造形楷 全
模舊制 而古德守護相傳間 有修補之功勞 櫛風沐雨 棟梁

傾頹 幾不能復也 癸亥之春 本庵碧虛智明 兩老德 重創營
役 招致衆力 刻心殫誠 訖於仲冬之節 煥然成新 幾倍於雄
截矣 渾庵禪衆 雲集相應 觀禪念佛 夕惕朝詢[7] 挽廻於古
老之遺風 切想斯庵之精粹 勝絕比觀古德之詞韻 則松

63쪽 烟竹霞森沉處 未曾一步坐鄕城 欲知絕妙眞玄境 虎嘯
鶴吟卽此聽之句 適宜蘭若之眞境寫模也 時以精灑
道場殊勝靈區 祈願祝福間 有不絕而多蒙那畔之冥
熏靈精云 則此界卽天台之聖地 庵之左便山勢 橫盤擁抱
能使本庵基局 安保萬歲哉 ㄴ뎌

乾隆十一年丙寅仲春 釋 端和 記

晉州玉泉寺極樂殿重創記

64쪽 州之南有山曰蓮華 如數朶芙蓉 削出於仰望之間 迥出於
雲霄之中 山之內有寺曰玉泉 是乃源泉湧出 其源混〃 不
舍晝夜 寺之西 有庵曰極樂 依然山非祈園 寺是精舍 土
不西乾 地乃淨土 古昔盛時 庵光玲瓏 極以壯麗 古德禪
伯 往來棲息 大雲長老 講說遺址 繼以水龍法老錵涼道
長 轉法之道場 八域法侶 從師輻湊 可誇於園內名區 而否
泰相專 氣數休旺 甲午燋燼 庵離厄會 噫 此三南仙區 虛

65쪽 爲數年蓬田者 不但衲子之愁嘆 亦乃仁人之咨嗟也 前總攝
哲月石庵暎虛慧月 諸大德 復興虛址 商確重建 募緣
之作路 土木之運轉 始役丙申秋 告功於丁酉冬 其明朗之氣

---

7 乾의 오기.

煥然復興 怳若蓮花更發也 余己亥春來 自全州 暫住瓶
錫 而時總攝石庵和尙命余記事 余告曰 記其山乎 山自無
心 我何有意 記其泉乎 泉流不言 又何多問 於記其寺乎
庵乃佛力之有實 諸師之無相 則余敢受其名而取其實 焉

66쪽 敢玆有感於諸師無相之功德 忘拙略記爾
光武三年己亥三月上巳日 逍遙門人 龍隱以珠 誌

晉州蓮華山玉泉寺白蓮庵火燒後重創記

盖伽藍之初創中建 皆有年代 而盡載於舊記之中 今皆消
火 則難可記得者也 大抵 伽藍興廢 或有運盡而滅亡 或橫
厄而頹敗者 運盡滅亡者 更無顧念補護之人也 橫厄而頹
廢者 或有慨歎顧念之人 故生意於更達重刱之志者哉 今此

67쪽 徐抱月大德 數年接居於不幸 而逢此草爈之變 則心神大
驚 痛歎不已 因發更達之心 而傍無協力同心之人也 然獨發
金石之心 不避風雪 化行於各處 休室與別堂 依舊經營 雖
事巨力綿 如舊而列礎 依法而抛樑 若非金石之誠信 當此禍
亂之後 焉能如是成就哉 余不揆不才 爲其大師之誠力 記此
數行之序 開國五百四年 太皇帝三二年 乙未七月日 水龍浩澄 記

玉泉寺白蓮庵法堂與別堂重修記

68쪽 歲在丙寅 五五余留斯庵在房 慧月老師 種悅大德 請識
於余曰 此寺古今歷事 登木而傳其壽 則豈非後人之眼目
哉 余以不文固辭 而請益堅 不獲已 探之簡牘 覽之宿德 可
以考之者 抄之錄之 以報兩師之言(中間事緣而全載於沿革記 故

畧) 斯庵則灰燼之餘 事無頭緖 故未遑用荊人之斤匠石之
墨 只摯野人之繩 樵夫之斧 不日成功 不過數年 棟退椽落 幾
至顚覆之境矣 至於壬戌春 慧月長老 自發立誓募緣重
(이하결)[8]

69쪽 丑春 慧月長老 種悅大德 赤手空拳 合力同心 不避風雨 東西往
復 百般勞心 則別堂與水桶門間厠廊 各要處 調然成立 於
是乎 修禪長老 容膝適合 求福檀徒 下邸平安也 事實如此
豈不讚仰哉 余不揆不才 但擧其實蹟 畧槪其述之哉
佛紀二九五九年丙寅五月五日　瑞應聖台 記
大正十五年六月四日

蓮華山玉泉寺靑蓮庵重建記
夫世間事物 而皆有成敗 有數存焉 故成後有敗 〃後有成 而成

70쪽 敗雙隨 公理循環也 然事惟待人成果 苟事無自立之力 則事之
成敗 都在由人所致也 本寺元來羅代古刹 山氣精秀水石鮮
潔 實謂護法之靈境也 然千數百年 於風磨雨洗 幾有興敗頻繁
而寺庵基局 從古亘今 愈舊愈新也 本庵諸房中 甲地卜築位
置 向南陽明 竹林相交 隱然有別開蘭若也 故念佛修禪之師
往〃相携 所住甁錫 適宜之道場矣 客年甲午 以地方民擾之厄
禍 寺庵殿堂 全當祝融之變難 無復還搆之策也 本房老德水

71쪽 龍和蓉兩和尙 慨歎悲憤 招致大衆 重建協助 咸諾感極 殫誠

8 뒷구절이 '~丑'년으로 시작되니, 앞에 乙, 丁, 己, 辛, 癸 중 하나가 나와야 하는데 실제 앞 구절은 重으로 끝났음. 중간에 한 장 혹은 그 이상의 결락이 있는 것으로 추정됨.

竭力 出行化緣於諸山巨刹及都市村落 應募若干財 入院本
日 率先董役 及朞成功 內外合一 萬般計劃 用盡不已 而幾
至事半成功之境 畵樹朱棟 勝於舊制矣 豈非佛菩薩之所
護念耶 亦是大衆之勤誠所出者也 蓮山嵯峨 玉波汪洋 乃
斯庵之永久無疆哉

開國五百四年乙未

李太皇三十二年 十月 日 衲 無爲子 記

72쪽

73쪽 佛畵論

晉陽南蓮華山玉泉寺法堂後佛幀影像三藏影像

地藏後幀十王後幀畵成造記

原夫三千界 莫非法王之道場 爰設苾蒭祝頌之地 八萬座元 是
維摩之化 用宜叶象 庶歸授之園 則其影像之設 其來邃矣
給孤獨之園林 黃金模影 王舍城之宮闕 白玉彫形 幾千秋以尊
崇 亘古今而歸仰 噫 佛以大圓覺爲伽藍 混虛空爲體性 非假

74쪽 乎宮殿之輪輿 色相之莊嚴 而且夫像與影 皆假也 非眞者耶
無〃形之影 無〃眞之假也 故以形知影 因影見形 從眞卞假者
凴假求眞 譬如一月在天 分照千江 獨指分照之影 而謂之月 則
是惑矣 旣有在天之月 而乃有分江之影 則抑謂之非月也 亦
豈理也哉 就分照之中 求其不分之體 眞月卽在分照之中 因非
有二 則塡王之刻相模影 謂之眞 可也 世尊之摩頂授記 謂之
假亦可也 誰謂是假也是影也 佛告寶廣閻浮提衆生 擧

75쪽 止動足 無不是業 無不是罪 常以十齋日 結集諸罪 定其輕

重 三藏地藏菩薩 憫憐衆生罪業深重 願離惡道 況模畵聖
像 承事供養乎之功之德 永山海而高深矣 何以今生與後生
也 韓子曰 立之君立之師 教之相生 〃世之君長 乃不易之軌則也 則
人死爲鬼 而亦有君長相率天理 必也無惑矣 孰人超出於生
死 生不爲王憲 死不管冥符者乎 普天之人 莫非王民 生不有君
命 則褒之貶之乎 率土之鬼 亦莫非冥屬 死不有冥威 則賞之

76쪽 罰之乎 善〃惡〃之生死昭〃 此佛之所以設冥符之像 使入赤子
知記所趣也 可不偉歟 嗚呼 天降生民 莫不與之 其一性善 然而
氣稟之初 清濁之分 差於毫釐 而隔於霄壤 故聰明鮮而昏慵
奢 背其本明之德 而循其物之弊者 善之當爲不善 惡之當否
不否矣 今於六七諸君子 植其千萬古不朽善根於法王之道場 以
爲往生蓮花之上者 此亦後人隨喜之成

乾隆九年青鼠天中月下澣 碧波朗靜記

77쪽 化主 嘉善坦珠 都監 通政義修 住持 通政致寬

晉陽南蓮華山玉泉寺大法堂冥府殿重修丹雘三尊像十六羅漢十王改
塗改粉記

南界故多大刹 若佛宇惟侈 僧寶惟殷 晉陽之玉泉
稱焉

上之元年 重修大法堂冥府殿 改增三壇像采黝堊瓦甓 擧
以工妙 厥才計萬 凡四個月告功 住持謂此事不可無一言 請余記其

78쪽 實 余以文無辭者 二三年固辭 愈請益不已 乃援筆而復之 曰
住持使余記其山乎 山本無言 吾不敢異也 余記其寺乎 前人之
述已備 吾不敢後也 使余記其敎壇像乎 凡有心目者 皆可瞻

仰而愛樂 又何待吾言 吾所言者有之 夫是殿與像也 非天隕地
聳 非屈噓而鳥嘩者 而問之 欹者正 故者新 浸漶有光輝焉 依
俙祇園道場 彷彿華藏海舍者 于誰之力也 噫 佛敎流來二
千年 叢林之偸薄 未有今日 望上袍 循欲者多 公善者小 而

79쪽 惟爾有衆 乃於荼毒官徭之中 能知爲善之樂 而勇於功德
者 皆可記然 若非巨澄之規矩 尊引封玹守平慕心之繪畫
工技 則此事未可成也 吾欲四人之功可乎 四人曰未也 非吾之功也
向無演學永心 應靑肅蘭之募衆緣也 晟順光遠活寶之
料量饋食 浪軒應淸 抱照之董監厥役 則四技無所施矣 曰
然則諸司之功 可記乎哉 諸司又不居曰 住持之力 住持歸
于如來功德 如來無相聖人 詔化翁 化翁使余書其事 遂以

80쪽 玉泉寺重修繪畫記云爾 住持名碩忍 與我有舊 嘗有
訪我于隱仙室中 問禪敎大旨

(距今一六五年)

崇禎紀元後三戊戌坐雲之前七日 鏡巖無埃子 慣拭誌

玉泉寺掛佛畫成造記

按南華老仙云 至人無己 聖人無名 釋氏 無相爲體 無住爲用
豈假名相爲哉 但以正容範物 導人追宗 强言無相之相無名
之名爾 歲戊辰 余天嶺移會稽之花林庵 居數月 玉泉寺香

81쪽 室 走伻論余曰 環嶺七十州 莫晉陽如也 環州數百刹 莫我寺
若也 品物備具 掛佛破古 賁發重新之計 謀諸衆 僉曰諾 於
是焉 時僧統對寓 寔主張事 前總攝敬活斗仁記還 寔招
募財 余亦預也 司貨者泰旭 監役者司彦大彦也 邀畫士而成

光相顯〃 瑞氣蟠空 儼然 大雄氏丈六金軀特立 實未曾有也
惟子毋惜齏臼以誌 余蹶然起口呿而驚曰 記者名也 事者實
也 我以恃爲名乎 余惡乎爲然 有不得已者存 凡物之興替 必待人

82쪽 以興時 有其人後 事可成 有其時後 人可功矣 不然則龍興之
殿 何可乎三百年後非衣功德至而成也 是知功成事訖 關於
時而係於人也 余觀近世僧輩 沒於情波 爛於欲火 坐視佛像
之破壞 如視越人之肥瘠 可惜勝哉 若諸公 佛而忘身 公而忘
私 至於金容變換 法殿傾頹 以彌縫補闕爲事 比諸汲〃爲身
者 實天壤矣 事可尚也 略誌云爾 香室 誰 我法兄松谷也 畵士
誰 花岳評三也　崇禎紀元後三戊辰四月日 九淵濬謐 誌

83쪽 玉泉寺大鍾記文
俗傳曰 禮非玉帛而不表 樂非鍾鼓而不傳 至於世利 勢不可無
矧玆佛之道也 鶖大營鍾音 開覺昏迷 發揮幽蟄 其利博矣
亦不可無之者也 蓮華山玉泉寺 水石名區 烟霞福地 然而亦發工
部之省 休破牢爲之雲 息苦無階聲敎有詞 今有寺之釋思震 自
願發心 叱手結緣隨分喜捨 請命鳧氏模範 使能聲振三千界 乘
騎鶴背 上楊州 亦可腰纏十萬貫也已矣 又請余記曰 宿聞世

84쪽 不記功 冥符無驗 今如檀越與緣化等名目 願寫聞上 余從後錄
以爲觀鑑焉　康熙四十年辛巳四月日 知白道人尚玄撰
都監 前和尙竗旭　大功德化主比丘思震 (下略)

85쪽 有功記文篇
龍雲和尙有功銘并序
盡十方亘古今之功德 莫大乎三寶之功 三寶本無住着之相補 此

寺流後來之功德 無越乎和尙之功 和尙亦不住在功成彼岸之邊 遠
逝乎般若無住之彼岸 於戱和尙早達乎三寶無 住相之理者哉
然而以事言之 若一向坐於和尙無住相淸淨本懷 而和尙五種
之功德 終不銘着於板上之言 則後〃之人 其孰能有欽於和尙無

86쪽 住相之大功哉 是故拂拭無毫之筆 而搆成無着之有記乎 和
尙無住相五種之功德也 師之住寺 運泰蓮山 師之告逝 思在其間
一. 中刱大雄殿 一. 刱出卜價租 一. 革罷麻鞋
一. 植成楮田 一. 二夫田結防弊
光緖二年丙子四月 日 煥庵門人 水龍浩澄

聾惺和尙有功文
夫千斤之巨鍾 雖有警世之轟聲 非掉不生 三尺巧琴 雖有峨洋

87쪽 之妙音 非指不發也 故賢人君子 富有施物積德之智仁 非言
無以傳之於後世 則記傳數行之序說 彰表於萬年之流功者 豈
獨專美古耶 古人云 春種一粒粟 秋收萬顆子 此是修因契果
之一律也 佛陀道場大善知識垂仁施德 永鎭山門之法界者 何
有於今日之發信捨施哉 亦是多劫之修仁至果也 是以感頌 爲山
九仞之信功 流芳於萬歲無窮者 實符於此義也
地靈 因循環而時有否泰 寺運 因盛衰而時有成敗 則歸依

88쪽 佛前積願成功者 是萬行化士之功能 則因其長表於萬歲彰其
功勞者 是也 譬如巨鍾巧琴 而因其掉指 而發其響音 何異
哉 本寺羅麗舊刹 隔在南部 敎鐘長鳴 禪風遠振 以惟一
寺規之美範 傳來于千二百餘年矣 這間經歷可不形言 挽近
二百年前 變成紙役寺刹 僧殘寺敗 幾至殘滅之境矣 玆山

古錐 聾醒和尙 獨單率先 祈佛發願 復舊寺運 殫盡
滿腔之誠力 感發裏懷之悲願 先次紙役免除 鐵心勁强 血
89쪽 火焚身 當時不數僧侶之入京 嚴峻禁止 上京數年 心血涸
渴 每於中樞政官 叩首哀願 鐵心感石 天幸免役 纔還本
寺 復舊寺運 完成富饒 未及數載而至於甲午 地方民擾之
禍變 渾寺全歸於烏有之地 則和尙之積年殫誠 而一旦虛
事 敢不憤恨痛極哉 更以復舊之深刻誓願 再度上京 還訴
政務大官 則依前事半功倍矣 卽承下敎 依托地方官府 加
害者 嚴重處置 則當時首謀主犯等 皆被重罰矣 連後
90쪽 進行 寺運漸復 則山中僉德 合心協力 重建苦勞 僅以還搆
於山內庵舍 而本寺宏傑衆寮留鎭古品 回舊絕望 則滄桑
之感而咸入骨髓 深切不已矣 然和尙之爲公偉積護佛
勳業 未曾於爀〃而延及後世 則敢不稱頌於和尙之裕德
哉 噫 山河依舊在 人物何處去 蓮山嵯峨 玉水汪洋 是和尙
之遺風歟 太皇帝三十四年丁酉三月日
和尙實蹟 蓮花必有重開日 仰瞻北斗拜龍樓之句

91쪽 和尙一生標語 護寺偉業 一. 紙役免除后 劃下金三千
兩 承許補寺還舊 一. 各佛殿供 設立 進供節次 永久遵
行 一. 紙役雜費 充用時 散賣土地 本價回收等事也

洗塵橋頌功碑文

小伽倻古都之北山 有蓮華寺 有玉泉寺 前淸溪灕〃 北流
而鳴 老木新柳映綠灘瀨間 望之如畵圖耳 寺當晉陽馬山
統營 三路之要衝 而高僧尊宿 振古居多 故懷香者覽物者

92쪽 之蹄之輪 絡繹如雲 而至若夏潦之漲 冬氷之冱 將渡憔
悴 欲涉顰蹙 惡可爲乎 惡爲其可乎 佛紀二九四七年庚申
孟春 住持全德雲志士裵應鍾等 諮謨有衆 醵集若干金
畓土攻五作一間虹橋 粵明年辛酉九月竣工 題柱曰 洗塵
橋 千里送書 求余記之 余雖不文 焉能拒辭 嗚呼 橋南之古
代鴈刹雲排 而崇福皇龍嚴川斷俗等巨伽藍 至今無有一
存 而但見刹塵塔影 依〃然 斷雲落照之間 獨有玉泉寺

93쪽 燈幢交光之外 碩德爲喜捨爲公衆 力謀利涉 遺馨千秋
可謂勒頌金石無愧焉 且屆幽花破萼楓杉映溪步月 至橋
上以周顧 則遠岑澹翠 皓礫微光 寺樓梵鐘噌吰淸越來越[9]
撼行人之耳根 盤紆之際 豁見陋聞之前塵 爽然而響應頓銷
矣 其爲洗塵命名之眞意耶 以將橋下滾〃逝波 爲可濯俗士之
塵纓 使罄恒河萬波 塵猶如前 而況掬此一曲淸溪水 可能洗乎
可能洗乎 向下說長 且待來日

94쪽 佛紀二九四七年辛酉 十月十五日 靈龜山人 映湖漢永記
士人 李孟淵書
大正十年十月 日 監督住持 全德雲

95쪽 詩韻篇
玉泉寺 了事閒人
蓮峰隱〃白雲頭 玉水涓〃碧澗流 瑞日分明同照耀
梵鐘遙落破昏幽 修禪榻靜心蘊盡 唱佛聲高世念休
千古靈場今已肅 祖關門下短案留

9 원문에 越은 지운 것으로 보인다.

極樂殿 蓮山道士

機緣得遇到門頭 性是天眞本自修 竹林風來淸磬遠

96쪽 松林烟鎖翠香投 看經別有奇花瑞 講法恒消混世愁

誰道蓮池諸佛海 光明遍照此禪樓

靑蓮庵 十翁樓主人

一葉靑〃不染塵 翼然樓閣煥然新 曉鍾暮雨看經士

蘿月松風念佛人 禪榻閒消三際夏 雲窓長帶四時春

如何百億蓮花上 化導冥陽無主神

白蓮庵 物外道友

97쪽 高庵迥出宿雲晴 無月中雲瑞氣明 境絶岩頭仙界化

風輕林下妙音生 安貧衲子心還覺 慕道眞人意得成

老佛香烟今已碧 逍遙物外忽忘情

蓮臺庵 琵瑟山人

山明水綠一線通 靜聽蓮臺月下鍾 老栢亭〃依舊色

碧溪滔〃響淸風 仙禽舞下眞緣後 雲鶴演吟妙法中

從古禪家多有感 何關物我掛心胸

98쪽 實相臺 白雲閒衲

境絶岩層萬疊開 天公造化自然成 烟光縹緲秋山暮

玉守淸虛鴈陣來 渾寺齋供鳴磬榻 千峰競秀妙靈臺

實相眞趣誰能得 惟有當年道反田

臺在白蓮庵後麓 左右松林鬱蒼 上下石确嶒崚 登臨如在雲

霄之蘭若 仰望實有杳然深秀之氣像矣 豈是詩人騷客探
勝之處耶 實謂養眞修道士之通居方所也

99쪽 滋芳樓 雲田耕夫

研眞學道在心頭 滿地金蓮玉水流
古寺風光誰可得 靈明寶燭照迷幽

蓮登橋

九蓮臺上入初頭 念佛直登般若舟
普利群生良有度 就橋能使滌塵愁

洗塵橋

100쪽 玉水淸流接洞天 紅塵洗盡石橋前
春風秋月淸明節 入寺渡頭迎客先

蓮華山八景

鷹峰初景
鷹飛不得坐雲天 應化峰頭石确邊
初月微明寒色暮 南來征鴈覺愁眠

水燈落照

101쪽 埋水燈前落照新 紅雲交映暮山春
火團布地陽啖發 飛鳥避燃欲向人

將軍巨石

將軍案石鎭山陽 踞坐千年護佛堂
松作群兵山作馬 護持正法用神方

七星奇巖

北極星君降碧山 化成岩确正如間
在天難照人間事 臨御長留永不還

102쪽 蓮臺翠烟

碧蓮臺畔老仙遊 一點翠烟帶風浮
栢林蒼〃雲氣白 茂林泉石洗塵流

雲庵落霞

古址雲菴萬林叢 晩風吹霞拂殘紅
遙看這裏何所有 採藥仙人徒鶴同

103쪽 仲春樓花

滿山春氣發微光 數林樓華別有光
粉粧淡紅成雪霞 透明隱〃細流光

暮秋楓葉

重陽詞客感詩情 楓葉勝花意欲煩
布衫映山開活畵 怪岩層作數間屏

104쪽

105쪽 完文[10] 戶曺節目[11]

乾隆四十九年七月日 內需司屬晋州玉泉寺蠲役節目
成册 戶曺爲節目成給事 依判下蠲役節目成出爲乎
矣 內需司與本共[12]草記判下內辭意 及本曹禮曹往復文移
與自本共[13]行關本道措語 及今番節目成出時 內需司草記
辭緣 與本禮[14]共[15]行關措語 並爲贍給爲去乎 以此憑考 永
久遵行者 癸卯六月日 內需司草記內 本司應奉行紙地

106쪽 其數夥然 故凋殘形勢 萬無擧行之路 全羅道順天仙
巖寺 以紙地進上寺刹 劃給本司結數後其矣 僧徒之諸般
雜役頉給事 入啓蒙允 自本曹戶曹[16]成節目 移關本道 知委
本邑者 數三次矣 小〃雜役 不爲侵責 而至於南北漢義僧番
役 巡營鍊楮軍役 終不頉給事 貧殘僧徒 不勝疊役 莫重
進上紙地 不善擧行 以致紙地品劣云 此專由於營吏輩 不善擧
行之致 自本道嚴治其罪狀 今番則各別嚴關頉給疊役 又自

107쪽 本寺[17] 設置紙桶[18]於仙巖寺 於進上 使之專[19]意奉行 而紙桶[20]設

---

10 관에서 발급한 승인문서.

11 뒤 제목 없음. 완문(完文)·절목(節目) 약기(略記) 항목의 가장 첫 완문이 부분 생략된 형태로 등재되어 있음.

12 원문서 절목에는 共이 曺로 되어 있다. 『옥천사사적책』에 나오는 절목은 원문서를 필사한 것이다. 따라서 원문서를 저본으로 교감한다.

13 共→曺

14 禮가 없다.

15 共→曺

16 '本曹戶曹'→'戶禮曺'

17 寺→司

18 桶→筒

19 專→本

20 桶→筒

置後 進上外 若有某處某[21]處紙地浮取之弊 自本道 這〃廉察 嚴禁之意 枚報戶[22]曹 發關本道 知委該邑之意 惶恐[23]啓 判下內 本寺屬之本司 蓋有商量 而然 判付紙地 及應下紙地 績〃[24]卜定 易致弊端 況願堂寺刹 一並革罷之後 代用紙地 難責經費故耳 名雖屬之內司 實則爲彼經用 朝家處分 事係內需 元無拘攣[25]之政令[26] 且是禮戶曹成節目行會之事 則外方擧行 豈容如是乎

108쪽 事體所在 不可置而不論 近來內司公事 必令屬之該曹[27] 行會本道 卽宮府一體之意 況此事乎 以此意 卽爲枚報該曹 自該曹 其不[28]謹[29]行委折 令該道監司 親執詳查 狀聞後 仍令該曹 覆啓稟處 大抵紙地 終涉苟簡 以今經費 豈辦加貿 他道一刹 更自禮戶曹相議 加劃本司 以爲公私兩便之地 事一體枚報 亦令該[30]形止草記事云〃 (中畧) 戶曹啓曰 內需司可合紙刹 往復禮曹 搜[31]問望呈後 更爲稟啓移劃事 前已草記允下矣 卽接禮曹移文 則

109쪽 則慶尙道晋州玉泉寺 僧徒之富饒 紙品之潔白 最合於御供紙地寺刹 以此入啓移劃云 今此玉泉寺 今年爲始 劃屬內司

---

21 某→緊
22 戶 뒤에 禮가 있다.
23 恐 뒤에 敢이 있다.
24 績〃→續續
25 攣→拿
26 令이 없다.
27 該曹 뒤에 自該曹가 있다.
28 不→示
29 謹 뒤에 擧가 있다.
30 該 뒤에 曹가 있다.
31 搜→披

而一依仙巖寺例 成節目 擧行之意 分付如何 傳曰 寺刹劃
屬 出於不煩經費之意 依草記施行 本寺如或凋殘 令本道 具
由報來後 更爲草記 可也 (中畧) 甲辰三月 慶尙監營移文戶[32]
曹內 節到付曹啓下關內乙用良 玉泉寺凋殘與否 具由牒
報之意 發關知委於晉州牧爲有如乎 卽接同牧使所報 則上項

110쪽 玉泉寺[33] 以七房巨刹 僧徒殆近三百 而擧皆富貴矣 十數年
來 連値[34]歉荒[35] 且繁紙役 寺樣僧數 俱不如前 而見今留接之僧
不過爲一百三十八名 是如爲臥乎所 該邑所報 有難準信 亦自營
門 多岐探察 則寺樣僧數 果如邑報 雖不可謂之殘寺 而恐
不可謂之富刹 故玆以擧實 回移爲去乎 相考施行向事云"
(中畧) 甲辰七月日 內需司草記 依判下 因戶禮共[36]相議 定送紙
地進上寺刹 慶尙道晉州玉泉寺 一依仙巖寺例 蠲役等節

111쪽 自本司及戶禮[37]成節目以給 至於免稅 本道無本司陳荒
結數 故今番 則本道昆陽所在 延祐宮移來出稅條[38]十八結
五十卜二束 合二十六結十五卜八束內 依仙巖寺例 限二十結 移屬
其矣寺刹之意 移報戶共[39] 行關本道 知委昆陽及晉州之意
惶恐敢啓 傳曰知道 敎是置 草記判下內辭緣 奉審施

---

32 戶→本
33 寺→本
34 値→置
35 歉荒→荐歉
36 共→曺
37 共→曺
38 뒤에 "七結六十五卜六束 同邑所在明惠公主房 移來 出稅條"가 있다.
39 共→曺

行爲只爲 本共[40]行關本道內云〃 啓下牒呈內辭緣 相考 今年
爲始 依此施行之意 知委施行向事

112쪽 一 進上事體 與他有異 蠲[41]雜役 專意浮取 然後可以趁限上納乙
仍于 可行事例 本共[42]及禮共[43] 內需司 成出節目 踏印下送爲去
乎 巡營本官及寺刹良中 各其備上擧行 以爲永久遵行事
一 昆陽免稅二十結 移定晉州 今年爲始 劃屬本寺事
一 誕日及端午進上油芚所入 白楮猛灰楮膠及雜物 一倂
勿侵事 (外十八條目) 畧

40 共→曺
41 뒤에 除가 있다.
42 共→曺
43 共→曺

Ⅱ. 옥천사 사적기 번역

번역 도해스님

윤문 이인혜

도서출판 온샘

표제 : 옥천사 사적기 (옥천사인)
내제 : 옥천사 사적책 (옥천사인)

불기 2962년 개편

본문 : 옥천사 사적요목

1. 연역 및 연대표
2. 옥천사 연역기
   1) 사격 총설
   2) 본사 위치
   3) 연역 연기
3. 전각 중창 편
   1) 옥천사기
   2) 자방루기
   3) 대웅전 법당 중창기문
   4) 만월당 중창기
   5) 청풍료 중수기문
   6) 봉향각 중수 겸 단확기문
   7) 선당 중수기
   8) 공전 제료 중수기 단청 번와기병
   9) 축성전 서문
4. 방암 중창 편
   1) 연대암 중창기문
   2) 극락전 중창기
   3) 백련암 화소 후 중창기

1. 연역 및 연대표

창건 차제	창건자 씨명	년 대	유래	비 고
제1창	의상조사	신라 문무왕 16년	병자	소화 10년까지 1260년
제2창	진경국사	신라 효공왕 2년	무오	지금까지 1038년
제3창	혼응화상	고려 광종 15년	갑자	지금까지 912년
제4창	혜은화상	고려 예종 5년	경인	지금까지 826년
제5창	보윰화상	고려 고종 26년[1]	을미	〃 641년
제6창	지운·원오선사	고려 공민왕 26년[2]	신해	〃 565년
제7창	학명·의오대사	조선 인조 17년	기묘	〃 297년
제8창	묘욱선사	조선 숙종 3년	정사	〃 259년
제9창	농성화상	조선 고종 25년	무자	〃 48년

2. 옥천사 연역기

1) 사격 총설

옥천사는 신라 시대의 고찰로, 고려를 거쳐 조선에 이르기까지 천 삼백 년의 긴 역사를 자랑한다. 산이 밝고 물이 수려하여 경치로도 조선 남쪽에서 한 자리를 차지한다. 산 이름은 연화이며 절 이름은 옥천이다. 옛 기록에는 이렇게 전한다. "우뚝우뚝 솟은 산세가 남두성[3] 곁으로 연꽃 봉우리들이 삐져나온 것 같다 하여 '연화'라 하였다. 산중에는 돌 틈에서 옥

1 22년의 오기.
2 20년의 오기.
3 북두칠성의 국자에 담길 만큼 가까이 있는 여섯 개의 별(궁수자리). 인간의 수명을 관장하는 신(도교).

빛 물결이 쏟아져 나오는데 한결같이 쇠와 옥이 부딪치는 소리를 내며 굽이굽이 울려 퍼진다 하여 '옥천'이라 하였다." 그렇다면 이 산에 절을 지을 때 그 시초를 그려 이름 붙인 뜻을 생각해 볼 수 있다.

한편 두보[4]의 '옥천'이라는 시에서 "연꽃이 공명새와 교향곡을 연주한다."[5]는 구절을 본 적이 있는데 이곳이 바로 그렇다. 그렇다면 이 산의 뛰어난 형세가 자미子美의 시와 닮아서 그런 이름이 되었을 것이다. 그러나 연화와 옥천이 어찌 다만 두보의 칭찬으로 달라지겠는가. 이것이 산과 바위와 절의 이름이 된 내력이다. 예나 지금이나 연화와 옥천은 이름과 뜻이 똑같으니, 이것이 이 절의 총괄적인 설명이다.

2) 본사 위치

진양[6]의 남쪽 옛 가야국의 북쪽에 연화산이 있는데 소백산맥 줄기이다. 덕유산과 지리산을 지나 거의 백여 리를 가로질러 이리 꺾이고 저리 굽어 높았다가 낮아지며 남쪽으로 달리던 한 가지가 함안 여항산과 진주 와룡산으로 나란히 선 형국을 이룬다. 그 가운데 연화산 산세가 봉우리들로 중첩하여 이어지면서 옥천사를 서남으로 둥글게 끼고 돌며 동북쪽을 활짝 열어놓았으니, 하늘이 숨기고 땅이 펼쳐 놓은 자리에 매우 빼어난 도량을 이루었다. 절 주변의 산세가 구불구불 연속적으로 벌여 놓은 쟁반 위에 아름답게 솟아난 연꽃이 구름 위에 있다. 맑은 옥빛 물결이 먼지와 때를 말끔히 씻어주니, 멀리서 온 손님이 머문다면 신선 세계와 인연이 있음을 문득 깨달을 것이다. 봄바람 불 때와 여름비가 오는 계절이면, 항상 기이한

---

4 두보(712~770). 당나라 중기 때의 시인. 字는 子美, 호는 少陵. 詩聖이다.

5 원문의 "蓮花交圖共鳴鳥"가 두보의 옥천시에는 "蓮花交響共命鳥"라고 되어 있다. 共命鳥는 범어 "Jīvajīvaka"의 번역으로, 설산에 산다는 전설의 새이다. 이 구절은 연꽃이 새소리에 화답하는 극락의 풍경을 묘사한 것이다.

6 경상남도 진주의 옛 이름이다.

향이 사람에게 스미고 가을달과 겨울눈에 정신이 맑아지니, 몸을 기르는 참선도량이자 도를 닦는 낙원임을 확실히 알겠다.

3) 연역 연기

신라 문무왕(원주: 제33왕) 16년 병자(역주: 676)에 의상조사가 절터를 닦고 전각을 지어 창건하였다. 이 산에 터를 잡고 절을 지은 일을 말하자면, 기타 숲에 처음 기원정사를 짓고 전단 나무로 처음 불상을 조성한 일과 같다 하겠으니, 옥천의 신령이 원류가 되는 이곳에 산문을 열고 절을 지은 것이다. 의상조사는 중국에 유학해서 종남산 지상사의 지엄 선사에게 화엄경의 깊은 뜻을 얻었는데, 쪽과 꼭두서니가 본색을 무너뜨린 격이었다.[7] 문무왕 9년(역주: 669)에 귀국하여 소백산 추동에 머무니 3천여 명의 문도가 모였다. 그중에 상수 제자를 열거하면 오진, 지통, 표훈, 진정, 진장, 도융, 양원(원주: 亮元), 상원, 능인, 의적의 십 대덕이고, 그중에 진정, 상원, 양원, 표훈을 네 분의 영웅이라고 하였다. 동 16년에 왕의 칙령을 받아 부석사 창건을 시작해서 화엄종 10찰의 대학을 정하고 종풍을 크게 드날렸다고 한다.

『당대천복사고사주왕번경대덕법장화상전』(원주: 최고운 선생 지음)[8]에 "전국의 학인들에게 열 곳의 산에서 두루 배우라고 유도하였다" 하고, 그 아래 주를 달았다. "해동에는 10여 곳의 산에 화엄 대학이 있다. 중악 팔

---

7 『삼국유사』 권4, 「의상전교」(T49, 1006c)에는 의상조사가 화엄의 이치를 깊이 분석해서 새롭게 펼쳐내자 스승인 지엄선사가 그것을 보고 기뻐서 지음을 만난 듯했다는 기사가 나온다. 일연선사가 이 일을 소개하면서 제자가 스승을 능가했다고 평가한 것이다. "雜花妙旨 剖析幽微 儼喜 逢郢質 克發新致 可謂鉤深索隱 藍茜沮本色" 藍茜沮本色은 쪽 풀과 꼭두서니 풀로 물들였을 때 본래 색보다 더 진해진다는 말로, 청출어람의 뜻이다.

8 『唐大薦福寺故寺主翻經大德法藏和尙傳』은 "당나라 대천복사 옛 절의 주지이며 경을 번역한 대덕 법장화상 전기"라는 뜻이다.

공산 미리사, 남악 지리산 화엄사, 북악 소백산 부석사, 강주 가야산 해인사·보광사, 웅주 가야협 보원사, 공주 계룡산 갑사(원주: 『괄지지』[9]에 鷄藍이라고 한 곳이다), 삭주 화산사, 양주 금정산 범어사, 비슬산 옥천사, 전주 모악산 국신사(원주: 현재의 歸信寺), 한주 부악산 청담사, 이렇게 10여 곳이다." 따라서 본사는 신라 때 '비슬산 옥천사'라고 부른 곳으로, 의상조사가 정한 열 개의 대찰 중 하나이다.

옛날에 비슬산이라고 부른 이유는 산의 동북쪽에 선유봉·옥녀봉·탄금봉(원주: 望仙峰) 세 봉우리가 빙 둘러 서 있고 서로 마주 보면서 신선이 거문고를 타고 옥녀가 (비파로) 맞춰주는 격이므로 그러한 형국을 보고 이름을 지었기 때문이다. 조선 인조 17년 기묘(역주: 1639)에 학명, 의오 두 대사가 절을 중건하고 연화산으로 바꾼 것은 산악의 봉우리들이 모두 가파르고 높아서 100척이나 되는 연꽃의 모습 때문이었다. 이는 다만 북쪽 산세의 모양을 보고 붙인 이름이다. 또는 뾰족뾰족한 봉우리가 구름 밖으로 솟아난 것이 반쯤 핀 연꽃이 모여 있는 모양과 똑같은지라, 산의 형태를 따라 그 뒤에 다시 연화의 뜻으로 이름을 지었다는 것이다. 이것이 곧 제 1창건이다.

『지리산쌍계사진감국사비명』(원주: 최고운 선생 지음)에 "이웃한 산에 나라에서 사액[10]한 옥천사라는 초제(원주: 사원의 별칭)[11]가 있다 …"고 하였으니, 이를 근거로 하면, 이 산이 '이웃한 산'이 되고 이 절 옥천사를 가리킨다. 쌍계사의 옛 이름인 '옥천'으로 이름 삼은 데서 이 절을 같이 지었음을 확실히 알겠다. 신라 효공왕(원주: 제52왕) 2년 무오(역주: 898)에 진경 국사가 일찍이 이름난 훌륭한 스승을 찾아 명승 절경을 탐방하며 도학을 마친 후에 무애자재 하게 돌아다니며 불법을 펴시다가 이 산에 잠시 의탁하여 계

9 『括地志』는 당 태종의 아들 李泰가 지었다는 지리서이다.
10 ① 임금이 이름을 지어주고 인정한 사찰이고 ② 임금이 쓴 편액(현판)이다.
11 초제는 ① 나라에서 사액한 사찰이고 ② 사원의 별칭이다.

셨다. 한번은 법을 구하려고 산을 나오다가 짐을 꾸려 본래 있던 곳으로 돌아오던 낭림 선사를 만났다. 얼굴을 보자마자 바로 도반이 된 후에, 이 산의 기운이 뛰어나고 물과 돌이 깨끗하여 수행하기에 최적의 도량임을 느꼈다. 수선사를 창설하고 대중을 규합해서 편안히 선정을 닦도록 법을 만들고 사찰의 청규를 엄격하게 세우니, 선풍이 크게 일어났다. 절터를 넓히고 가람을 지으니 불전과 요사가 많고 높고 커서 굉장하였다. 선과 교를 함께 닦다가 진경 국사는 다른 산으로 옮겨가셨다. 이것이 제 2창건이다.

고려 광종(원주: 제4왕) 15년 갑자(역주: 964)에 혼응 화상이 문도들을 인솔하고 이 산에 자리를 잡은 뒤에 불전과 범종루를 중창하였다. 불사는 큰데 힘이 부족하여 서울로 가서 중건의 연유를 아뢰었다. 답장을 받들고 내려오자 지방 관부가 도와서 며칠이 걸리지 않아 일을 마치니, 절의 모습이 싹 바뀌었다. 화상이 그 전에 가족을 떠나 출가한 것은 15세에 입산하여 머리를 깎고 승복을 입었다. 천성이 예민하고 지혜가 총명하여 경전을 통달한 후에 계율을 엄수 하였다. 우레와 같은 설법에 원근의 납자(역주: 스님)들이 구름처럼 도량에 모여드니, 부처 뽑는 과거장[12]이 열린 셈이라 사부대중이 모두 참여하였다. 이즈음에 혜거대사[13]가 남쪽의 두륜산을 다니다가 때마침 이 산에 와서 머물며 혼응 화상과 도를 논하고 선정과 지혜를 함께 닦았으니, 이 가람이 중건의 기회를 얻은 것은 실로 선지식의 지혜와 덕망이 함께 움직여 만세토록 한량없는 복전을 지으신 덕분이라고 하였다. 이것이 제 3창건이다.

고려 예종(원주: 제16왕) 5년 경인(역주: 1110)에 불사를 시작하였다. 예전에

---

12 選佛場: '부처를 뽑는 과거장'은 唐代의 거사 龐蘊(?~808)의 시에 나오는 말이다. 방온 거사가 마조 선사를 만났을 때 "만법과 상대하지 않는 자는 어떤 사람입니까? 서강의 물을 다 마시고 오면 그때 말해 주겠다."고 하자 거사가 깨달은 바가 있어 송을 지었다. "十方同聚會 箇箇學無爲 此是選佛場 心空及第歸" 『碧巖錄』(T48, 179c)

13 고려 광종 때 국사.

혜은 화상이 처음 입산할 때부터 위로는 먼저 가신 스승의 공훈을 흠모하고 아래로는 모든 스님의 훌륭한 일들에 대한 은혜를 갚고자 하여 산문을 지키고 정돈하는 사이에 저절로 높은 덕을 갖추게 되었다. 하루는 슬피 탄식하기를 "부처님의 은덕을 갚는 데는 가람수호 만한 일이 없다."고 하면서 이전의 구역을 확장하였다. 장인을 불러 모으고 석재를 운반해서 전각과 당우를 증축하니, 사찰의 규모가 웅장해졌다. 이 무렵 묘응 대사가 종풍을 선양하기 위하여 명산대찰을 찾아다니다가 다행히 이 절에 머물러 살게 되었다. 혜은 화상과 깊은 뜻의 묘리를 묻고 종학宗學의 이치를 강의하니, 가히 법의 북이 다투어 울리고 지혜와 덕이 쌍벽을 이루었다고 말한다.

산속에는 수풀이 하늘을 가릴 정도로 울창하고 절이 마을과 멀리 떨어져 있었다. 산이 높고 물은 흐느껴 사람들의 왕래가 끊긴 깨끗한 도량이므로 수행하기에 알맞은 곳으로 정하고 가람伽藍을 다시 보수하였다. 그러자 동쪽 선방에서 서쪽 승당까지 도(진리)의 바람이 잘 통하고, 앞의 요사와 뒤의 불당에 지혜의 달이 환히 빛나서 엄연히 총림의 격을 갖추게 되었다. 참선과 교학을 배우는 수행자들이 각자의 선택에 따라 닦고 깨달아서 인천의 사표가 될 만한 이들이 자주 배출되었다. 그런 후에 묘응 대사가 지자 대사[14]의 8교 3관[15]의 종지를 잘 익혀 묘리를 강설하니, 승가의 규범이 정연해져서 당시에 멀리까지 명성을 떨쳤다. 이것이 제 4창건이다.

고려 고종(원주: 제23왕) 26[16]년 을미(역주: 1235)에 보융 화상이 승려들을

14 천태 지자(538~597). 이름 智顗, 자는 德安, 속명은 陳씨. 중국 수나라 때 활동한 천태종의 개조이다.

15 8교 3관: 천태 지의 대사가 화엄에서 법화·열반까지의 가르침을 8가지로 분류한 교판. 중생을 교화하는 방법(化儀四教)에 따라서는 1) 돈교 2) 점교 3) 비밀교 4) 부정교 넷으로 나누고, 중생의 근기에 맞게 가르친 교리의 내용(化法四教)에 따라서는 1) 삼장교 2) 통교 3) 별교 4) 원교 넷으로 나눈 것이다. 3관 : 인연에 의해 생긴 모든 법을 空·假·中道 셋으로 관하는 방법이다.

16 22년의 오기.

통솔하여 산문을 다시 일으켰다. 얼굴에는 온화한 자비가 넘쳐흐르고 마음에는 묘한 덕을 품었으니, 무슨 일이든 대중이 마음을 모아 만사가 뜻대로 되었다. 세속의 지혜를 논할 때는 삿됨을 막는 고삐가 되고, 미망의 고해에서 중생을 구제하는 보배 뗏목이 되니, 칭송이 자자하였다. 교화의 문이 높이 열리자 영남과 호남 두 지역에서 눈 푸른 납자衲子들이 앞다투어 귀의하였다. 그 후 정유년(역주: 1237)에 대장경판을 진주 분사에 옮겨 설치할 때 감독하고 증명하는 자리에 임명되어 공로가 대단히 컸다. 뜻을 증명하고 글자를 교정하느라 여러 해가 지나는 동안 본사를 돌보는 데 자연히 소홀하게 되었다.

본산에 돌아오니, 절의 당우堂宇들이 바람에 허물어지고 비가 새는 지경을 면키 어려웠다. 전부터 착수했던 불사를 이어 경영하면서 혜은 선사의 위덕威德이 해이해졌음을 깊이 느끼고 대중의 정성이 미약함을 돌아보고서 부처님께 기도하고 발원하여 최선을 다해 불사佛事를 하였다. 혜은 운화상[17]이 또한 바깥일을 맡아주어 마음을 모으고 힘을 합해서 안팎이 한결같도록 하였다. 중창을 하고 나서 절이 한층 웅장해지자 원근의 모든 사찰에서 하나같이 칭찬하였다. 낙성을 고하는 밤에 신묘한 서상이 나타나니, 법당 및 범종루가 다 함께 새롭게 완성되었다. 이것이 제 5창건이다.

고려 공민왕(원주: 제31왕) 20년 신해(역주: 1371)에 지운, 원오 두 대사가 본래 방장산 한쪽에서 혼자 암자를 짓고 선정을 닦았다. 하루는 물병과 발우를 싸 들고 시자侍者와 권속을 인솔해서 인연 있는 곳으로 옮기기로 서원하고 스스로 길을 나섰다. 영광스럽게도 이 산에 와서 종풍을 잇고 가람을 수리하였다. 두 분 대사의 지혜와 덕으로 이룬 공훈을 말하자면, 가람을 일으킨 큰 별일 뿐만 아니라 종문宗門의 솜씨 좋은 어른이기도 하다. 세상의 백천 등불이 등에서 등으로 서로 이어져 밝음이 끊어지지 않게 하는 자를 일컬어 사물을 보고 이치를 이해하여 사물과 이치에 쌍으로 통했

17 원문에는 慧隱雲和尙으로 적혀 있다.

다고 한다. 불법을 운용하는 무위無爲 가운데 유위有爲의 모양을 나타내시니, 생멸하고 응용하는 그 이치가 항상 기연奇緣을 따라서 자재함을 나타내 보인 것이다. 끝나고 나면 다시 시작한다는 것을 이로써 정확히 알겠다. 대강 말하자면 두 분 대사는 호법의 최고 어른으로 당시 연복사 문수회에 참배하고 돌아오는 길에 "희종 원년 을축(역주: 1205)에 주조한 명문이 있는 금구 일좌"를 가지고 왔다. 본사에 안치하여 사용하기로 하고 불사를 원만하게 회향하였으니, 이것이 어찌 우연히 이루어진 일이겠는가. 실로 제 6창건이다.[18]

조선 인조(원주: 제16왕) 17년 기묘(역주: 1639)에 학명, 의오 두 분 대사가 절터를 개척하였으니, 과연 임진왜란 이후에 사찰의 운명을 열었다고 할 만하다. 상전벽해의 오랜 세월 동안 이루어지고 무너지는 변고가 있었고, 비바람을 겪는 동안 운수가 막히는 우환이 연달아 생겼다. 본사가 지나온 유래를 보면 신라 때 두 번 창건한 것부터 고려 때 네 번 창건하였다. 마치 봄에 꽃피고 가을에 지는 형세로 천년이 되도록 일어남과 사라짐이 교차했음을 이로부터 대강이나마 볼 수 있다. 국운이 바뀌자 폐불숭유廢佛崇儒의 피해가 더해지고 가혹한 전쟁으로 사원의 유적이라고는 겨우 남아있는 형체와 그림자까지 남김없이 사라졌다.

옛 기록에 의하면, 경진[19] 황명 숭덕 4년(역주: 청 태종, 1639)에 학명과 의오 대사가 절을 처음 창건했고, 인조 22년 갑신(역주: 1644)에 동상대를 지었고, 을유(역주: 1645)에는 심검당, 갑오(역주: 1654)에는 궁선당과 법당, 갑진(역주: 1664)에는 성기, 승안, 돈계 등의 여러 대사大師들이 정문을 지었다 하니, 앞뒤로 20년에 달하였다. 전기를 살펴보면 "학명 선사가 남쪽을 두루 돌아다니다가 이곳에 왔다. 도착하기 전날 밤에 대둔리 마을에서 자는데 깊은 밤 꿈에 늙은 신선 하나가 나타나 같이 산을 넘고 계곡을 향해

18 원문에는 "第六刱也"가 빠져 있다.

19 기묘의 오기.

가다가 홀연히 대가람의 형국이 나타났다. 꿈을 깨어 긴가민가하면서도 보통 일이 아님을 상상하는 중에 날이 밝았다. 이른 아침에 대둔리 마을의 고개를 올라 지팡이를 놓고 홀로 앉아 연화산의 기운을 바라보니, 뛰어난 경개가 실로 꿈에 본 형국과 같았다. 다시 지팡이를 짚고 천천히 걷다가 이 절터에 이르렀다. 나무를 엮어 초옥을 짓고 홀로 몇 년을 지낸 후에 의오 등 여러 대사들과 한 곳에 모여 도량을 밝게 열어서 원과 사찰을 창설하였다."하였으니, 제 7창건이다.

임진왜란 후 절이 무너졌을 때, 길도 없고 절도 비어 적의 소굴이 되었다. 송(역주: 명)의 대장군이 부하를 많이 인솔하여 진을 치고 폭행을 저지르자, 학명 대사가 모두 쫓아 버렸다는 이야기가 전해진다. 송의 대장군 신위를 모시는 사당이 산문에 아직도 있다. 조선 숙종(원주: 제19왕) 3년 정사(역주: 1677)에 이르러 앞 시기에 두 분 대사가 창건하고 준공한 지 60여 년[20]을 지나서 묘욱 선사가 이어서 창설하였다. 그러나 부역의 징발이 너무 심해서 발우 하나 채우기도 항상 부족하였다. 뜬구름을 붙잡아두기 어렵듯이, 새 떼와 물고기 떼가 분분히 흩어지듯이, 절이 텅 비게 되어 갑인(역주: 1674)에서 병진(역주: 1676)까지 거의 복구하지 못하였다.

묘욱 대사가 중흥할 것을 각오하고 솔선수범하여 선정을 닦아서 승려들을 모집하고 대중들을 장려하였다. 외로운 토끼 굴 같던 데를 수리하고 땔감이나 하고 소나 치던 마당에 건물을 지으니, 다시 세운 불전과 요사가 번듯하게 일신하였다고 한다. 절이 훼손된 정도가 극도로 엄혹했을 때 폐허가 된 빈터에 다 없어졌던 본사를 실로 헤아려볼 수 있다. 건물의 연대를 생각해 보니 정사년(역주: 1677)에 점루각·향적전·만월당을 지었고, 무오년에 관음전·청계당·옥련암을 건축하였다(원주: 고종 갑오년(1894) 지방 민란

20 학명과 의오의 개창은 1639년으로, 묘욱 대사의 창건연도인 정사(1677)년으로부터 38년 전이다. 여기서 60여 년이라고 한 것은 1701년 묘욱 선사의 대종불사와 연대를 착각한 듯하다.

으로 병화를 당한 후에 중건할 힘을 얻지 못함). 경신년(역주: 1680)에 극락전·청련암·백련암 등을 건축(원주: 불에 탄 후에 전에 있던 그대로 중건)하였다.

묘욱 선사가 중건한 이래 30여 년을 지나 병진[21]년에 이르러 시축 대사가 스승을 위해 선현의 계획을 계승하고 본받아서 의수, 취경, 보욱, 석규, 탄주, 치관 등 대여섯 명의 선사들과 성심으로 마음을 모아 낡은 불전과 요사들을 새롭게 중건하였다. 아무도 없는 데서 열매를 이루고 작은 것을 쌓아서 크게 만드니, 사용하는 것이 모자라지 않았다. 시축 대사가 옥천사 중흥의 주재자라면 취경, 석규, 보욱, 치관, 탄주 등의 다섯 대사는 주재자가 이루어 놓은 일을 지킨 훌륭한 반려들이다. 세상에서 '시축 대사의 도량'이라고 칭하는 것이 제 8창건이다.

조선 고종(원주: 제26왕) 25년 무자(역주: 1888)에 농성 화상이 본사로 옮겨와서 20여 년 동안 중흥한 공훈이 최고로 크다. 절을 보호하고 법을 보호한 화상의 위엄과 덕망은 논할 필요 없이 막대하다. 불교의 운이 쇠퇴하여 절과 결사가 혁파되자 삼한 이래 몇 천의 큰 가람이 거의 다 없어졌고, 얼마 남지 않은 사액도 점차 삭감되어 수심과 원망이 나날이 깊어만 갔다. 건륭 49년(역주: 1784) 7월 어느 날 예조에 보내는 문서에 "옥천사는 본래 진주의 부유한 사찰로 방이 7개이고 승려가 300명이라 한다. 근래에는 방은 전과 같으나 승려는 138명에 불과하다. 비록 극성했던 옛날에는 못 미치나 근래의 각 사찰에 비하면 그래도 온전한 편이며, 게다가 종이의 품질이 대단히 좋다."[22] 하였으니 당시 사정을 미루어 알 수 있다.

본사도 전국 사찰의 일부 가람인지라, 승려들이 줄어들고 끔찍한 변괴가 일어났다. 지금까지 200여 년 동안은 설상가상이었다. 특히 위에서 말한 대로 임금이 쓰는 종이를 진상하는 사찰에 편입되어, 번잡한 제도 때문에 사찰의 재정이 바닥나고 부역에 동원되느라 더욱 피폐해 졌다. 황량하

---

21 묘욱 대사의 창건 30년 후면 병술(1706)년이다.

22 원문에는 " " 속에 있는 말이 주석으로 처리되어 있다.

고 어지러운 가운데 어느새 100여 년이 지나는 동안 온 사찰이 아주 파멸할 지경으로 몰락해가는 것을 산중과 재야에서 모두 한탄하였다. 다행히 사찰의 운이 회복되려는지 화상이 와서 머문 뒤부터 온 사찰의 참담한 광경을 둘러보았다. 바람 불고 비 오는 봄가을을 몇 해 지나도록 밖으로 보호하고 안으로 단속하며 몸 바쳐 노력할 큰 뜻을 세우고 큰 원력을 일으켜 부처님께 기도하며 서원하였다. 목숨이 위태로운 처지에 있어도 사찰의 재정을 옛날처럼 회복하고 본사와 암자를 본래대로 해놓고 태연자약하였다. 그러나 몇 년을 지나지 않은 갑오년(역주: 1894) 지방 민란 때 불에 타서 모든 전각들과 오래된 유품들이 완전히 재가 되었다. 절의 사정이 극도로 비참해지자 재건을 도모하니, 산의 대중 모두가 마음을 합하고 힘을 모았다. 위로는 나라에 상소를 하고 아래로는 각 군영의 신뢰를 얻어서 산내 암자와 집들만 겨우 다시 꾸려놓은 정도였다. 굉장했던 당우와 요사들은 황폐한 땅 위에 주춧돌만 남아있었다.

그러나 지금은 사찰과 암자의 재정이 넉넉하여 불전에 향을 피우고 재를 올리게 되었으니, 다 화상의 위대한 업적임을 우러러보며 감사하게 생각한다. 이것이 제 9창건이다(원주: 화상에 관한 사실적 기록은 유공 비문에서 참조함).

본사의 연혁과 유래를 간추려 보겠다. 신라의 의상조사가 산문을 처음 창건했을 때부터 고려의 창건주 혼응 선사에 이르기까지 선교양종禪敎兩宗을 표방하고 널리 표방하였다. 묘응 대사는 천태종의 종지를 깊이 읽어서 묘리를 연구하고 강의하였다. 그 후에 혜운[23] 법사는 사굴산문 개산조인 범일[24] 국사의 종통을 전승한(원주: 고려 선종 때) 단속사 주지 대감[25] 국사의 가풍을 이어 왔다. 지운, 원오 두 대사도 당연히 그에 따라 교화를 펼쳤다.

이조 중엽에 이르러 학명, 의오 두 대사는 혜각존자 신미[26]의 후손으로

---

23 원문에는 慧雲으로 적혀 있지만, 慧隱의 오기이다.

24 신라 말기의 선승(810~889). 계림김씨. 입당구법하고 돌아와 구산선문의 하나인 사굴산문을 열었다. 강릉 단오제의 주신이다.

25 고려 중기(1070~1159). 손씨, 호는 묵암이다.

본사를 중창하였다. 뒤로는 천해 선사를 이어 낭헌, 응일, 운오, 벽허 등 지혜가 밝고 덕이 높은 승려들이 연달아 출현하여 산문을 수호하였다. 100여 년 내로는 대운, 수룡, 금명, 용운 등 여러 대종장大宗匠들이 강학의 종을 바르게 울렸다. 현재는 설파, 회암, 용담, 환암, 취산 등 각 문도가 오래도록 산에 머물며 종풍宗風을 선양하고 있다.

3. 전각 중창 편

1) 옥천사기

진양의 남쪽 마을을 울창하게 두른 것이 연화산이다. 첩첩 골짜기와 바위산들이 펴졌다 오므려졌다 서로 교차하면서 산맥이 만난 주위에 골을 이루었다. 하나의 문에서 만 갈래 길이 펼쳐지고 폭포를 만나면서 한 줄기 큰 계곡이 되었다. 물이 그 안에서 바삐 달려 여러 번 꺾이고 돌아 20여 리를 흘러 동쪽 개울과 만나 합류하고 영남의 촉석루를 지나 10여 리를 가면 교외의 장강이다. 진주에서 바라보면 산과 물이 조화롭게 어울려 울울창창한 곳인데 산중에 옥천사라는 절이 있다. 산 동쪽에 봉우리가 있는데 하늘에서 떨어진 것처럼 그 형세가 연뿌리 실로 땅 위에 띄워놓은 듯하고, 푸른 비단이 물에 떠내려가는 듯하다가 멀지 않은 곳에 멈춰 공간을 이루고 넓게 펼쳐지며 서남에서 동북향으로 높은 곳을 차지한다. 두 갈래 물줄기가 좌우를 떠받치고 성긴 대나무가 도량을 둘러싸니 숨지 않은 듯 드러나지 않은 듯 기이한 절경을 이루었다. 이야말로 호리병 속의 별유천지라 하겠으니, 비록 왕유[27]의 붓이 있어도 만분의 일도 표현하지 못할 것이다.

전에 학명이라는 승려가 몇 칸 안 되는 띠 집을 지었는데 그 규모가 조

---

26 생몰미상. 김씨, 세조의 왕사. 한글창제의 주역. 불경을 한글로 번역하였다.
27 중국 당나라의 시인(699~759). 문인화의 창시자. 자는 摩詰이다.

개나 소라의 뱃속같이 누추하고 협소하여 사람 살 곳이 못 되어 개탄하지 않을 수 없었다. 묘욱 선사가 그 터의 아름다움을 깨닫고 정사를 창건하고자 대중에게 고하여 편지를 받기도 하고 시인과 군자들에게 주어 읊게 한 것이 지금 200여 편이다. 바깥에도 칭송이 자자 하자 멀고 가까운 데서 문건들이 저절로 생겨났으나 기문과 사적은 부족했다. 지난 이월 초에 명조 진공이 셋 중에 하나 손수 골라놓고, 나에게 와서 부탁하였다. "절을 지어놓으니, 선을 닦는 납자들이 모여들어 법을 묻습니다. 보배 등불이 빛을 발하고 향로에는 연기가 피어오르니, 도솔천 궁을 방불케 하고 기원정사보다도 밝습니다. 원컨대 한마디만 기록해주십시오."

그러나 나의 서툰 재주와 둔한 필력으로 어떻게 기록할 것인가. 필력이 왕유 같고 문장이 한퇴지[28] 같아야 마음먹은 대로 써 내려갈 수 있다. 그리하여 봄가을이 지나도록 문을 닫고 지냈다. 겨울이 되어서야 시작해서 재차 여러 날을 계속하였다. 새벽까지도 게을리하지 않고 나서 느낀 바 있어 '기록이라는 것은 사실을 적는 것이다. 어찌 한퇴지의 문장과 왕희지의 붓을 써서 그 틈에 뜬구름 같은 명예를 바랄 것인가.'하고는 쉬지 않고 써서 그 산천의 형세와 풍경을 서술하였다. 창건 년 월의 시작과 끝, 일 맡은 사람들의 계획이 시주들의 수희공덕隨喜功德으로 완성된 사정들은 뒷사람들을 불러서 보게 할 것이다.

백두산 기운을 나눠 가진 연화산에
죽림칠현 큰스님들 함께 집을 지었네.
산을 우러르고 바다를 굽어보며
선정에서 나와서 차 마시고 향 피우네.
강희 40년 신사(1701) 4월 일. 지백도인 상현 찬하다.

---

28 이름은 유(768~824). 자는 퇴지. 중국 당나라의 정치가, 사상가, 문장가, 시인이다.

후록 - 뒤쪽 기록

경진년(1640) 동상실 창건주 : 학명

임오년(1642) 승당 창건 화주 : 비구 미옥

병술년(1646) 선당 창건 화주 : 비구 문진·의오

갑진년(1664) 정문 창건 화주 : 비구 돈계

경술년(1670) 시왕전 창건 화주 : 비구 유변

기사년(1689) 만월당 창건 화주 : 비구 덕성·세홍

갑술년(1694) 관음암·청련암 창건 화주 : 비구 행총

신사년(1701) 시왕전 중창 화주비구 전판사 천해
중종 금고 화주 : 비구 경웅

신사년(1701) 백련당 중창 화주 : 비구 경헌
이외 본사 및 와공 등은 생략.

2) 자방루기

중원 사람들은 빼어난 산수를 설명할 때 "천지의 맑고 깨끗한 기운은 다 동남쪽에 모였다." 하였고, 창려(역주: 한퇴지)도 『송요도사』에서 이와 같이 말했다. "혼돈씨(역주: 조물주)가 처음 깎고 새긴 것이 시간이 흘러 만물이 되고 자연에서 나와 조화를 이루니, 이 마음도 그 법을 따라 수고롭게 되었다." 무릇 대륙의 높은 산과 큰물은 『우공』[29] 한 편에 실려 있고 나머지 지역도 대략이나마 알 수 있다. 그러나 어느 산이 아주 깊은지, 어느 물이 매우 아름다운지는 반드시 문장가들의 붓과 혀를 빌려야 비로소 표현되고 널리 알려지게 된다. 천태산이 손사막[30]을 만나고, 영릉[31]이 유자

29 『書傳』의 편명.

30 (581~682). 당나라의 의학자, 도사, 『천금방』 100권을 지었다.

31 호남성 동남쪽에 있는 지명.

후[32]를 만나고, 여산폭포가 이태백[33]과 소동파[34]를 얻은 것은 모두 산수의 행운이다.

나 같은 사람은 하늘이 아끼는 자리를 귀신이 지킨다는 말을 의아스럽게 본다. 음과 양 두 기가 쉬지 않고 힘쓰는 데서 스스로 생겼을 따름이니, 그런 견해는 사람을 홀릴 뿐이다. 모두 맺혀서 산이 되기도 하고 녹아서 물이 되기도 하며, 옛날에 없던 것이 지금 있기도 하다. 또 세상에 드러나고 숨고는 사람에게 달려있다. 어찌 자구[35]가 갑자기 죽었겠는가. 좁은 소견을 믿고 바라다가 발해를 엿보지 못한 것이다. 이 밖에 시인들의 문장 또한 모두 이를 모범으로 삼은 것이다.

세상에서는 천지의 동남쪽에 신이 산다고 하는데 그곳이 바로 청구 땅이다. 불로초를 찾으러 진시황이 보낸 동자는 두로[36]의 "고죽국[37]에 이르지 못했으니, 하늘이 아껴 감춘 곳을 찾아 헤맨다 해서 어찌 속인으로 하여금 엿보게 하겠는가." 그러나 숨은 것이 혹 드러나기도 하니, 때가 되면 사람에 의해 드러나기 때문이다.

천 오백년 동안 부처님의 가르침이 천하에 가득하였다. 불전과 하늘궁전이 안개 끼고 노을 비낀 경계 속에서 마주 보니, 명산들은 모두 여래의 도량에 속하였다. 우리 동방의 맑고 깨끗한 기운은 사람들에게 모이지도 않고 산천에 모이지도 않고 한갓 승려들의 차지가 되었다. 산에서 노닐어

---

32 유종원(773~819). 당나라의 문학자, 철학자, 자는 자후. 당송 8대가의 한 사람이다.

33 (701~762). 당나라의 시인 자는 태백. 호는 청련거사. 詩仙이다.

34 소식(1037~1101). 북송의 정치가, 행정가, 문학가. 자는 자첨. 호는 동파거사이다.

35 子具: 미상.

36 두보(712~770). 중국 최고의 시인, 詩聖. 자는 子美. 호는 少陵

37 商周 때 나라 이름. 伯夷·叔齊가 孤竹君의 두 아들이었는데 나중에는 '고죽'이 백이·숙제를 가리키게 되었다. 『삼국유사』 기이, 고조선에는 "고구려가 본래 고죽국"이라 하였다.(T49, 962a)

본 사람들이 먼저 말하기를, 어느 산에 어느 절이 있는데 반드시 머물러 쉴 수 있는 곳이라 하였다. 나는 조물주의 정기가 거의 시간의 흐름을 보는 데 있음을 알겠으니, 시간의 흐름이 승려들에게 간 것은 우연히도 다행多幸이 아니겠는가.

방장산에서 남쪽으로 100여 리를 지나서 연화산이 있고, 산에 옥천사가 있다. 절을 세운 지는 겨우 100년이나 지금은 큰 사찰이 되었다. 이 산은 일찍부터 동국에서 유명하다. 만약 석씨釋氏(부처님)를 없앴더라면 아마도 그곳이 바다 귀퉁이나 산맥에 묻혀버려 연화산에 맑은 샘과 흰 돌이 있는 줄도 모를 것이다. 처음 보는 자 또한 한스러움이 있을 것이니, 옥천이 어떻게 칭송을 받을 수 있었겠는가. 천하의 동남쪽, 그중에서도 바다 가까운 곳의 동남쪽에 광대무변한 기를 일으켜 맺힌 것이 이 산천이다. 그런즉 시절을 만나든 못 만나든 무슨 상관이랴. 묻혀있든 드러나든 요행이랄 것이 없으나 초가집이 세상에 전해진 것은 혹여 묻힌 것을 드러내는 자가 있기 때문이다. 절의 승려들이 법당과 범종루의 남쪽에서부터 불사를 일으키고 처음 알린 이래 나를 찾아와서 기문을 청하였다.

절의 창건 년 월 및 연혁과 살림은 이미 사적을 적은 책에 실려 있다. 그윽한 봉우리와 계곡, 맑은 샘과 돌들이 승패를 겨루는 모습에 왕래하는 사람들이 모두 눈길을 잡는다. 부처님의 교설에 대해서는 내가 말할 바 아니다. 부처 또한 적멸(역주: 열반)로 도를 삼았는데, 비록 문자를 통해 장황하게 설명하지만 본뜻은 아닌 듯하다. 나는 차라리 묻기만 하고 글을 쓰지 않으려 한다. 그러나 산천의 명암에 대해서라면 소감이 없지 않기에 그것을 기록한다.

건륭 29년 갑신(역주: 1764) 양월(역주: 10월) 하순 산서옹 서공 유상 찬하다.
함평후인 환학 모이성 씀.
당시 주지 : 뇌원
재목 대시주 : 고성현령 최공암

진주 남면 연화산 옥천사에 법당을 조성하고 새로 지은 법당에 붉게 단청을 완성하였다. 사람이 계획한 일이 천년만년 갈 것이니, 어찌 아름답지 않은가. 노역한 이들의 공로는 비록 번거로워 다 쓰지 못했으나 시주한 인연들은 써서 뒤에다 기록한다.(원주: 모든 시주자의 방명은 생략한다)

순치 11년 갑오(역주: 1654) 4월 11일 법당 조성을 마침.
건륭 10년 을축(역주: 1745) 6월 일 다시 고쳐 새김.
주지 : 통정 달원
글쓴이(서사) : 통정 낭헌
고쳐 새긴 이(개각) : 낭순
화주 : 비구 성익

3) 대웅전 법당 중창기문

옛날에 계빈국[38] 왕이 대나무 가지 하나를 부처님 앞에 꽂고 "가람을 다 지었습니다" 하니, 부처님께서 "여시여시(역주: 그렇다, 그렇다)"라 하셨다. 왕은 발심의 원인을 물었는데 부처님께서는 궁극의 결과로 답하셨으니, 사실 속에 비밀을 펼쳐 한량없는 미래 중생을 두루 깨우치는, 법계를 품는 도리이다.[39]

---

38 북인도. 지금의 카슈미르 지역에 있던 고대국가이다.

39 계빈국 왕이 법회에서 설법을 듣고 있다가 나와서 부처님께 물었다. "천 겁을 지나도 부처님 나오신 세상을 만나기가 어려운데 다행히 만났습니다. 지금 발심하여 절을 지으려 하니 허락해주시겠습니까?" 부처님이 "그대 마음대로 지어 보시오." 하자 왕이 부처님 앞에 대나무 가지 하나를 꽂아 놓고 "절을 다 지었습니다" 하였다. 부처님이 "그렇다, 그렇다. 이 절이 법계를 다 품고 이렇게 공양한 복이 갠지스강 모래알보다 많다."고 하였다. 宋 張無盡居士 「撫州永安禪院新建法堂記」 『緇門警訓』(T48, 95b) 이 이야기는 因地의 발심을 묻는 왕의 질문에 부처님이 果地의 경계로 대답하여 왕의

우리 본사는 신라 시대 절이다. 널찍한 구조, 아름다운 모양새, 응결된 기운, 밝은 빛은 남쪽 땅에서 으뜸이다. 그러나 거친 바람과 차가운 비에 때로는 훼손되고 무너졌고, 그림 같은 담장은 한쪽으로 기울고 단청은 벗겨지고 빛이 바랬으니, 무상한 세월 속의 성주괴공成住壞空을 헤아리기 어렵다. 그중에서도 유독 대웅법전大雄法殿의 퇴락이 더욱 심하고 위태롭다. 이런 이유로 고종 원년 갑자(역주: 1864) 봄에 용운 화상이 만행하면서 화주하고 대중의 힘을 모아서 중건에 착수하였다. 소룡 대덕이 먼저 감독을 맡아 나무와 돌을 운반하였다. 옛것을 헐어버리고 새롭게 완공하니, 지어놓은 법당이 전에 비해 크고 웅장하다. 유한한 재물을 풀어서 영원토록 무루無漏의 복의 인연을 심은 것이 어찌 일시적인 보시 공덕이 될 뿐이겠는가. 법계의 참된 몸을 담은 것이기도 하다. 만약 지난 겁에 대법왕의 참된 인연을 만난 적이 없었다면 항상 즐거운 피안에 어찌 오를 수 있겠는가. 정수리의 눈(역주: 지혜의 눈)을 열고 대천세계를 두루 비춰 모든 중생의 근기에 응하여 영원히 인천의 보배 등불이 될 것이다.

연꽃 같은 보배전각 회향하노니
중생에게 광명을 얻게 하고자
한 줄기 광명 속에 사생육도가
국토마다 모두 다 황금색이 되기를 …

나아가 법계와 허공계의 무량한 중생들이 본래 가진 청정한 성품을 깨닫는다면, 여래의 원각 가람이 청정한 본각의 땅과 같아져서 안팎이 서로 계합할 것이다.

성상 2년 을축(역주: 1865) 3월 일 납자 무위자 찬하다.

불사를 칭찬한 것이다.

4) 만월당 중창기

산은 읍 남쪽의 명승이고, 절은 산속의 불국토이며, 당은 절 안의 수행 공간이다. 슬프다! 당이 중창된 지 많은 세월이 흘렀다. 들보가 기울고 기와도 다 떨어져서 기거하는 스님들이 몹시 애석해하고 지나가는 과객도 마음 아파하였다.

정묘년 봄에 당주堂主인 현수 석의수라는 스님이 개탄 끝에 중수할 뜻을 세우고 자비와 신심으로 삼가 사중에 뜻을 물었다. 대중이 그의 일침에 공감하여 재물과 힘을 두루 보시하였고 집에 있던 모든 재물을 불사에 보태어 썼다. 또 비구 두세 명에게 신도들을 모으라 하니, 하늘에서 물자가 내려오듯 하고 최고의 일꾼을 부리듯 하였다. 몇 달 사이에 마침내 큰 집을 완성하자 옛 건물이 새것이 되었다. 이어서 기와를 이고 낙성을 하고 벽도 바르고 단청도 하였다. 높게 솟아 장엄하고 화려한 모습이 자연히 이루어진 듯하다. 이로써 날마다 일어나는 만물이 사람으로 말미암아 일어나는 줄 알겠다.

아! 전에 몹시 애석하게 여겼던 사람들은 기쁨에 차서 백납가사(검소한 옷)를 메고 동쪽 채와 서쪽 채, 남쪽 창과 북쪽 창 사이를 맨발로 다니며 몇 달 동안 맑은 바람을 쐬었다. 그사이에 염불도 하고 차도 마시고 혹은 누워 자기도 하였다. 그런 낙을 스스로 즐기는 것이 제일이니, 남을 따라 기뻐하며 찬미하는 자도 그 맛은 모를 것이다.

달은 하늘에 걸려 만고에 길이 비추고, 집은 우거진 숲에 싸여 천년토록 숨어서 빛난다. '우거진 숲'에 '가득한 달빛'으로 집의 이름을 지었으니, 함께 길이 하늘을 비추어서 온통 달빛이다. 그런즉 집 이름을 '만월당'이라 지은 것이 더욱 아름답다. 나는 한 번 놀러 왔다가 기꺼이 기문을 쓴다.

건륭 12년 적토(역주: 1747) 9월에 곡강후인 찬하다.

5) 청풍료 중수기문

아! 진양의 남쪽에 화악이 높고 화악의 동쪽에 옥천의 근원이 있으며, 옥천의 북쪽에 맑은 계곡물이 흐른다. 산은 빼어나고 물은 수려한데 기운이 항아리 속으로 모였으니, 이 어찌 만년의 신령스러운 구역에 점지한 것이 아니겠는가. 이쯤에 깃들어 살 만한 전각과 요사가 없어서는 안 되겠다. 그래서 숭덕 4년[40] 경진(역주: 1640)에 바야흐로 새로 터를 닦으니, 불전 세 채와 아란야(역주: 수행처) 네 채와 대중 방 여덟 채를 훌륭하게 지었다. 몇 칸 되는 청풍당 역시 동서의 남쪽에 개창한 지 백여 년 되었다. 집을 처음 지은 사람은 누구라고 하던가? 옛날의 천해 대사이다. 집의 중창자는 누구라고 하던가? 지금의 승려인 낭헌, 응일, 응청, 서청이다.

정해(역주: 1647)년 봄에 완공하니 청풍료가 아름답구나. 곧고 큰 용마루와 기둥은 오래된 것을 깎아내고 새로 만들었으며, 날아갈 듯한 처마와 추녀는 작은 것을 버리고 크게 만들었다. 웅장하고 화려한 자태는 온 동리에서 으뜸이며, 자자한 명성은 삼령에 퍼졌다. 이곳에 살며 이곳을 이끈다면, 어찌 만년의 계획이 되지 않겠는가. 사중에서 쓴 비용과 방 안에서 본 손해는 한 번에 다 기록하기 어려울 정도다. 한 번 애써 오래도록 편안케 하려는 뜻을 뒤에 올 선승들이 혹 헤아려주지 않을까, 해서 대강의 줄거리만 추려 말한다.

건륭 32년 정해(역주: 1767) 동짓달에 석 돈웅 찬하다.

6) 봉향각 중수 겸 단확기문

천하에 통하는 한 지역, 그중에서도 지기가 가장 뛰어난 곳이 네 군데

40 5년의 오기.

있다. 첫째 금강산, 둘째 묘향산, 셋째 구월산, 넷째 두륜산이다. 두륜산의 맥이 뻗어내려 많은 봉우리가 되었지만, 산이 빼어나고 계곡이 수려하기로는 남으로 백여 리쯤 되는 연화산이 제일이다. 산 아래 사액을 받은 절이 있는데 옥천사이다. 누가 세웠는지, 얼마나 오래되었는지는 모른다. 활처럼 구비 도는 깊은 골짜기를 크고 작은 봉우리들이 겹겹으로 에워싸고 있어 바람과 먼지가(역주: 세속사) 저절로 끊기고 안개와 노을이 끝없이 펼쳐진다. 그렇게 깊지 않았다면 맑은 세속의 무리들이 더 많았을 것이다. 산수에 노닐며 음미하려는 이들은 안개와 노을을 밟고 샘과 바위에 이른다. 더욱 깊고 특이한 곳을 찾는 무리들은 맑건 탁하건 시장에 모여들듯 날마다 찾아오니, 가히 산을 에워싼 구름과 물에 비친 달이 어우러진 하나의 명소라 하겠다.

다만 우리 절 안에 보전을 꾸미고 당우를 지었는데, 말하자면 세월이 너무 오래 되었다. 기초는 견고하고 완전한데 별이 보이는 이 전각 하나만은 여름 장마와 겨울 빙설에 청기와가 갈라지고 터졌다. 바람에 쓸리고 비에 젖어 용마루와 들보가 내려앉은 상황을 대중들이 너무 슬퍼하고 개탄하던 것이 이 절이다.

건륭 16년 신미(역주: 1751) 첫봄 향을 올리고 예불하던 중에 덕진 초 도인이 주지 석 낭헌에게 중수할 일을 의논하면서 "금강처럼 썩지 않을 집을 지어야겠습니다." 하니, 도인의 이 말을 가지고 주지가 간곡히 대중을 설득했다. 그러나 세파에 시달린 탓에 인심이 옛날 같지 않았고, 발심을 해서 짐을 나누어진 사람은 10여 명 되었다. 사중의 비용을 다 털어서 집과 전각을 고쳐놓으니, 높고 밝고 크고 넓어서 강 오른쪽에서 거의 으뜸이 되었다. 이듬해 화공들을 불러서 벽에 그림을 그렸다. 구름 띠 위로 밝은 달이 푸른 하늘에 반쯤 나타나면 천하의 보배 사찰이 다 별을 우러러보았으니, 시원하고 청결하기로 이보다 뛰어난 곳이 없다. 우리 임금이 즉위하신 지 30년에 시공하여 새해가 오기 전에 공사를 마쳤다. 일이 뛰어난 공적에 부합하려면 위대한 업적의 빠짐없는 일 처리와 함께해야 하므로 도감을 맡은 통정 석 치관이 나에게 기문을 청하였다. 내가 완고히 사양하였는데도 피할 수 없어서 중수한 연대만 대강 들어 차례와 기문을 쓴다.

건륭 17년 임신(역주: 1752) 추석 달에 나암 수연[41]이 찬하다.

7) 선당 중수기

나는 불교의 승려 명현스님과 방외의 벗으로 사귄 지 오래되었다. 전에 한번은 만행을 다니다가 와서, "연화산 옥천사는 전각과 요사가 걸출하며 산과 여울이 밝고 수려하다."고 누누이 말하였다. 내 비록 그 경계를 밟아 보지는 못하였지만, 앉아서 마음속으로 항상 본 듯이 달려간다. 그가 지금 내 집 문을 두드리며 글 몇 줄을 달라고 바라면서 내게 물었다.

"절에 선당이 있는데 승려들이 깊은 도를 논하는 집이다. 들보가 썩은 지 오래되었으나 고칠 사람이 없어서 스님들이 탄식한 지 오래되었다. 현재 낭헌, 약률, 득청 세 대사는 총명하고 뜻있는 분들이다. 비통한 마음을 함께 나누고 모연할 곳이 필요했으므로 사찰 대중의 재물을 공적으로 거둬 공사비를 마련하고 얼마쯤은 시주를 권하여 얻었다. 좋은 날을 받아 초봄에 불사를 시작하여 몇 달 만에 공사를 마치자, 집의 칸수와 규모가 보기에도 전보다 크고 화려해졌다. 선사들이 다투어 축하하며 낙성을 알렸으니, 그 기쁨은 제비와 참새보다 더했다.[42] 그러나 세 분 대사는 재력이 부족하고 쌀독이 넉넉하지 못한데도 더 노력하지 못한 것을 안타깝게 여겼다. 일 년 동안 재물을 모금하여 올가을에 환하게 단청을 해놓으니 벽이

---

41 계보는 浮休善修-碧岩覺性-翠微守初-栢庵性聰-石室明眼-海月成顯-懶庵守衍이다.

42 『淮南子·說林訓』에 새집을 짓고 나면 제비와 참새가 깃들여 살 곳이 생겼다고 서로 기뻐하며 축하한다는 이야기가 나온다. 燕雀相賀, 燕雀之喜는 落成을 축하할 때 관용적으로 쓰는 표현이 되었다.

더욱 빛난다. 이 절에 쏟은 그분들의 노력이 크다고 하겠다. 그 공적을 기록하는데 어찌 한마디도 하지 않을 수 있겠는가." 내가 듣고 감탄하며 말하였다.

"두류산 한 줄기가 동으로 멀리 달려 이곳에 멈춰서 응결한 것이 연화산이 되었다. 한쪽 기슭이 연꽃 핀 듯 가지런히 빼어나니, 이 꽃의 이름을 독차지하는 데 부끄러울 것이 없다. 산중의 대중 요사가 방장실과 대가람들 사이에서 환히 빛나니, 유독 뛰어나다 하는 데 어려울 것이 없다. 하물며 다시 지은 이 선당은 어떻겠는가. 연화산의 모든 전각 중에 최고로 빛나서, 명승을 찾아 감상하는 이들에게 다시없는 볼거리라고 찬탄하게 만든다. 세 분 선사가 이 절에 큰 공이 있다고 하겠으나 집은 한번 이루어지면 한번 무너지는 것이 본래 순서이다. 세 분 스님은 모두 무너짐을 만나 이루어낸 사람들이다. 내가 듣기로 부처님께서는 필히 '지난 세상에 심은 인연'과 '깊은 신심'을 말씀하셨다는데, 이것이 가르침의 도량이 아니겠는가. 세 분 선사야말로 전생에 심은 인연으로 신심을 성취한 증거라 하겠다. 나는 중현[43]스님이 글을 청한 사실을 기록하고 또 세 분 선사가 뜻을 이룬 것을 기뻐한다. 이에 글을 써주니, 그 공적을 감히 다 기록할 수 있을지 모르겠다."

적우(역주: 정축 1757) 늦가을 상순에 석포 박수문 찬하다.

8) 공전 제료 중수기 단청 번와기병

진주에서 남쪽으로 50리 떨어진 곳에 울창한 산이 솟아있다. 청색과 녹색을 뭉치고 발라놓은 듯, 연기와 안개가 자욱한 도시인듯한 그 사이에 화악의 마루를 벗어나면 덕유산 · 방장산이 여항산 · 와룡산과 형이 되고

---

43 重現은 明現의 오기인 듯하다.

동생이 되면서 우뚝우뚝 서 있다. 수려하고 깊어서 세상을 피해 도를 닦기 좋은 산수이다. 옛사람들이 밝고 빼어난 그 산을 사랑하여 획을 긋고 구역을 정해 사찰을 하나 세웠으니, 이것이 도를 닦아 성불하는 일이 대가 끊어지지 않는 까닭인가. 기타림(기원정사)과 녹야원에 절이 세워진 후에 하늘이 아끼고 땅이 감추고 비워두었던 구역이 하루아침에 찬란히 빛나는 불국토가 되었다. 그것이 어찌 땅에 기다림이 있고, 운에 때가 있고, 사람에게 조화가 있어서 그렇게 된 것이겠는가. 이제 새와 짐승도 살 곳을 얻어 기뻐하고 용과 천신도 기뻐서 에워싸고 옹호하니, 연꽃 향기는 산들바람에 만세토록 퍼지고 옥천사 감로수도 천년토록 솟아날 것이다. 옥에서 솟아나는 듯한 맑은 샘에서 청정한 행을 생각생각 닦아서 연화장세계로 걸음걸음 돌아가니, '연화산옥천사'라는 곳이 어찌 그냥 된 것이겠는가.

창건의 뜻을 이어 중흥을 자기 임무로 삼은 이가 있다. 그의 호는 시축인데 생각이 뛰어나고 수단이 비범하여, 빈 곳을 채워 실하게 만들고 작은 것을 끌어다가 크게 만든다. 덕분에 제를 지내고 공양 올리기에 농막과 주방이 부족하지 않고 불전과 요사들이 잘 유지되었다. 모두 이분의 계획에서 나오지 않은 것이 없지만 의수, 취경 두 멋진 스님도 있다. 두 분은 시축스님을 보고 존경하였다. 존경할 뿐만 아니라 스님 가신 후에 스님 하던 일을 하면서 지도자가 되어 이끌어갔다. 이것이 소위, 일어남에는 때가 있고 때가 바뀌어도 사람은 부족하지 않다는 것이다. 그러나 시축스님이 중흥의 주역이라면, 의수와 취경은 닦아서 이룬 반려들이다.

기해년(역주: 1719)에 청계당을 고치고, 임인년에 법당의 기와를 바꾸고, 을사년에 관음전을 고치고, 병오년에 승당을 고치고, 무신년에 위의 창고를 개비改備했다. 이는 시축스님이 주관하고 의수, 취경 등 13인이 도운 것이다. 신해년(역주: 1731)에는 다섯 법당과 정루(문) 및 여러 요사에 그림과 단청을 하였고, 경술년에 지장전을 새로 지었다. 정사년(역주: 1737)에 나한전을 고치고, 경신년에 극락전을 고치고, 계해년에 자금당 및 후불 상단탱화를 고치고, 을축년에 세 법당의 기와를 갈았다. 이는 의수, 취경, 보욱, 치관, 탈원 다섯이 주관하고 도운 것이니, 도운 일마다 그 사람들이 있다. 그러나 뒤에 가서는 이 절에 사는 사람들조차 주관한 사람이 누군지, 도운 사람이 누군지를 모를 것이다. 아! 뒤의 사람들은 지금 것을 보고 지금 사람들은 옛것을 본다. 그런즉 지금의 제도가 혹 어느 날 보탬이 될지 어찌 알겠는가. 또한 훗 날의 왕성함이 지금에 보탬이 될지 어찌 알겠는가. 그래서 기문을 적는다.

건륭 10년 청우(역주: 을축 1745) 단오월 송암 탈원[44] 찬하다.

9) 축성전 서문

사찰의 법당이 세상에 나온 것은 가짜 불상을 두어 스스로 복을 빌려는 마음에서다. 한편 원당願堂과 성전聖殿을 짓는 일은 세상에 드문데, 이는 오직 충성과 절의를 일으켜 임금이 오래 살기를 비는 곳이다. 그러므로 자기가 다복하기를 비는 마음과 임금이 오래 살기를 비는 마음 중에 무엇이 더 중한지는 같이 놓고 비교할 것이 못 된다.

생각해 보면 우리 병상국[45] 박규희가 지난 무자년(역주: 1888) 봄에 촉영[46]에 내려왔다. 진심으로 나라를 걱정하고 공명하게 백성을 다스려, 다음 해에는 관청과 인민이 화합하고 소통하여 병영과 읍이 편안하였다. 그 해 겨울에 감찰사 어공魚公이 나라를 위해 기도하고 또 법회를 보러 와서 임금의 교지를 선포하였다. 그러자 병상국이 나도 들었다면서 친히 본사에 가서 수 천금을 아끼지 않고 승려들로 하여금 백일기도를 올리게 하였다. 다음 해에 어공이 또 와서 기도하고 축원을 드린 후에 축성전 창건의

44 계보는 浮休善修-碧岩覺性-翠微守初-懸解覺先-尙解-松巖脫遠이다.

45 상국은 영의정, 좌의정, 우의정을 통칭하는 말. 여기서는 임금을 위한 군인 박규희의 절개와 충성이 한결같아서 그것을 높여 '병상국'이라 했다.

46 矗營(촉영), 지금의 진주시에 있던 조선 시대의 경상도 우병영이다.

뜻을 담은 임금의 교지를 선포하였다. 병상국이 또 본사에 가서 도량을 돌면서 터를 보고 택지를 살폈다. 축성전을 지을 자금은 주위의 도움을 기다리지 않고 친히 혼자 떠맡아 삼천 금을 보시하여 쓰게 하였다. 병상국이 나라와 백성으로 명분을 삼았으니, 뉘라서 감사하고 치하하지 않겠는가. 승려들은 각각 공양하고 염불하면서 일을 하고 일꾼들은 확실히 준비하고 살피면서 공사를 하니, 대중이 다 기뻐하였다. 기축년(역주: 1889) 봄에 시작하자마자 경인년 봄에 삼태기 질을 끝냈다. 석수가 일을 끝내자 화공에게 명하여 몇 달 만에 붓을 놓았다. 충성과 절개가 있는데 무슨 일이든 이루지 못하겠는가. 이에 상공이 다시 왔을 때 삼영[47]이 함께 와서 날을 잡아 재계하고 단을 설치해 예를 갖춘 뒤 축성전의 삼위패三位牌[48]를 같이 봉안하였다.

이 자리에 계신 듯 조심조심하는 마음
세 칸 전각 위에 절로 뻗은 세 줄기 빛
세 분을 축수하는 성전을 환히 비추어
삼보의 가호를 영원히 누리게 하소서.
위로는 요임금의 바람 영원히 불어서
전쟁과 혁명의 근심이 없게 하시고
아래로는 순임금의 태양 길이 밝아서
태평성대 즐거움만 있게 하소서.

아아! 병상국이 충정한 원력으로 축성전을 조성하는 큰일을 해냈다. 변변치 못한 산승의 글로 어찌 감히 찬미하고 기록하겠는가. 그러나 이 또한 사중에서 정성을 쏟아야 할 일이기에 재주 없음을 헤아리지 못하고 이

47 조선 시대의 훈련도감, 금위영, 어영청의 총칭이다.
48 왕과 왕비, 세자의 위패를 모시고, 건강과 장수 하시기를 때마다 기원한다.

제야 감히 찬문을 쓴다.

원당을 창설한 건 상국의 힘이라.
충정과 원력으로 행한 일이니
뉘라서 그 공덕 찬양하지 않으랴.
부처님 섬겨 밝게 하고 나라 위해 기도하니
정성은 광대하고 복덕은 태산북두 같아라.

유리 : 한창진
감동 : 서진욱
그 때의 승통 : 영허 문찬
도감 : 호월 영흡[49]
별좌 : 철월 여인

광서 16년 경인(역주: 1890) 2월 일. 수룡 호징 삼가 찬하다.

위 글에서 "삼위성전삼보후이영향三位聖殿三寶護而永享"이라는 구절은 그야말로 귀감이 될 만하며 만세토록 이어질 다함 없는 진리이다. 지난 갑오년(역주: 1894)에 불이 나서 절이 다 타버리고 축성전만 남았다. 그 구역의 큰 절이 그때 보안책임을 맡았는데, 가해자들이 축성전祝聖殿을 방화하면 모두 역적의 법에 저촉될 것을 염려해서 감히 훼손하고 불태우지 못한 것이다.

49 계보는 浮休善修-碧岩覺性-翠微守初-懸解覺先-尙解-文谷永晦-櫟庵貽成-龍岳戒定-大雲宇燁-藕潭捿幸-皓月永洽이다.

4. 방암 중창 편

1) 연대암 중창기문

연화산 기맥의 서쪽에서 옆으로 길게 뻗은 구역이 있다. 산악이 호위하는 깊은 골짜기, 지축이 서려 맺힌 곳에 신령한 터가 따로 열려있다. 그 속에 작은 암자가 하나 있는데 서쪽으로 오직 연화세계를 견고히 지킨다. 예전부터 세상을 벗어나 청정한 마음으로 고결하게 사는 이들이 머물러 수도하는 곳으로 유명하다. 좌우로는 송림이 하늘을 가리고 상하로는 물결이 좁게 흘러 고요하고 한적한 맛이 있다. 그래서 아주 옛날부터 발심하여 도 닦는 스님들이 때때로 살던 도량이다.

암자의 유래를 대략 살펴보자. 옛 노인들이 전하는 말에, 이 암자의 건축연기는 본사의 창건기원과 앞서거니 뒤서거니 한다는데, 진짜 그런가? 오래된 터의 흔적이 완연히 남아 있지만 창건 연대는 기록하기 어렵다. 그 구조와 형태는 완전히 옛 식을 따랐다. 옛 스님들이 지키고 전해온 가운데 수리하느라 쏟은 노고가 있었으나 바람에 쓸리고 비에 젖어 마룻대와 들보가 기울고 무너진 채 거의 복구할 수가 없었다. 계해년(역주: 1743) 봄에 본 암자의 벽허, 지명 두 노덕께서 중창을 시작하였다. 대중의 힘을 모아서 각고의 다짐으로 정성을 다해 마침내 동짓달에 끝이 나니, 환하게 새집이 되어 몇 배나 웅장하였다. 암자 가득 선승들이 구름같이 모여들어 어울리며 참선과 염불에 아침저녁으로 부지런히 힘써[50] 옛 분들의 가풍을 만회하였다. 이 암자의 뛰어난 정수를 고덕의 시에서 비슷하게 찾아본다면,

송죽 우거지고 안개 노을 자욱한 곳
한 발자국도 떼지 않고 고향에 앉았네.

---

50 원문은 諭으로 되어 있으나 乾의 오기인 듯하다. 夕惕朝乾: 『易·乾』.

절묘한 참 경계를 알고자 하는가.
범이 울고 학이 우는 이 소리를 들어라.

이 구절이 암자의 진경을 적합하게 묘사한 것이다. 당시 아주 맑고 깨끗한 도량의 수승하고 신령한 곳에서 기원하고 축복하는 사이에 불보살의 은밀한 가피를 입은 정령들이 끊임없이 있었다고 전한다. 그리고 이곳은 천태의 성지이다. 암자의 왼쪽 산세가 긴 쟁반같이 품고 옹호하니, 본 암자의 터와 형국을 만년토록 편안히 보전할 것이다.

건륭 11년 병인(역주: 1746) 중춘에 석 단화 찬하다.

2) 극락전 중창기

진주 남쪽에 연화산이라는 산이 있는데 몇 떨기 연꽃같이 생겼다. 한참 올려다볼 만큼 깎아 세운 듯하며 창공 속에 멀찍이 솟아있다. 산속에 옥천사라는 절이 있는데, 이곳이 샘의 발원지다. 솟아난 물은 졸졸거리며 밤낮을 쉬지 않고 흐른다. 절 서쪽에 극락암이라는 암자가 의연히 서 있다. 산은 기원정사가 아니나 절은 엄연히 기원정사이며, 땅은 서천이 아니나 터는 바로 정토이다. 번창했던 옛날에는 암자에 빛이 영롱하여 아주 장엄하고 화려하였다. 덕행 높은 선사들이 왕래하며 머물러 살았다. 대운 장로가 강설하던 자취를 이어 수룡 법노와 포량 도장이 전법하던 도량이다. 조선 8도의 승려들이 스님에게 폭주하듯 몰려들었으니, 가히 기원정사의 명성을 자랑할 만하다.

그러나 운세는 막혔다 트였다 하고 기운은 쇠하고 성하기 마련이라 갑오년에 불에 타서 재만 남았으니, 암자는 흩어지는 액운을 맞았다. 아! 삼남[51]의 선계인 이곳이 비어서 수년째 쑥대밭이 된 것은 납자들 만의 근심이 아니라 어진 사람들의 탄식 거리이기도 했다. 전의 도총섭인 철월,

석암, 영허, 혜월 등 여러 대덕들이 빈터를 다시 일으키고자 중건을 의논한 끝에 모연할 길을 마련하고 토목을 운반하였다. 병신년(역주: 1896) 가을에 공사를 시작하여 정유년 겨울에 낙성을 고하니, 밝은 기운이 찬란히 다시 일어나 흡사 연꽃이 다시 핀 듯하였다.

나는 기해년 봄 전주에서 와서 물병과 지팡이를 놓고 잠시 머물렀다. 이때 총섭 이었던 석암 화상이 나에게 이 사실을 기록하라 명하였다. 내가 아뢰었다. "산을 기록할까요? 산은 본디 무심한데, 산에게 어찌 뜻이 있겠습니까. 샘을 기록할까요? 샘은 말없이 흐르는데, 어찌 많은 것을 묻겠습니까. 절을 기록할까요? 부처님에게 실질적인 힘이 있고 스님들에게 상이 없어서 이루어진 것이 암자입니다. 제가 감히 그 이름을 받고 그 실리를 취하겠습니까. 그러나 상을 내지 않는 스님들의 공덕에 어찌 감히 감사하는 마음이 없겠습니까. 그저 졸필을 망각하고 간략히 쓸 뿐입니다."

광무 3년 기해 3월(역주: 1899) 삼짓날 소요문인 용은 이주 찬하다.

3) 백련암 화소 후 중창기

가람이 처음 창건되고 중간에 건립된 데에는 대개 연대가 있는데, 옛 기록에 다 실려 있었다. 그러나 지금은 모두 불타버려서 기록들을 찾아내기가 어렵다. 대저 가람이 흥하고 망할 때는 운이 다해서 망하기도 하고 횡액을 만나 쇠퇴하기도 한다. 운이 다해서 망한 경우는 다시 돌아보고 보호할 사람이 없지만, 횡액으로 없어진 경우는 간혹 슬퍼하며 돌아보는 사람이 있어서 다시 이어 중창할 마음을 먹는 것이다.

이제 서포월 대덕께서 몇 년을 깃들여 살면서 불행히도 이번에 절이 전소되는 변을 당했다. 크게 놀란 마음에 통탄해 마지않다가 다시 지을 마음

51 충청도·전라도·경상도이다.

을 일으켰으나 힘을 보태고 마음을 같이 할 사람이 곁에 없었다. 그러나 혼자 쇠 같고 돌 같은 마음을 일으켜 눈바람을 피하지 않고 곳곳을 돌며 화주를 했다. 쉬는 방이나 별채까지도 원래대로 짓는데, 일은 크고 힘은 미약했으나 주춧돌도 그대로 놓고 들보도 그대로 놓았다. 금석 같은 믿음이 아니면 그런 재난을 당한 후에 어찌 이렇게 성취할 수 있었겠는가. 대사의 정성과 원력 때문에 나의 재주를 헤아리지 않고 몇 줄 적어서 기록한다.

개국 504년 태황제 32년 을미(역주: 1895) 7월 일 수룡 호징[52] 찬하다.

4) 백련암 법당과 별당 중수기

새해 병인년(역주: 1926)에 대여섯 명과 내가 이 암자의 방에 머물렀다. 그때 혜월 노사와 종열 대덕이 내게 기록해 주길 청하면서 "이 절 고금의 역사를 나무에 새겨 오래 전한다면 뒷사람들에게 안목이 되지 않겠습니까?" 하였다. 내가 글을 못한다는 이유로 굳이 사양했으나 더욱 굳게 청하므로 어쩔 수 없이 문서들을 찾고 어른들의 말씀을 열람하였다. 참고가 될 만한 것들을 뽑고 기록하여 두 분 선사의 말씀에 답하고자 한다(원주: 중간의 사연들은 전부 『연혁기』에 실었으므로 생략한다).

이 암자가 불타고 난 뒤에는 일에 두서가 없었다. 그러므로 형인의 도끼와 장석의 먹은 쓸 여유가 없었고[53], 그저 촌부의 먹과 나무꾼의 도끼를 잡을 따름이었다. 얼마 안 가서 완공을 보았으나 불과 몇 년 사이에 마룻대가 썩고 서까래가 떨어져 거의 무너질 지경에 이르렀다. 임술년(역주: 1922) 봄이 되자 혜월 장로가 자발적으로 원을 세우고 모연하여 중창하기

52 문손까지의 계보는 淸虛休靜-鞭羊彦機-楓潭義諶-月潭雪霽-喚惺志安-虎岩体淨-雲岩宇觀-雪月儀一-無瑕尙鎰-裕庵余管-煥庵達定-水龍浩澄-奇雲斗演-影潭元日-默堂裕文-默庵度學이다.

53 형인과 장석은 고대 최고의 장인들이다.

로 하였다. (결락)

을축년(역주: 1925) 봄에 혜월 장로와 종열 대덕께서 맨손과 맨주먹으로 마음을 모으고 힘을 합하였다. 비바람을 피하지 않고 이리저리 오가며 백방으로 마음을 쏟은 결과 별당, 수통, 문간, 측간 등 각각의 중요한 곳이 정연하게 섰다. 이제야 선을 닦는 장로들이 무릎을 놓기에 알맞고 복을 구하는 단월들도 집이 평안하다. 사실이 이러한데 어찌 찬사를 올리지 않겠는가. 나의 재주 없음을 헤아리지 못하고 그 실적만 들어 간략히 기술한다.

불기 2959년 병인(역주: 1926) 5월 5일 대정 15년 6월 4일 서응 성태 찬하다.

5) 청련암 중건기

세상 모든 일에는 성패가 있고 운수가 있다. 그러므로 이루어진 후에는 무너지고 무너진 뒤에는 이루어져, 성패가 한 쌍이라 공정한 이치가 돌고 돈다. 그러나 무슨 일이든 사람을 기다려 성과를 이루니, 일 자체가 스스로 성립할 힘이 없다면 일의 성패는 모두 사람으로부터 오는 것이다.

본사는 원래 신라의 고찰로 산의 기운이 깨끗하고 빼어나며 물과 돌도 산뜻하고 맑아서 참으로 불법을 지킬 영험한 경계라 하겠다. 그러나 천수백 년 동안 바람에 닳고 비에 씻겨서 몇 번이나 생겼다가 사라지곤 하였다. 본사와 암자의 터와 형국은 옛날부터 지금까지 고풍이 짙을수록 더욱 참신하다. 본 암자는 여러 암자 중에 최고의 터와 위치를 차지한다. 남향이라 양명하고 대나무 숲이 어우러진 곳에 숨은 듯이 수행처를 따로 지어 놓았다. 그래서 염불하고 참선하는 스님들이 왕왕 손잡고 와서 물병과 석장을 놓고 머물기 좋은 도량이다.

지난해 갑오년에 지방 민란으로 재앙을 입어 본사와 암자의 전각과 당우들이 전부 불에 타는 변란을 당했다. 다시 지을 대책도 없을 때 본 방의 노스님 수룡과 화용 두 화상이 비분강개하여 대중을 불러 모아 중건에 협조를 구했다. 모두 허락하고 지극히 감격하여 정성을 다하고 힘을 다해 밖에 나가서 화주하였다. 여러 산의 큰 사찰, 도시와 촌락을 다니며 얼마간의 재물을 모연해서 본원에 돌아온 그날부터 솔선수범해서 일을 감독하고 1년 안에 공사를 마치려 하였다. 안팎이 하나가 되어 만반의 계획을 세우고 힘써 마지않더니, 일이 반쯤 되었을까 할 무렵 거의 완공을 보게 되었다. 그림을 그리고 단청을 하자 옛날 집보다 좋았으니, 어찌 불보살님의 보살핌이 아니겠는가. 또한 대중의 노력과 정성에서 나온 것이기도 하다.

연화산은 뾰족뾰족 솟아 있고
옥천의 물결은 끊임없이 흐르니
이 암자여, 영원무궁하리라.

개국 504년 을미(역주: 1895) 이태황(대한제국) 32년 10월 일 납자 무위자 찬하다.

5. 불화론

1) 법당 후불탱영상, 삼장영상, 지장후탱, 시왕후탱화 성조기

삼천대천세계가 법왕의 도량 아닌 곳이 없으나 이제 비구들이 기도 터를 세웠다. 8만 개의 사자좌를 만들어낸 것은 유마거사의 신통이요, 만들어놓은 상이 부처님의 모습과 일치하여 기원정사에서 귀의하고 수기를 받았다. 그렇다면 영상을 설치한 것은 그 유래가 깊다. 급고독원 동산 숲에서 황금으로 모습을 본뜨고 왕사성 궁궐에서 백옥으로 형상을 조각한 이래 몇천 년을 존경하고 받들며 예나 지금이나 귀의하고 우러른다. 아! 부처님은 큰 원각으로 가람을 삼고, 허공을 녹여 몸을 삼았으므로 궁전의 수레나 색상의 장엄을 빌리지 않는다.

그렇다면 저 영상들은 진실이 아니라 다 가상이란 말인가? 형체 없는 영상이 없고, 진실 없는 가상이 없다. 그러므로 형체를 통해 그림자를 알고 그림자를 통해 형체를 보는 것이니, 진실을 통해 가상을 가려내는 자는 가상에 의지해서 진실을 구한다. 비유를 들어 보자. 하늘에 뜬 달 하나가 모든 강에 나뉘어 비칠 때, 나뉘어 비친 그림자 하나를 가리켜 달이라고 하면 미혹이다. 하지만 이미 하늘에 달이 있어서 모든 강에 나뉘어 비친 그림자가 있는데, 그것을 달이 아니라고 말한다면, 이 역시 도리가 아니다. 나누어진 그림자 속에서 나뉘지 않은 것을 구하려는가. 진짜 달은 나뉘어 비친 그 속에 있으니, 둘이 아니기 때문이다. 그렇다면 우전왕[54]이 부처님의 형상을 조각한 것을 참되다 해도 되고, 세존이 이마를 만지며 수기 주신 일을 가상이라 해도 된다. 누가 이것을 가짜다, 그림자다 할 것인가.

부처님께서 보광에게 "염부제 중생들은 움직이기만 하면 다 죄업을 짓는다. 항상 십 재일마다 모든 죄를 결집하여 그 경중을 정하라." 하셨고, 삼장[55]의 지장보살은 죄업이 깊고 무거운 중생을 불쌍하게 여겨 삼악도에서 벗어나기를 발원한다고 하였으니, 그 성인의 상호를 본떠서 그림을 그려놓고 받들어 섬기며 공양한 공덕은 영원히 산보다 높고 바다보다 깊을 것이다. 어찌 금생과 후생뿐이겠는가.

한자[56]가 말하였다. "임금을 세우고 스승을 세우면 가르침이 계속 생겨

---

54 BC 6세기경 인도 반(발)사국왕. 부처님이 33천에 생모를 위해 설법하러 가셨을 때, 왕이 부처님을 너무 뵙고 싶어서 우두산의 전단향나무로 부처님을 똑같이 조각하였다. 불상의 시초이다.

55 삼장: 천장보살, 지장보살, 지지보살. 이 세 분을 모신 탱화를 삼장탱이라 한다.

나니, 세상에 임금과 어른이 생겨나는 것은 바꿀 수 없는 법칙이다." 사람이 죽으면 귀신이 된다. 여기에도 임금이 인솔하는 하늘의 도리가 있으니, 의심할 바 없는 필연이다. 어떤 사람이 생사를 뛰어넘어, 살아서 왕의 법에 매이지 않고 죽어서 명부에 관계치 않겠는가. 하늘 아래 왕의 백성 아닌 사람이 없으니, 살아서 왕의 명령을 받지 않는다면 칭찬할 것인가 나무랄 것인가. 땅 위의 귀신 역시 명부에 속하지 않은 자가 없으니, 죽어서 명부의 위력을 받지 않는다면 상을 줄 것인가 벌을 줄 것인가. 선악에 따르는 생사는 분명하다. 이것이 부처님께서 명부의 상을 시설하신 까닭이니, 사람들로 하여금 윤회의 길을 알고 기억하게 하기 위함이다. 가히 위대하지 아니한가.

아! 하늘이 백성을 낼 때 모두에게 준 것이 똑같은 선한 성품이다. 그러나 기질을 받은 시초에 맑음과 탁함으로 나뉘어, 터럭만큼의 차이가 하늘과 땅으로 벌어진다. 그러므로 밝고 총명하고 소박하던 성품이 어둡고 게으르고 사치스러워져 본래 가진 밝은 덕을 등지고 외물의 폐단을 따르기도 한다. 선이 불선不善이 되기도 한다면, 악은 정해진 것인가 그렇지 않은 것인가. 지금 6~7명의 군자들이 법왕의 도량에서 천고千古 만고萬古 썩지 않을 선근을 심는 것은 연화대 상품에 왕생하기 위함이나 또한 후인들에게 수희 선근을 이루게 하는 것이기도 하다.

건륭 9년 갑자(청서)(역주: 1744) 단오월 하순에 벽파 낭정 찬하다.

화주 : 가선 탄주
도감 : 통정 의수
주지 : 통정 치관

---

56 중국 전국시대의 정치가, 법가. 한나라의 공자(公子)로 법치주의를 주창한 한비(BC. 280?~BC. 233). 높여서 한선생(韓子)라 한다.

2) 대법당, 명부전 중수 단확, 삼존상, 십육나한상, 시왕 개도개분기

남쪽 지역에는 예부터 큰 사찰이 많으나 전각이 많고 승보가 많기로는 진양 옥천사가 유명하다. 상 원년에 대법당과 명부전을 고치고 3단 불상을 늘려 고쳤다. 기둥에 짙은 색을 바르고 벽에 회칠을 하고 지붕에 기와를 얹고 바닥에 벽돌을 놓을 때를 살펴보니, 장인의 솜씨가 오묘하여 그 재주로 만 가지 꾀를 냈다. 약 4개월 만에 완공을 알리자 주지가 “이 일에 한마디 하지 않을 수 없다.” 면서 나에게 사실을 기록해달라고 청하였다. 나는 글을 잘 못 쓴다면서 두어 해를 굳이 사양하였다. 그러나 계속 청하기를 그만두지 않으니 이제 붓을 들어 답한다.

주지가 나에게 산을 기록하라는데 산은 본래 말이 없으니, 내가 감히 달리 무슨 말을 하겠는가. 나에게 절을 기록하라는데 그전 사람들이 다 해놓았으니, 내가 감히 더할 것이 있겠는가. 나에게 단에 있는 형상들을 기록하라는데 마음과 눈이 있는 자는 다 올려다보고 좋아하니, 또 어찌 나의 말을 기다리겠는가. 내가 할 말은 이것이다. 이 전각과 불상은 하늘에서 떨어졌거나 땅에서 솟아난 것이 아니며, 허공을 구부려 졸지에 나온 것도 새가 물어다 준 것도 아니다. 그래서 묻는다. 기운 것이 바로 서고 낡은 것이 새로워져 침침하던 곳에 광채가 나니, 기원정사 도량인 듯 화장찰해華藏刹海 궁전인 듯 꾸며놓은 것은 누구의 힘인가?

아! 불교가 전해 내려온 지 2000년인데 총림이 오늘같이 천박한 적은 없었다. 스님들을 바라보자니, 사욕을 따르는 자는 많고 공심公心으로 선행을 하는 자는 적다. 오로지 차에 중독되고 벼슬아치에게 부역하는 자들뿐인데, 그 가운데 선행의 즐거움을 알고 공덕을 베푸는 데 용감한 이들이 있었으니, 다 기록할 만하다. 만약 크고 좋은 도구와 존인, 봉현, 수평, 모심 같은 화공과 기술자가 없었다면 이 불사는 끝내지 못했을 것이니, 네 사람의 공적은 기록할 만하지 않은가. 그러나 네 명이 말하였다. "아닙니다, 저희들의 공이 아닙니다. 연학, 영심, 응청, 숙란은 모연을 했고, 성순과 광원과 활보는 살림을 맡아 대중을 먹였으며, 낭헌과 응청과 포조는 공사감독을 하였습니다. 애초에 이분들이 없었다면 네 명의 기술자도 소용이 없었을 것입니다." 그렇다면 일 맡은 분들의 공을 기록하면 되지 않겠는가. 그러나 그분들 역시 주지의 힘이라면서 공을 차지하지 않았고, 주지는 여래에게 공덕을 돌렸다. 여래는 형상 없는 성인이라 조화옹을 불렀고, 조화옹은 나로 하여금 그 사실을 적게 했다. 이에 옥천사 중수와 회화(역주: 불상개분, 탱화, 단청 등)에 관한 일을 기록할 따름이다.

주지의 이름은 석인인데, 나와는 오랜 친구다. 일찍이 나를 찾아와 은선실에서 선과 교의 요지를 물은 적이 있다.

숭정 기원후 3년 무술(역주: 1778) (원주: 지금으로부터 165년) 결제 7일 전 경암 무애자 관식 찬하다.

3) 괘불화 성조기

남화노선의 말씀에 "지극한 사람에게는 자기가 없고 성인에게는 이름이 없다."[57] 하였고, 석씨는 무상無相으로 체를 삼고 무주無住로 용을 삼았으니, 어찌 이름과 상을 빌리겠는가. 다만 몸가짐을 바로 해서 모범을 보이고 사람들을 이끌어서 따르게 하려다 보니, 어쩔 수 없이 모습 없는 모습과 이름 없는 이름을 말했을 뿐이다. 무진년(역주: 1808)에 내가 천령(역주: 함양)에서 회계의 화림암으로 옮겨 몇 달을 살았는데, 옥천사 향실의 심부름꾼이 내게 평하기를 "령 안의 70여 고을이 진양만 못하고, 고을의 수백

---

57 『莊子·逍遙遊』: "至人無己, 神人無功, 聖人無名. 남화노선은 장자를 가리킨다.

사찰이 우리 절만 못하다."고 하였다.

그러나 모든 것을 제대로 갖추었어도 괘불은 옛 색이 파손된 채로 있었다. 분발하여 새로 만들 계획을 세우고 대중에게 의논하니, 다 허락하였다. 그리하여 이때 승통 대우가 불사를 주관하고, 전 총섭 경활, 두인, 기환이 모연 해서 재물을 모으기로 하였는데, 나도 여기 끼었다. 돈 관리는 태욱이 맡고, 공사 감독은 사언과 대언이 맡았다. 화사를 불러다 그려놓고 보니, 광명을 발하는 모습이 엄숙하며 상서로운 기운이 공간에 감돌았다. 장엄한 부처님의 장육금신丈六金身이 우뚝 선 것은 실로 일찍이 없었던 일이다.

나에게 수고를[58] 아끼지 말고 기록을 해달라고 청하니, 나는 넘어졌다가 일어나서 입을 벌린 채 놀라며 말하였다. "기록은 이름이고 일은 사실입니다. 제가 이를 빙자해서 이름을 얻으려 하겠습니까. 제가 어찌 그러겠습니까. 그러나 어쩔 수 없는 경우도 있습니다."

만물이 흥하고 쇠할 때는 반드시 사람을 기다린다. 흥할 때는 그 사람이 있고 나서야 일이 이루어지고, 그때가 있고 나서야 사람이 공을 들일 수 있다. 그렇지 않다면 용흥사 불전이 어찌 3백년 후에 배씨의 공덕[59]이 이른 뒤에야 이루어졌겠는가. 그러므로 공이 완성되고 일이 끝나는 것이 때에 달렸고, 사람에 달린 줄 이로써 알겠다. 요즘 승려들을 보면, 인정의

58 齏臼 : 『世說新語·捷悟』 : 齏臼, 受辛也, 於字爲辭. 所謂絶妙好辭也. 여기서는 수고를 아끼지 말고 절묘한 문장을 써달라고 부탁한 것이다.

59 非衣功德 : 중국 「光孝寺重修大雄寶殿記」에 따르면, 당나라 재상 裵休(791~864)의 부친 裵肅은 전생에 越州의 탑을 완성하지 못하고 죽어서 양무제의 손자인 蕭詧(554~562)로 태어났다. 소찰이 曇彦선사를 방문하니, 선사가 월주의 탑이 완성되지 못한 채 그대로 있다고 말해주었다. 훗날 대중이 담언선사에게 龍興大殿을 수리할 것을 요청하자 3백년 후에 非衣功德主가 나타날 것이라고 하였는데, 그가 바로 배휴의 부친인 배숙이었다고 한다. 즉 '裵'자는 '非'자와 '衣'자가 결합된 글자이므로 배숙을 '비의공덕주'라고 한 것이다. 『고성옥천사괘불』 유경희, 2017, 국립중앙박물관

파도에 빠지고 정욕의 불에 타느라 불상이 파괴되어도 마치 먼 동네 사람의 몸에 살이 쪘는지 말랐는지를 보듯 좌시하니, 애석한 마음 이루 다할 수가 없다. 여러분들은 불법을 위해 몸을 잊고, 공사를 위해 사심을 잊어 불상이 변색 되고 법당이 기울 지경에 이르자 깁고 때우는 일로 임무를 삼았으니, 자신만을 위하기 급급한 자들과는 실로 하늘과 땅의 차이라 하겠다. 해낸 일은 훌륭하나 기록은 간략히 마친다.

향실[60]은 누군가. 나의 법형 송곡이다.

화사는 누군가. 화악 평삼이다.

숭정 기원후 3년 무진(역주: 1808) 4월 일 구연 준시 적다.

4) 대종 기문

민간에 전해 내려오는 말에 "옥과 비단이 아니면 예를 표하지 말고, 종과 북이 아니면 음악을 전하지 말라."고 하였다. 세상의 잇속에도 이런 형세가 없을 수 없는데, 하물며 우리 부처님의 도이겠는가. 큰 종소리를 만들어 어두운 미혹을 열고 깊은 잠을 깨우면 그 이익이 크니, 없어서는 안 될 일이다.

연화산 옥천사가 물과 돌로 유명한 곳이고 안개와 노을이 아름다운 복된 터이다. 그렇기는 하나 장인의 공을 발휘하여야 지옥의 구름을 깨고 쉬게 할 수 있으니, 고통을 쉬는 데는 차별이 없고, 소리로 된 가르침에는 말씀이 있다. 지금 절을 맡은 석 사진이 원을 세우고 발심하여 합장하고 모연을 하니, 분수에 따라 희사하였다. 부씨[61]에게 주물을 뜨라 명하여 종

---

60 ① 어른이 계신 곳, 조실 ② 노전이 사는 곳 ③ 종무소 ④ 조선 시대의 교서관에 딸려 궁중의 제사에 쓰이는 양과 축문을 맡아보던 곳이다. 여기서는 조실스님이 계신 곳을 의미한다.

61 鳧氏: 주나라 때 종을 만들던 관직 이름. 종장을 뜻한다.

소리가 삼천대천세계를 진동하게 만드니, 학의 등에 올라타고 양주를 유람하며 허리에는 돈 십 만관을 찬 셈이다.[62] 또 나에게 "예전에 듣기를, 세상에서 공적을 기록하지 않으면 명부에서 효험이 없다."고 하면서 기문을 청하였다. 그리하여 이제 시주한 사람과 모연한 등등의 명목을 위에서 들은 대로 따라 적어서 보여주려고 한다.

강희 40년 신사(역주: 1701) 4월 일 지백도인 상현 찬하다.
도감 : 전화상 묘욱
대공덕화주 : 비구 사진 (아래는 생략)

6. 유공 기문 편

1) 용운화상 유공명병서

시방 삼세가 다할만한 공덕 중에 삼보의 공덕보다 큰 것이 없으니, 삼보는 머물러 집착하는 모습이 본래 없기 때문이다. 이 절을 수리하여 뒷사람들에게 물려준 공덕 중에 화상의 공덕을 넘어설 이가 없으니, 화상은 역시나 공을 이룬 데 머물지 않으셨기 때문이다. 그런데 저쪽의 피안, 머물지 않는 반야의 피안으로 멀리 가셨으니, 어허! 화상은 삼보의 무주상無住上의 도리에 일찌감치 도달하셨는가. 그러나 사실을 말해보자. 집착 없

62 ① 『사문유취후집』에 "세 사람이 소원을 말했다. 한 사람은 십 만관에 말을 타고 양주를 유람하고 싶다고 말했다. 한 사람은 학을 타고 양주를 구경하겠다고 말했다. 마지막 사람은 두 사람의 소원을 합해서 말을 타고 학의 등에 앉아 양주를 유람하고 싶다"고 말한 고사이다. 송나라 축목 등이 편찬. 총 236권. 전집 60권. 후집 50권. 속집 28권. 별집 32권이다. ② 사진이 관직도 있고 돈도 많음을 비유한다.

는 화상의 청정한 본심에만 눌러앉아 화상의 다섯 가지 공덕을 끝내 판에 새겨놓지 않는다면, 뒷 사람들 중에 화상의 무주상 대공덕을 그 누가 흠모할 수 있겠는가. 이런 이유로 털 없는 붓을 쓱쓱 문질러 집착 없는 기록을 남길까 한다. 화상의 무주상 공덕은 다섯 가지다. 대사가 절에 계실 때는 연화산이 태평하였다. 대사가 돌아가시니, 오직 대사 생각뿐이다.

첫째, 대웅전을 중창하였다.
둘째, 가게의 세금을 거두었다.
셋째, 미투리를 없앴다.
넷째, 닥나무 밭을 개간하였다.
다섯째, 이부전결의 폐단을 막았다.[63]

광서 2년 병자(역주: 1876) 4월 일 환암문인 수룡 호징[64] 적다.

2) 농성화상 유공문

천근 나가는 큰 종이 세상을 깨울만한 굉음을 가졌더라도 치지 않으면 울리지 않고, 석 자 되는 거문고가 산 소리 물소리를 내는 묘음을 가졌더라도 퉁기지 않으면 소리가 나지 않는다. 그러므로 현인 군자가 재물을 넉넉히 시주하고 공덕을 많이 쌓아 지혜롭고 어질다 해도 말과 기록이 아니면 후세에 전할 길이 없다. 그런즉 몇 줄의 글을 기록해서 만년에 흐를 공을 표창하는 것이 어찌 옛날에만 있던 아름다운 일이겠는가. 옛사람이 이르기를 "봄에 한 알의 조를 심으면 가을에 만 알을 수확할 것이다."하였다.

63 二夫田結: 夫는 토지의 면적이자 납세자들을 조직한 인적 조직이다. 일반적으로 8結 단위로 1夫를 조직하는데 그것을 八結作夫制라 한다. 1夫를 일괄 수납하는 것이 원칙이다.

64 煥庵達定의 제자.

이것이 원인을 닦아 결과를 얻는 예외 없는 하나의 법칙이다. 부처님의 도량에 대 선지식이 자비를 드리우고 덕을 베풀어 영원히 산문의 법계를 안정시킨 것이 어찌 다만 오늘 신심을 일으켜 보시한 것뿐이랴. 여러 겁 동안 어진 일을 닦아 이룬 결과이기도 하니, 이런 이유에서 감격해서 기리는 것이다. 아홉 길 높은 산을 쌓아 만든 신심과 노고가 만세 무궁 아름답게 전한다는 것이 실로 이 뜻에 부합한다.

땅의 정기는 순환으로 말미암아 막힐 때도 있고 통할 때도 있으며, 사찰의 운세는 성쇠로 말미암아 성할 때도 있고 쇠할 때도 있다. 그런즉 부처님께 귀의하여 원력을 쌓고 공을 이루는 것은 만행을 닦아 교화하는 사람의 힘이다. 따라서 길이 만세에 드러내 그 공로를 표창하는 이유가 바로 이것이다. 큰 종과 훌륭한 거문고가 손으로 치고 퉁겨야 소리를 내는 것과 무엇이 다르겠는가.

본사는 신라와 고려의 역사를 품은 오래된 사찰로, 남쪽에 멀리 떨어져 있다. 교학의 종이 오래도록 울리고, 선종의 가풍도 멀리 퍼져 한결같은 청규의 아름다운 모범이 천 이백여 년을 전해 내려왔다. 그러나 근래의 역사는 가히 말로 표현할 수가 없다. 근 이백 년 전에 종이 만드는 노역 사찰로 변하여 승려가 남아나질 않고 사찰이 무너져 거의 망할 지경이 되었다. 이 산의 노스님 농성화상 혼자 솔선수범하여 옛 사세를 회복하려고 부처님께 기도하고 발원하였다. 뱃속 가득한 정성을 다 쏟아내고 가슴에 차오르는 비원을 발하였다. 먼저 종이 노역을 면제받기 위해 쇠같이 굳은 의지와 피 끓는 마음으로 분신할 준비를 해서 당시 몇몇 승려들이 서울로 올라갔으나 도성 출입을 엄혹하게 금지당하였으니, 상경 후 몇 해 만에 심장의 피가 고갈되었다. 매일 중추원 정관(역주: 문·무의 인사관리)에게 머리를 조아리며 애원하자 쇠 같은 마음이 돌을 움직여 천만다행으로 노역에서 면제되었다. 본사에 돌아오자마자 옛 절의 운세를 회복하여 풍요를 이룩하였다.

그리고 몇 년이 되지 않은 갑오년(역주: 1894)에 지방 민란으로 재앙을 만나 사찰이 온통 폐허로 변하였다. 화상이 여러 해 동안 정성을 다해 쌓은 노력이 하루아침에 허사가 되니, 어찌 분하고 원통하지 않을 수 있었겠는가. 다시 복구하려는 서원을 마음에 깊이 새겼다. 재차 서울로 올라가서 정무대신에게 호소하니, 전에도 있었던 일이라 힘은 덜 쓰고 성과는 배가 되어 돌아왔다. 즉시 임금의 명령을 받들어 가해자를 엄중하게 처리해 줄 것을 지방 관부에 의뢰하자 당시에 계획했던 우두머리와 주범 등이 모두 중벌에 처 해졌다. 그런 후에 사찰의 운세가 점점 회복되는 쪽으로 갔으니, 산중 스님들이 합심하고 협력하여 중건에 노고를 쏟은 덕분이다. 산내 암자를 겨우 얽어놓고 나서 본사의 웅장한 요사들이 옛 품격을 되찾았다. 지난날의 절망을 되돌아보니, 상전벽해의 감회가 골수에 절절하게 사무쳤다. 그러나 화상이 공심으로 행한 위대한 업적과 불법을 호위한 혁혁한 공훈은 일찍이 없었던 것이며 후세까지도 영향을 끼쳤다. 그러니 화상의 넉넉한 덕을 감히 칭송하지 않을 수 있겠는가. 아! 산하는 변함이 없는데 인물은 어디로 갔는가. 우뚝 솟은 연화산과 끝없이 넘치는 옥천수, 이것이 화상의 유풍인가.

태황제 34년 정유(역주: 1897) 3월 일

화상의 실적 : "연화는 반드시 다시 필 날 있으리니, 북두성 우러러 용루에 절을 올린다."는 구절[65]은 화상이 일생의 표어로 삼아서 사찰을 보호하는 위업을 이룬 일이다.

첫째, 종이 만드는 부역을 없앤 후에 돈 삼천 냥을 받아 사찰복원에 쓰도록 허락받은 일이다.

둘째, 각 불전에 공양하고 공양 올리는 절차를 만들어 영구히 이행하도록 한 일이다.

---

65 "和尙實蹟 蓮花必有重開日 仰瞻北斗拜龍樓之句"는 '태황제 34년…' 뒤에 붙은 점과 '之句'라는 글자로 보아, 화상의 실적을 기리기 위해 마련해 두었던 글쓴이의 메모인 듯하다.

셋째, 종이 만드는 잡비를 충당할 때 싸게 팔았던 토지를 제값에 회수한 일 등이다.

3) 세진교 송공비문

소가야 옛 도읍지의 북쪽 산에 연화산과 옥천사가 있다. 앞에는 맑은 계곡에 물 부딪히는 소리를 울리며 북쪽으로 흐른다. 늙은 고목과 새싹 돋아난 버드나무의 초록빛이 여울물에 반사되는데, 그 사이에서 바라보면 한 폭의 그림 같다. 옥천사는 진양, 마산, 통영으로 통하는 세 길의 요충지로서, 덕 높은 고승들이 오랜 옛날부터 많이 살았다. 그러므로 예불하러 오는 자들과 구경하러 오는 자들의 말발굽과 수레가 구름처럼 이어졌다. 그러나 여름에는 장마로 물이 넘치고 겨울에는 얼음이 얼어서, 건너려면 걱정이 앞서 눈살을 찌푸리고 얼굴을 찡그리게 된다. 어찌할 것인가. 이를 어찌할 것인가.

불기 2947년 경신(역주: 1920) 이른 봄에 주지 전덕운, 지사 배응종 등이 대중에게 묻고 계획하여 돈과 논을 얼마씩 추렴[出斂]해 모아서 터를 닦고 다섯 자 한 칸의 무지개다리를 짓기 시작해서 다음 해 신유(역주: 1921) 9월에 준공하였다. 기둥에 '번뇌를 씻는 다리(洗塵橋)'라고 제목을 붙였다. 천 리 먼 곳까지 편지를 보내어 나에게 기문을 구하니, 내 비록 문장력이 없지만 어찌 말씀을 거역할 수 있겠는가.

오호라! 다리 남쪽에 기러기 떼 같은 고대의 사찰이 구름처럼 늘어서 있었다. 숭복사, 황룡사, 엄천사, 단속사 등의 대가람이 지금은 하나도 남아 있지 않고, 조각구름과 낙조 사이로 사찰 터에 의연히 남은 탑 그림자만 보일 뿐이다. 오직 옥천사만 남아서 등불과 당간이 바깥으로 빛을 뻗친다. 덕 높은 스님들이 희사를 실천하고 대중을 위해 힘써 계획하여 건너다니기 편하게 다리를 만들었다. 향기로운 유풍이 천년을 이어질 것이니, 금석에 새겨서 칭송해도 부끄러울 것 없는 일이다.

모란꽃이 봉우리를 터뜨리고 단풍나무, 삼나무가 계곡을 비치는 달밤에 걷다가 다리에 이르러 주변을 돌아보면, 멀리 맑은 비취색 산봉우리에 흰 바위가 은은하게 빛난다. 절의 누각에서는 범종 소리가 뎅 뎅 맑게 울린다. 그 소리가 넘어와서 행인의 귀가 닿아 마음을 요동시키니, 눈을 가리고 귀를 막았던 티끌(前塵)[66]이 종소리에 씻은 듯이 녹아버린다. 그것이 '번뇌를 씻는 다리'라고 이름을 붙인 속뜻인가 한다. 다리 아래로 세차게 흘러가는 물결이 세속선비의 때 묻은 갓끈을 씻어줄 수 있을까. 항하강의 만파를 다해도 찌든 때가 여전하다면, 하물며 이 한 줌의 청계수로 씻길 수 있을까. 씻길 수 있을까. 말이 길어지니, 이쯤하고 내일을 기다린다.

불기 2947년 신유(역주: 1921) 10월 15일　대정 10년 10월 일
영귀산인 영호 한영[67] 적다.
사인 : 이맹연 쓰다.
감독주지 : 전덕운

7. 시운 편

1) 옥천사 - 요사한인

연꽃 봉우리 흰 구름 위로 은은하고
옥빛 물결 푸른 내 따라 졸졸 흐른다.
상서로운 해 또렷해 언제나 밝게 빛나고

---

66 前은 現前, 塵은 六塵. 지금 마주 대하고 있는 색성향미촉법의 경계를 말한다.
67 映湖鼎鎬(1870-1948). 계보는 淸虛休靜-鞭羊彦機-楓潭義諶-月潭雪霽-喚惺志安-虎岩体淨-雪坡常彦-退庵泰觀-雪峰巨日-白坡亘璇-道峰國粲-正觀快逸-白岩道圓-雪竇有炯-茶輪翼振-雪乳處明-映湖鼎鎬이다.

범종 소리 멀리 퍼져 깊은 어둠 깨뜨리네.
참선 닦는 걸상은 고요해 마음이 다했고
높은 염불 소리에 세속의 상념을 쉬었네.
천년의 신령한 도량 지금 이미 조용하니
조사의 관문 아래 화두를 들고 있네.

2) 극락전 - 연산도사

기연을 만나 문안으로 들어가니
성품이 천진하여 본래 스스로 닦는구나.
죽림에 바람 불어 맑은 풍경 멀리 퍼지고
송림에 안개 걸려 푸른 향기와 어울리네.
경을 볼 때 희한한 꽃 상서로이 피어 있고
법을 설할 때 항상 혼탁한 세상 근심을 없애네.
극락의 못과 제불의 바다를 그 누가 말하는가.
광명이 이 누각에 빠짐없이 비추는데 ….

3) 청련암 - 십옹루 주인

한 떨기 푸른 연꽃 티끌에 물들지 않고
날아갈 듯 펼쳐진 누각 환하게 새롭구나.
새벽 종소리, 저물녘 비에 경을 보는 사람
덩굴에 달 비치고 솔바람 불 때 염불하는 사람
선상에 앉아서 세 번의 하안거를 한가히 보내니
창가에 길게 걸린 구름 사시사철 봄이로다.
어찌하여 백억 송이 연꽃 위에
명부를 교화하는 주신이 없는가.

4) 백련암 - 물외도우

높은 암자 솟은 곳 밤 구름 걷히고
달 없는 하늘 구름 상서로운 기운 밝도다.
경계가 끊어진 바위에 선계가 펼쳐지고
가벼운 바람 숲속에 부니 묘한 음악 울리네.
편함을 탐내던 납자는 마음 다시 깨어나고
도를 사모하는 진인은 뜻대로 이루리라.
우리 부처님의 향 연기 지금 아주 푸르니
세상 밖을 소요하며 문득 망상을 잊는구나.

5) 연대암 - 비슬산인

밝은 산 푸른 물이 한 맥으로 통하는데
연대암 달빛 아래 고요히 듣는 종소리.
늙은 측백 쭉쭉 뻗어 언제나 푸르고
푸른 시내 흘러 흘러 청풍에 화답하네.
선계의 새들 춤추는 아래 참된 인연 따르고
구름 속에 학의 울음 묘법을 연설하네.
예로부터 선가에는 감상이 많은데
외물과 나, 무슨 관계이기에 마음에 두겠는가.

6) 실상대 - 백운한납

경계가 끝난 곳에 층층 바위 펼쳐지니
자연의 조화로 스스로 이루어졌네.
안개빛 끝없는 가을 산 해가 저무니

옥 같은 달이 창공을 지켜 기러기 떼 날아드네.
재공양 경쇠 소리에 대중이 선상에서 내려오니
천 봉우리 경쟁하듯 훌륭한 영대로다.
실상의 참된 길을 누가 얻어내겠는가.
금년에 당장 길을 돌이키는 자이겠지.

실상대는 백련암 뒤쪽 언덕에 있다. 좌우로 송림이 울창하고 상하로 돌산이 험준하다. 올라가 보면 구름 속에 절이 있는듯하고 올려다보면 아득히 깊고 빼어난 기상이 실제로 있다. 어찌 시인과 문인들이 경치를 찾아서 오는 곳이겠는가. 참으로 진심을 기르고 도를 닦는 사람들이 다니고 머물 곳이다.

7) 자방루 - 운전경부

참된 도를 배우는 데 마음을 두니
금빛 연꽃 가득한 곳에 옥수가 흐르네.
고찰의 풍광을 누가 가히 얻을 것인가.
신령스러운 보배 등불 어둠을 비추네.

8) 연등교

극락의 구품연대 처음 왕생할 때
염불하여 곧바로 반야용선에 오르고
중생을 제도할 때는 참된 방편이 있으니
다리를 놓아 속진의 근심 씻어주도다.

9) 세진교

맑은 옥수 흘러서 선계로 이어진 곳
속세의 티끌이 돌다리 앞에서 싹 씻기네.
봄바람 가을 달 청명한 절기
절 입구의 세진교 먼저 객을 맞이하네.

10) 연화산 8경

응봉초경 - 매봉의 첫 절경

하늘에 날던 매가 앉을 곳을 얻지 못해
봉우리로 변하여 바위 가에 앉았네.
희미한 초승달 싸늘한 해 질 무렵
남으로 오는 기러기 떼 잠을 깨우네.

수등낙조 - 물에 뜬 등 같은 낙조

물에 띄우는 등 앞에 낙조가 새롭고
붉은 구름 서로 비추는 노을 산은 봄이로구나.
불덩어리 땅에 퍼져 아지랑이 피어날 때
새들은 불을 피해 사람에게 날아오네.

장군거석 - 장군바위

장군의 책상 바위산 남쪽에 자리 잡고
천년 동안 걸터앉아 불당을 호위하네.

소나무를 병사 삼고 산을 말로 삼아
신통한 방편 써서 정법을 보호하네.

칠성기암 – 북두칠성의 기이한 바위

북극 성군이 푸른 산에 하강하여
바위산으로 변한 것이 바로 여기로다.
하늘에선 인간사를 비춰보기 어려워서
직접 와서 머물러 영원히 돌아가지 않네.

연대취연 – 연대암의 푸른 연기

푸른 연대 끝에 늙은 신선 노닐고
한 점 푸른 연기 바람결에 떠 있네.
창창한 측백나무 숲에 흰 구름 밝은데
우거진 숲 돌샘은 티끌을 씻으며 흐르네.

운암낙하 – 구름 속 바위의 노을

옛터 운암에 나무들이 빽빽한데
저녁 바람 불어서 남은 노을 털어내네.
멀리서 이곳을 보면 무엇이 있을까.
약초 캐는 신선이 학과 함께 다니네.

중춘루화 – 봄 누각의 꽃 감상

온 산에 봄기운이 희미한 빛 나타내면

숲속 누각에는 꽃처럼 특별한 빛이 있다네.
담홍색으로 화장하고 눈 속의 노을을 이루니
투명하고 은은한 가느다란 빛이 흐르네.

모추풍엽 - 가을 저녁의 단풍

중양절에 시인 묵객 시정이 돋아
'꽃보다 고운 단풍'에 의욕을 불태우네.
베적삼에 비친 산은 살아있는 그림을 펼치고
기암괴석 층층 바위는 몇 칸의 병풍이 되었네.

8. 완문

▣ 호조절목

건륭 49년(역주: 1784) 7월 어느 날, 내수사에 속한 진주 옥천사에서 부역을 덜어달라는 절목을 작성했다. 호조에서 절목을 작성해준 일을 임금의 윤허에 따라 부역을 덜라는 절목을 작성하였다. 내수사와 본조(역주: 호조)의 초기[68]를 임금이 윤허한 내용을 가지고 호조와 예조 사이에서 문서가 오갔다.[69] 본조에서 본도에 띄울 공문의 문장을 만들었다. 이번 절목을 만들 때 내수사 초기 내용을 가지고 본조와 예조가 공문을 만들어 보낸 것은 모두 베풀어 구제하기 위함이니, 이에 의거해서 영구히 따르도록 했다.

계묘(역주: 1783) 6월 내수사 초기 내용에

---

68 草記: 공문서 초안.
69 往復文移: 대등한 관청 사이에서 공문을 주고받는 것.

"본 내수사가 진상하는 종이는 그 수량이 너무 많아서 기울어가는 형세로 거행할 길이 만무합니다. 전라도 순천 선암사를 종이 올리는 사찰로 삼아 본사의 수량을 할당해준 뒤에 승려들의 제반 잡역을 탈면[70]해주도록 상소를 올려 윤허를 받았습니다. 호조와 예조에서 작성된 절목을 본도에 보내서 본읍에 알린 것이 몇 차례입니다. 소소한 잡역은 침책[71]하지 않았으나 남한산성과 북한산성을 지키는 의승의 부역과 감영의 연저군[72] 부역은 끝내 면제받지 못하였습니다. 그리하여 빈천한 승려들이 첩첩이 쌓인 부역을 이기지 못하고, 막중한 진상품 종이를 잘 만들지 못해서 종이의 품질이 낮아지게 되었다고들 합니다. 이는 전적으로 감영의 아전들이 일을 제대로 거행하지 못해서 생긴 결과로, 본도에서 그 죄상을 엄히 다스리고 이번에 각별히 첩첩이 쌓인 부역을 덜어주도록 엄히 공문을 발송하였습니다. 또 본 내수사에서 선암사에 지통[73]을 설치하여 진상하는 일을 전심으로 봉행케 하며, 지통을 설치한 후 진상하는 곳 외에 모처에서 종이 뜨는[74] 폐단이 있으면 본도에서 낱낱이 몰래 캐내어 엄금하고 매번 보고하도록 하였습니다. 호조에서 본도에 공문을 보내 해당 읍에 통지하도록 하였습니다. 황공히 아뢰옵니다."라고 하였다.

임금께서 허락하신 내용에

"옥천사를 내수사에 소속시킨 데에는 생각이 있어서 그렇게 한 것이다. 그러나 판하[75]에 쓰는 종이와 경상적으로 지출해야 하는 종이를 계속해서 복정[76]하여 쉽게 폐단에 이르게 되었다. 더구나 원당 사찰을 모두 혁파

70 頉免/頉給: 뜻밖에 일어난 탈을 인정하여 의무나 책임을 면제하여 줌.

71 侵責: ①관계자에게 해당 일에 대한 책임을 추궁함 ②물품을 거두어들임.

72 종이 불리는 군대.

73 닥나무 가루를 풀어 종이를 뜨는 통.

74 浮取: ①닥나무를 물에 불렸다가 종이를 떠내는 일 ②붙여 두었던 것을 떼어 버리는 것.

75 判下: 임금이 재가하는 일.

한[77] 후에는 대신 사용하는 종이의 경비를 떠맡기기 어렵기 때문이다. 명목은 비록 내수사에 속해 있지만, 사실은 저들의 씀씀이[78]를 위한 것이다. 조정의 처분은 내수사에 속한 일이라 죄인을 잡아들일 법령이 원래 없다. 또 예조와 호조에서 절목을 만들기 위해 모여 의논할[79] 일인데 외부에서 거행하는 것을 어찌 이렇게 용납하는가. 사태의 본질을 따지지 않고 그대로 두어서는 안 될 일이다. 근래 내수사의 공무는 반드시 해조[80]에 소속시켜 해조에서 본도와 상의하도록 했다. 이는 왕실과 조정이 일체가 되도록 할 목적이니, 하물며 이 일은 어떻겠는가. 이 뜻을 매번 해조에 보고하라. 삼가 거행하지 않았다면, 그 자세한 내용을 해조에서 해당 도의 감사로 하여금 직접 상세히 조사하여 보고한 후에 해조로 하여금 임금에게 아뢰어 처리하라. 대체로 종이는 절약해야 하거늘 지금의 경비를 어찌 물건을 사들이는데[81] 쓰는가. 다른 도의 한 사찰은 다시 호조와 예조에서 상의하여 본 내수사에 할당하라. 그리하여 공과 사 양쪽이 모두 편해지도록 일 모두를 매번 보고하고 호조로 하여금 사실의 전말을 초기하라." 하셨습니다.

(중략)

호조에서 아뢰기를 "내수사에서 종이를 진상하기에 적합한 사찰을 예조와 문서를 주고받아 후보지를 물색해서 추천을 올린 뒤에 다시 아뢰고 이관하여 획정하였습니다. 이는 전에 이미 초기를 윤허하신 일입니다." 하였다. 예조에서 보낸 공문을 접수하니,

---

76 卜定: ①지정한 사물에 대하여 꼭 실행하도록 강요하는 일 ②조선 시대 상급관청이 하급관청에게 그곳에서 나는 물건을 억지로 바치게 하는 일 ③지정함.

77 1776, 정조 즉위년에 있었던 일.

78 經用: 경상비용. 매일 정해놓고 놀고 쓰는 비용.

79 行會: 나라의 지시를 관아의 우두머리가 부하들에게 알리고, 그 실행방법을 의논하여 정하기 위한 모임. 실무회의.

80 該曹: 6조 중에 해당업무를 담당하는 조.

81 加貿: 관세를 받기 위해 무역량을 늘리던 일.

"경상도 진주 옥천사는 승려들이 부유하고 종이의 품질이 깨끗하여 어공지[82]를 바치는 사찰로 가장 알맞다." 하고 이것으로써 이획[83]을 아뢰었다. "이제 옥천사를 금년부터 내수사에 소속시키려 합니다. 선암사의 예에 따라 절목을 만들어 거행하도록 분부함이 어떠하신지요?" 왕이 전교[84]하였다. "사찰을 지정하는 것은 경비를 줄여보자는 뜻에서 나온 것이니 초안대로 시행하라. 혹여 본사의 사정이 어려워지면 본도에 명하여 이유를 갖춰 보고한 후에 다시 초기를 작성해도 좋다."

(중략)

갑진(역주: 정조 8년, 1784) 3월 경상감영에서 호조에 보낸 공문에 "재가를 받아 호조에 방금 도착한 문서의 내용에 따라 옥천사의 쇠잔 여부에 대해 이유를 갖춰 다시 보고하도록 진주목에 공문을 띄워 알렸다고 한다. 진주목사의 보고를 접수하니, '앞에서 거론한 옥천사는 본디 승방이 7개인 큰 사찰로, 승려들이 근 300명이나 되고 거의 모두 부귀하였습니다. 그러나 십수 년 동안 계속 흉년을 만난 데다 종이 부역이 많아서 절의 상태와 승려 수가 모두 예전 같지 않습니다. 지금 머무는 승려들은 138명에 불과합니다.'라고 한바, 해당 읍에서 올린 보고는 믿기 어려운 데가 있기에 관아에서도 다방면으로 조사해보니, 사찰의 상태와 승려의 수가 과연 읍에서 보고한 내용과 같았다. 비록 망한 절이라고 할 수는 없지만 그렇다고 부자 절이라고 할 수도 없어서, 이에 사실을 들어 공문에 회답하여 보내니, 잘 헤아려 시행할 일이다."

(중략)

"갑진년 7월 어느 날 내수사 초기를 임금의 허가를 받아서 호조와 예조가 상의하여 종이를 진상하는 사찰을 결정하여 보냈습니다. 경상도 진주

82 御供紙地: 임금에게 진상하는 종이.

83 移劃: 推移劃給 ①돈이나 곡식이나 부역에서 일정량을 다른 데 몫으로 옮겨 떼어주는 것 ②다른 데서 대신 충당해주는 것.

84 傳曰: 왕의 전교, 政令을 뜻한다.

옥천사를 선암사의 예에 따라 부역을 덜어주는 등의 절목을 본 내수사 및 호조, 예조에서 절목을 만들어 주었습니다. 면세에 대해서는, 본도에는 본 내수사에 황폐해서 버려진 땅의 결수[85]가 없으므로 이번 본도의 곤양에 있는 연우궁을 옮겨 오는데 낼 세금을 18결 50짐 2속, 합하여 26결 15짐 8속으로 하였습니다. 선암사의 예에 따라 20결에 한정해서 그 사찰에 떼어주고 호조에 보고하여 본도에 공문을 보내 곤양과 진주에 알리도록 하였습니다. 황공히 아뢰옵니다."

왕이 전교하기를 "알았다." 하셨다. 초안대로 윤허가 난 내용을 받들어 살펴 시행하게끔 본조에서 본도에 공문을 보냈다고 하니, 임금의 재가를 받아 작성한 보고의 내용을 서로 비교하여 금년부터 이대로 시행하도록 하고 통지하여 시행할 일이다.

一. 진상하는 일은 다른 일과 다른 점이 있다. 잡역을 덜어주고 종이 뜨는 일에 집중한 뒤에야 상납하는 기한을 맞출 수 있기 때문이다. 시행해야 할 일의 전례는 호조, 예조, 내수사에서 절목을 작성하여 관인을 찍어 내려보내니, 감영의 책임자와 사찰에서 각기 갖추어 올리고, 영구히 이대로 거행할 일이다.

一. 곤양의 면세 20결을 진주로 옮기는 것은 금년을 시작으로 본사에 떼어주어야 할 일이다.

一. 임금의 탄생일과 단오날 진상하는 기름종이[86]에 들어갈 닥나무 속과 재,[87] 닥나무 아교와 잡물들은 모두 추궁하는 일이 없도록 하라. (원주: 이 밖에 18조목) 생략

85 結數: 토지의 수효.
86 油芚: 비올때 쓰기 위하여 이어 붙인 두꺼운 기름종이.
87 猛灰: 잿물을 내릴 수 있는 독한 재.

Ⅲ. 옥천사 사적기 영인

(옥천사 성보 박물관 NO. 23)

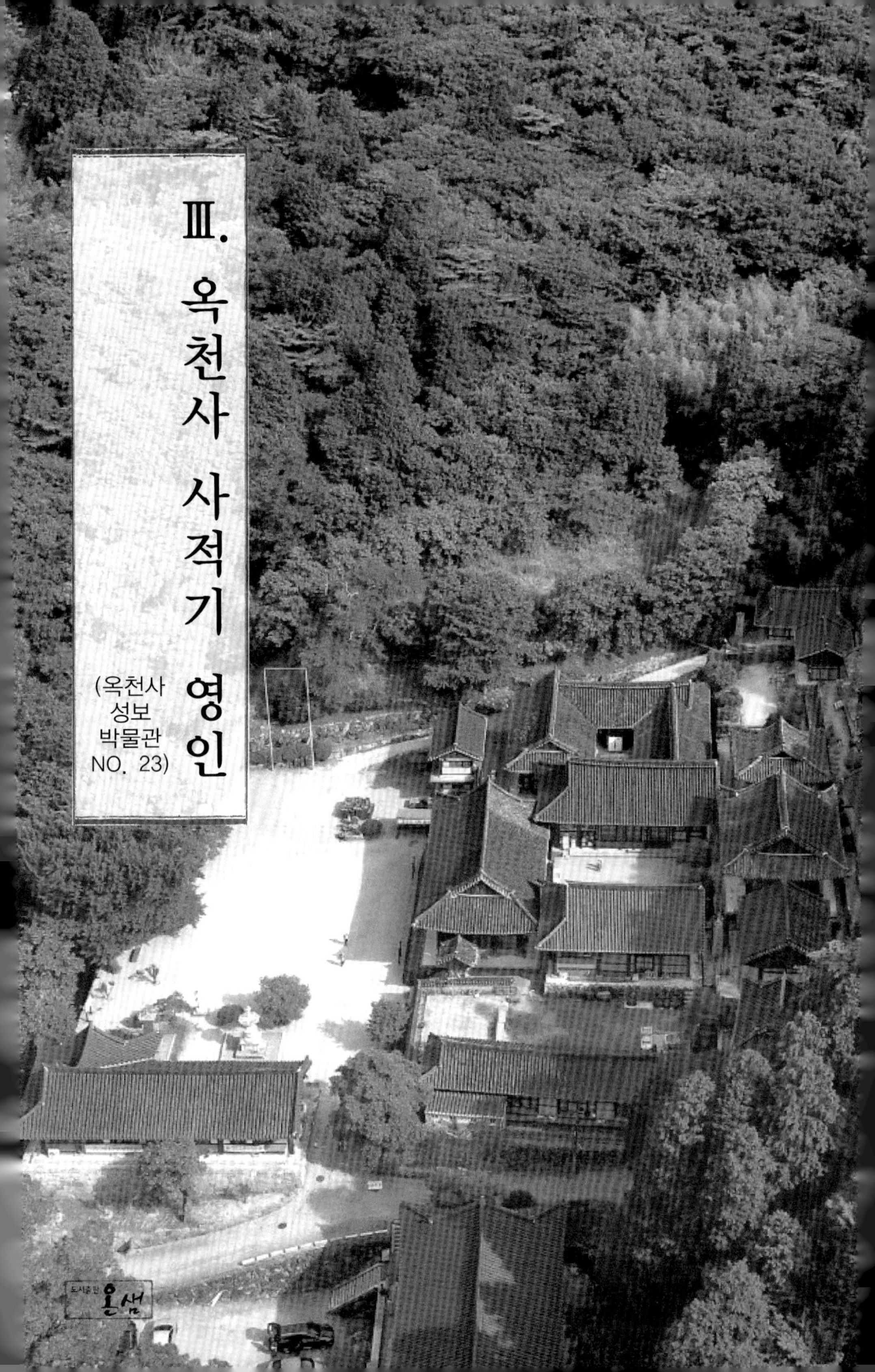

第123號

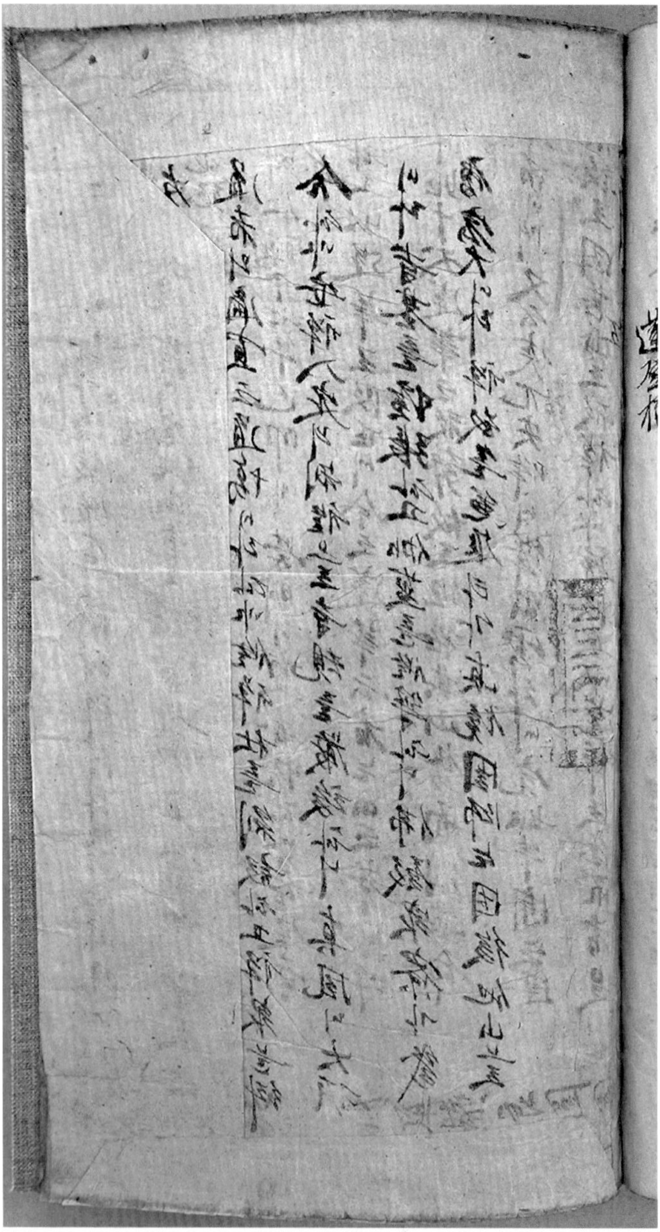

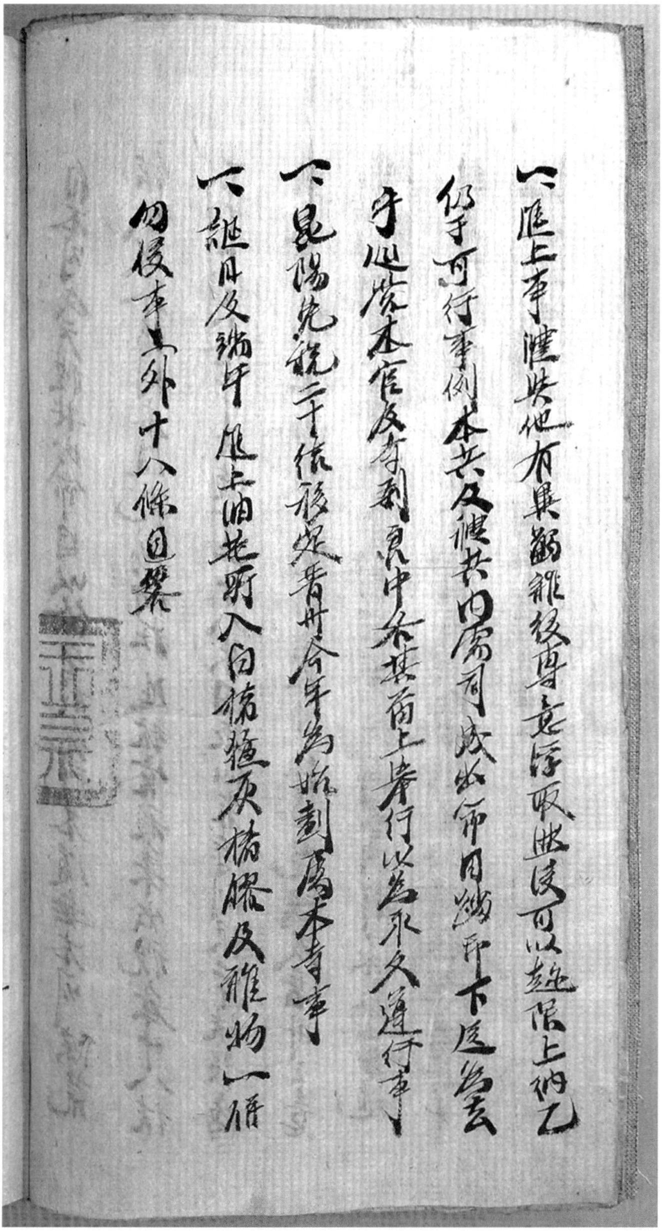

一 鴈上寺謄與他有異雜役專免除取此後可以超限上納乙
仍爲可行事例本矣及催其內局司成出令因端印下送爲去
乎旭後本官及本寺刹員中各其前上奉行以爲永久遵行事
一 昆陽免稅二千俵移定者并今年爲始劃屬本寺事
一 誕日及端午 鴈上內花貢入白楮搗灰楮膠及雜物一倍
仍侵事外十八條通罷

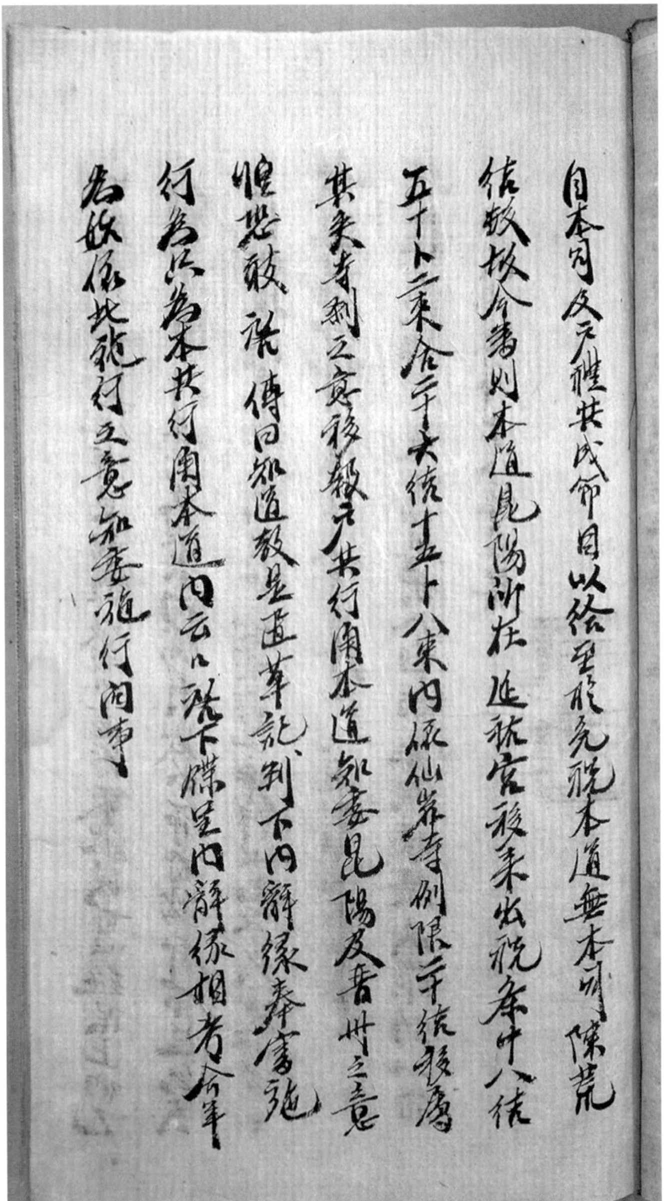
自本寺乃至禮共成命目以給至於免稅本道無本寺陳荒
結數收合爲則本道昆陽所在延秩官稅米出稅條什八結
五十卜二束合二千大結十五卜八束內依仙岩寺例限年結發
其矣寺刹之意移報之共行關本道知委昆陽及晋州之意
惟望放 啓 傳曰知道教是置草記判下內辭緣奏啓施
行爲只爲本共行關本道內云云 啓下牒呈內辭緣相考合行
爲妖依此施行之意知委施行向事

111쪽

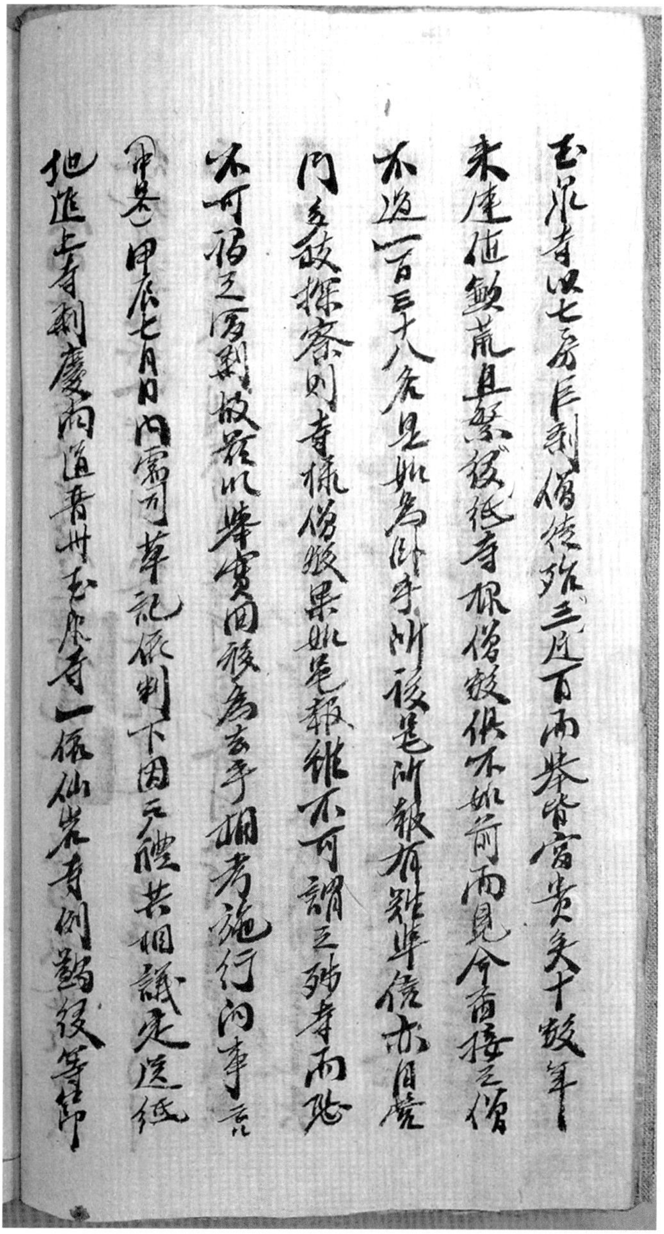
玉泉寺以七房巨刹僧徒殆三四百而皆富貴矣十數年
來連值歉荒且緊役紙寺根僧數供不如前而見今存接之僧
不過一百三十八名是如為臥乎所後是所報有難準信亦自營
門之破採察則寺根僧殘果如是報雖不可謂之殘寺而恐
不可保之房刹故玆以事實回移為去乎相考施行向事云云
(甲辰) 甲辰七月日內需司草記依判下因之禮曹回議定送紙
地進上寺刹慶尚道晉州玉泉寺一依仙巖寺例蠲役等節

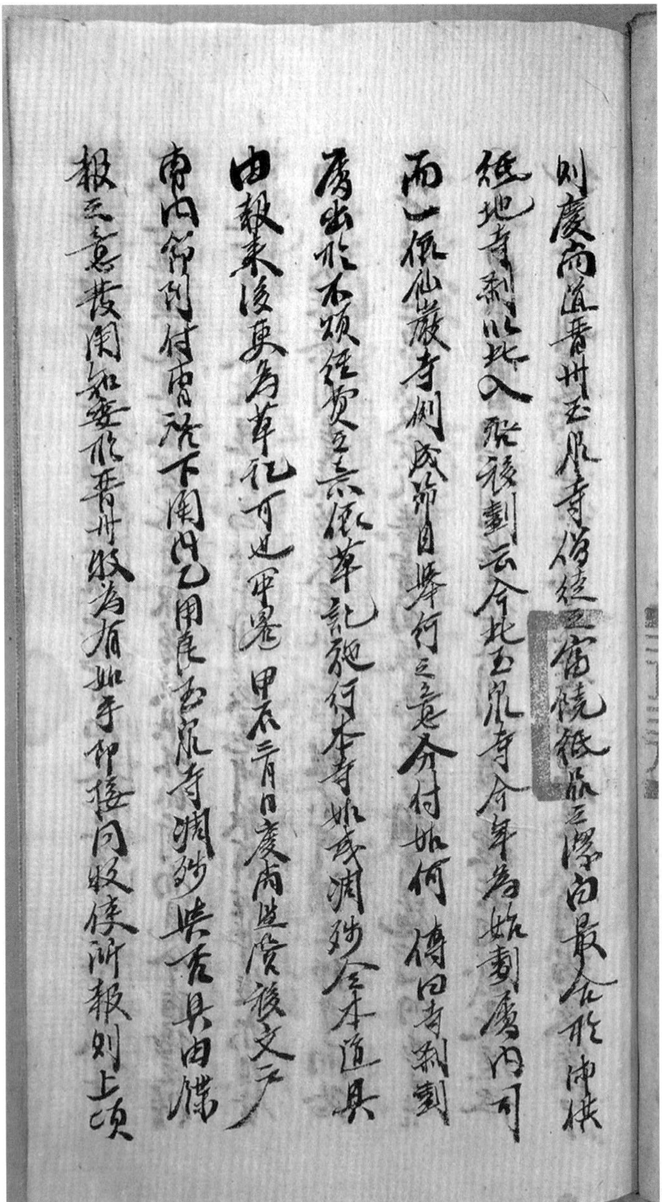

109쪽

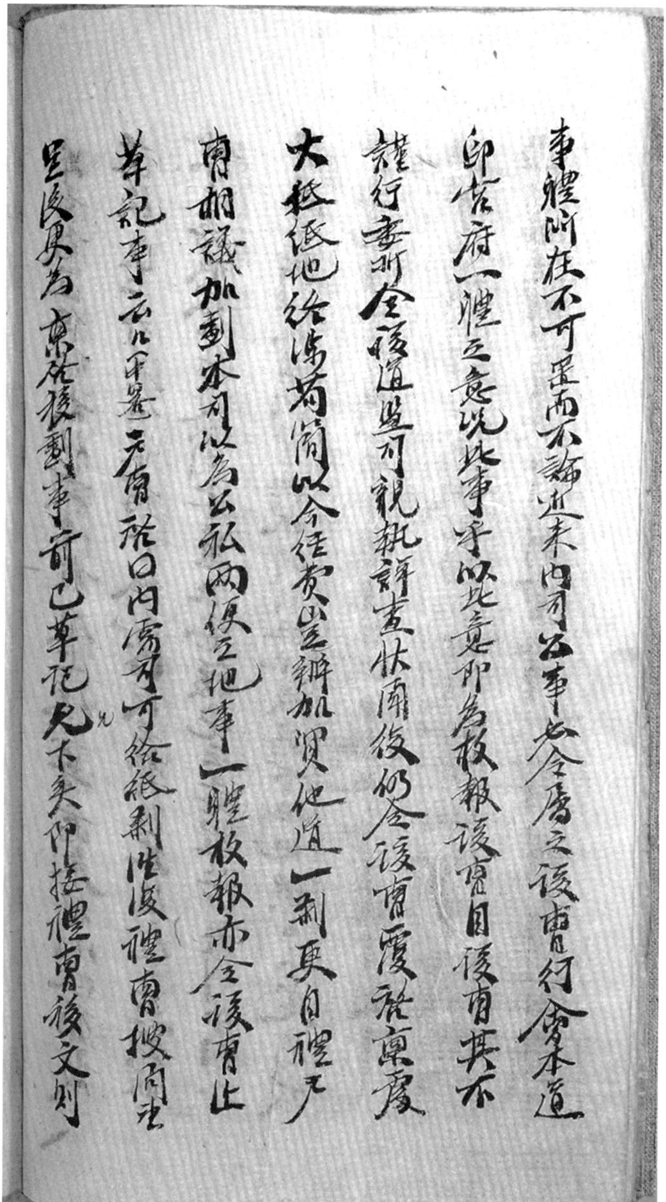

108쪽

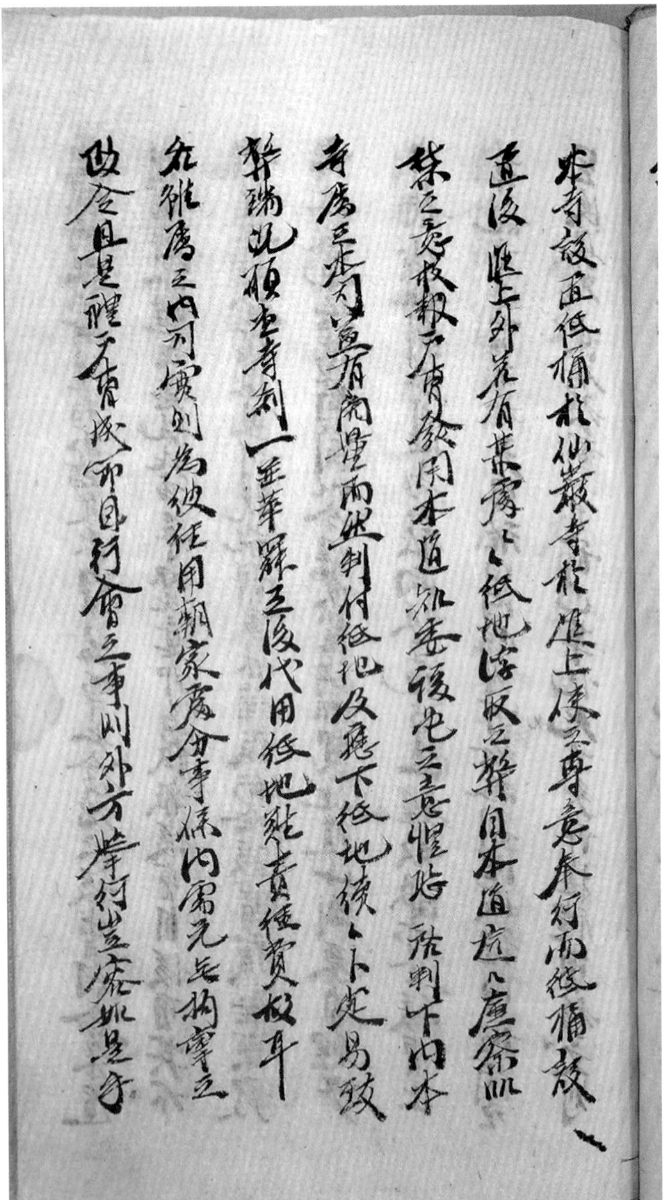
此寺設置紙桶於仙巖寺矣雖上使之專意奉行而紙桶設一
道後雖上外若有某處處紙地濫取之弊自本道遠近塵察而
禁之意成報于備邊司本道執要後也之意惺恪題判下內本
寺處之永刀萬有開豐而然判付紙地及應下紙地續續下定易致
弊端況損此寺刹一並革罷之後代用紙地雖責徵貸板耳
旡能處之內可寬則爲彼徵用朝家處分事係內需元無拘掌之
故今且是禮曹據而回行會之事則外方守令豈敢非是乎

107쪽

其殺毀然故凋殘形勢蕩無奉行之路今羅道順天仙
巖寺以紙地進上寺刹封給本司彼殺後其失僧徒之諸般
雜役頃給事入啓蒙允自本曹戶曹成節目後聞本道觀察
本邑者殺三次矣小小雜役不爲侵責而至於南北漢義僧番
役巡營鍊楮軍役等不頃給事余殘僧徒不勝疊役莫重
進上紙地不等奉行以致紙地品劣云此事由於廢矣寺不能奉
行之致自本道嚴防其弊狀令營則各別嚴關頃給疊役又自

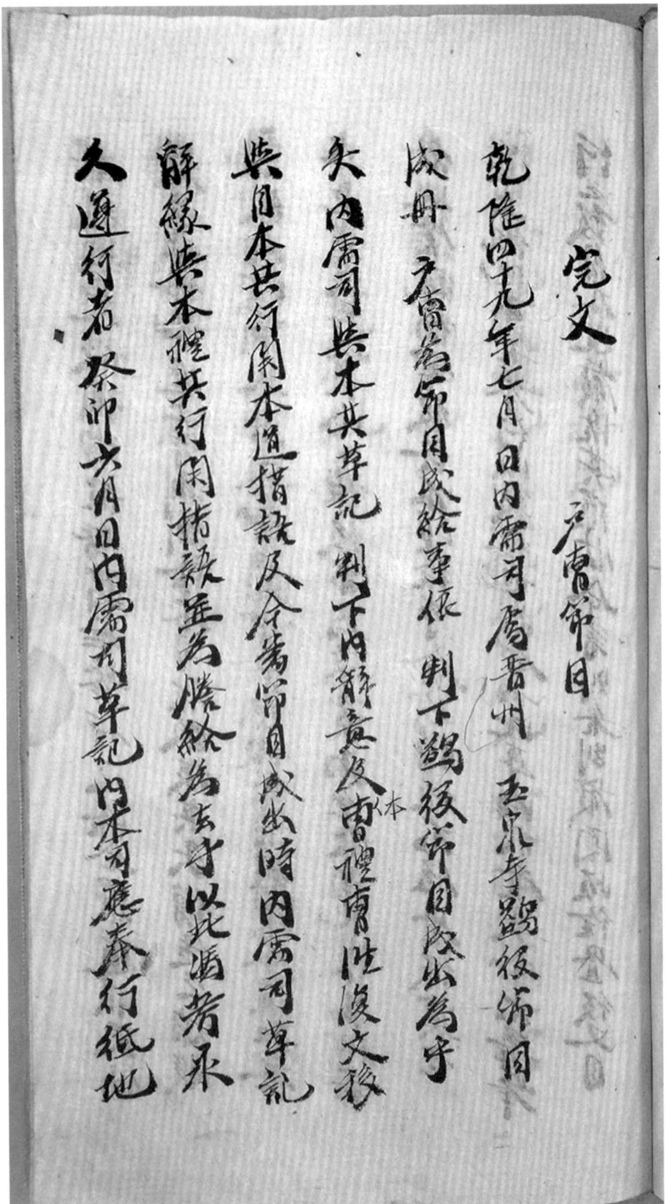
完文　戶曹節目

乾隆四十九年七月 日內需司啓晉州 玉泉寺鷄役節目

成册 戶曹節目成給事依 判下鷄役節目成出爲乎

矣 內需司堂本寺草記 判下內辭意及本曹禮曹防役文移

與自本寺行關本道措辭及今番節目成出時 內需司草記

辭緣與本禮曹行關措辭並爲勝給爲去乎 以此遵者永

久遵行者 癸卯六月 日內需司草記內本寺應奉行紙地

105쪽

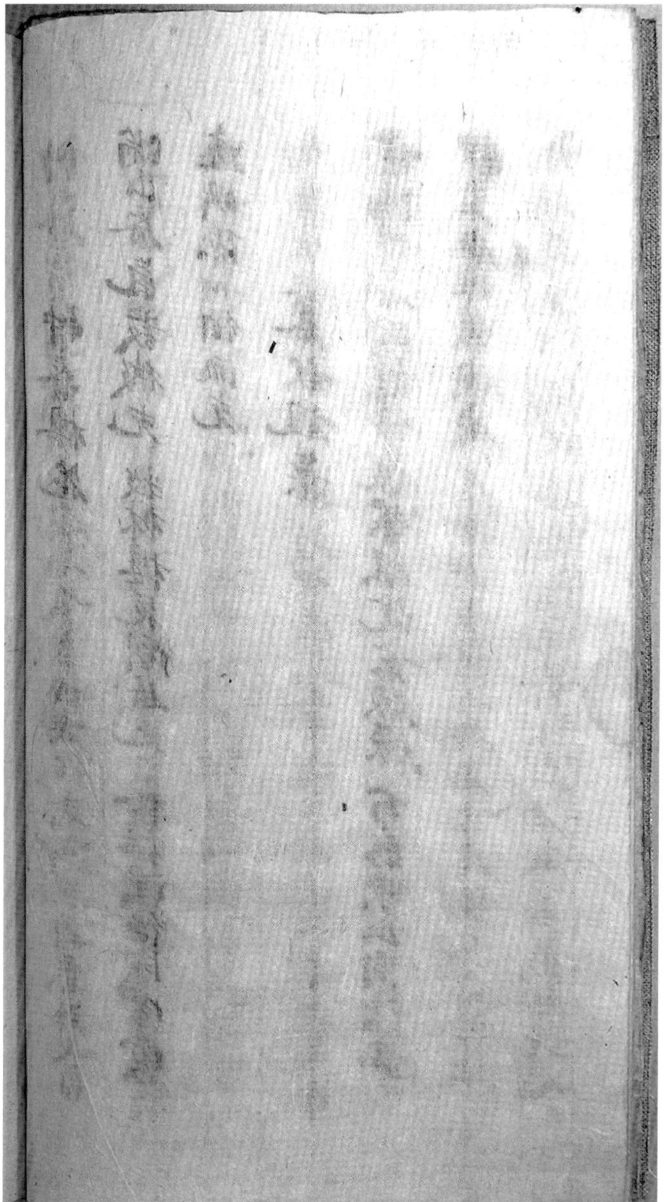

104쪽

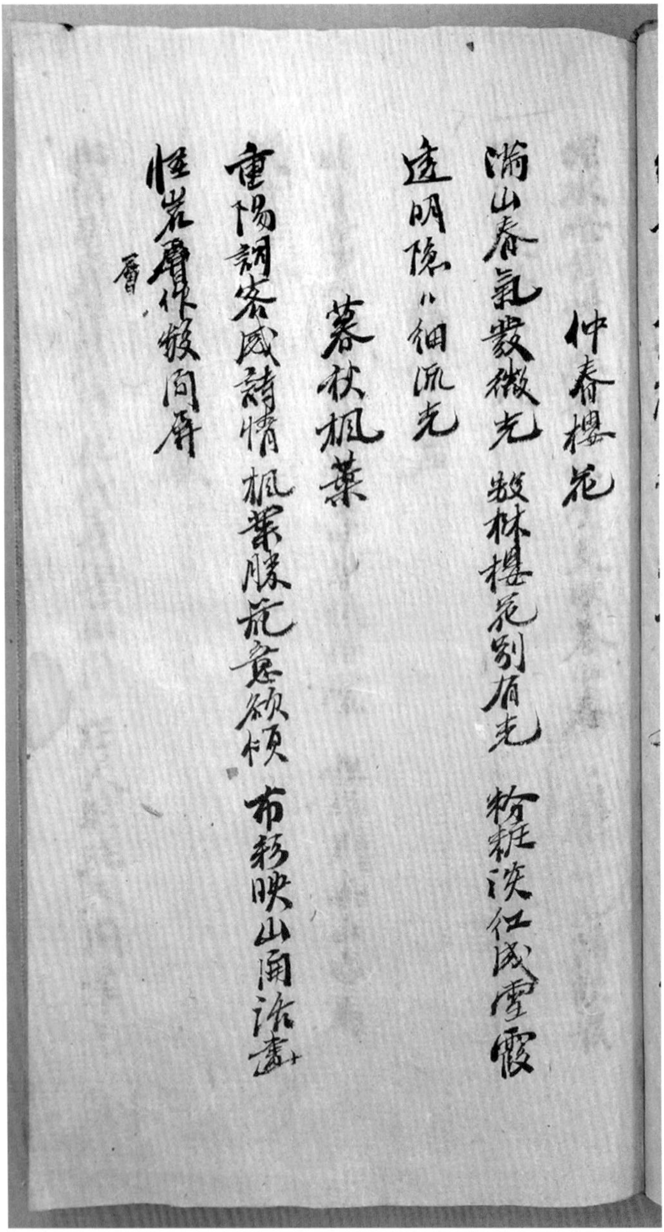
仲春櫻花
滿山春氣散微光 數林櫻花別有光 粉粧淡紅成雲霞
透明隱隱細流光
暮秋楓葉
重陽謝客感詩情 楓葉勝花意欲傾 布彩映山間詩畫
怪岩層作般向屏
層

103쪽

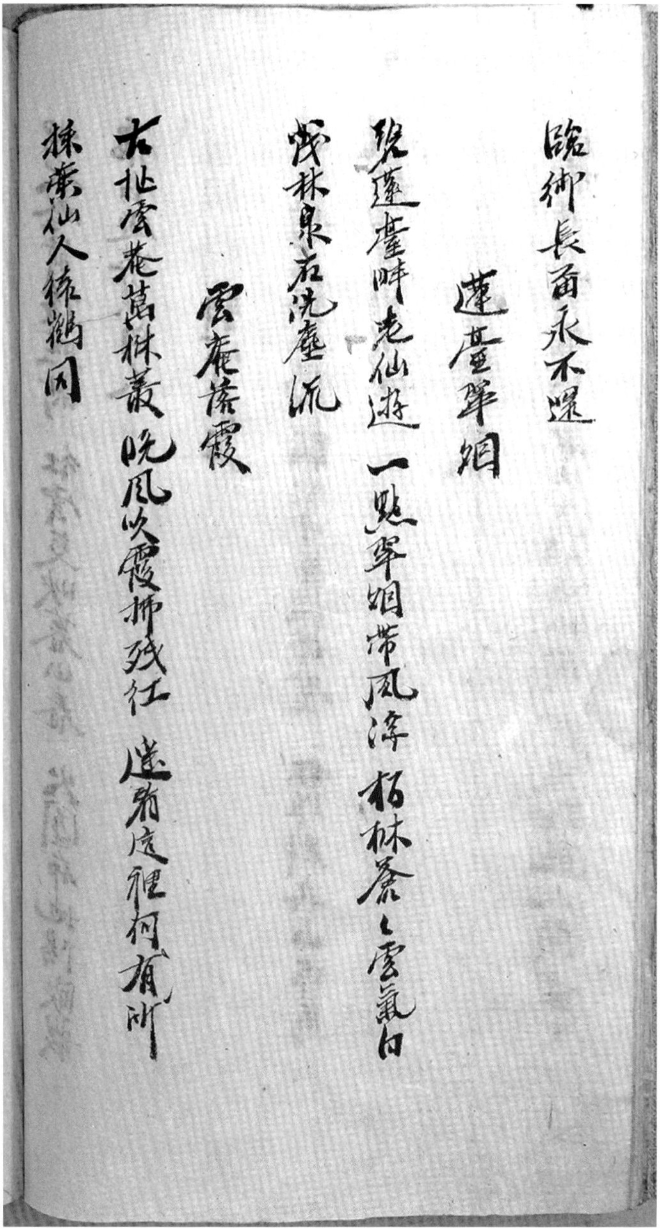

臨御長留永不還

蓮臺翠烟

綠蓮臺畔老仙遊 一點翠烟帶風浮 栢林蒼蒼雲氣白

戢林泉石洗塵流

雲庵落霞

古址雲庵蒼林叢 晚風吹霞拂殘紅 迷前庭裡栖有所

採藥仙人採鶴同

102쪽

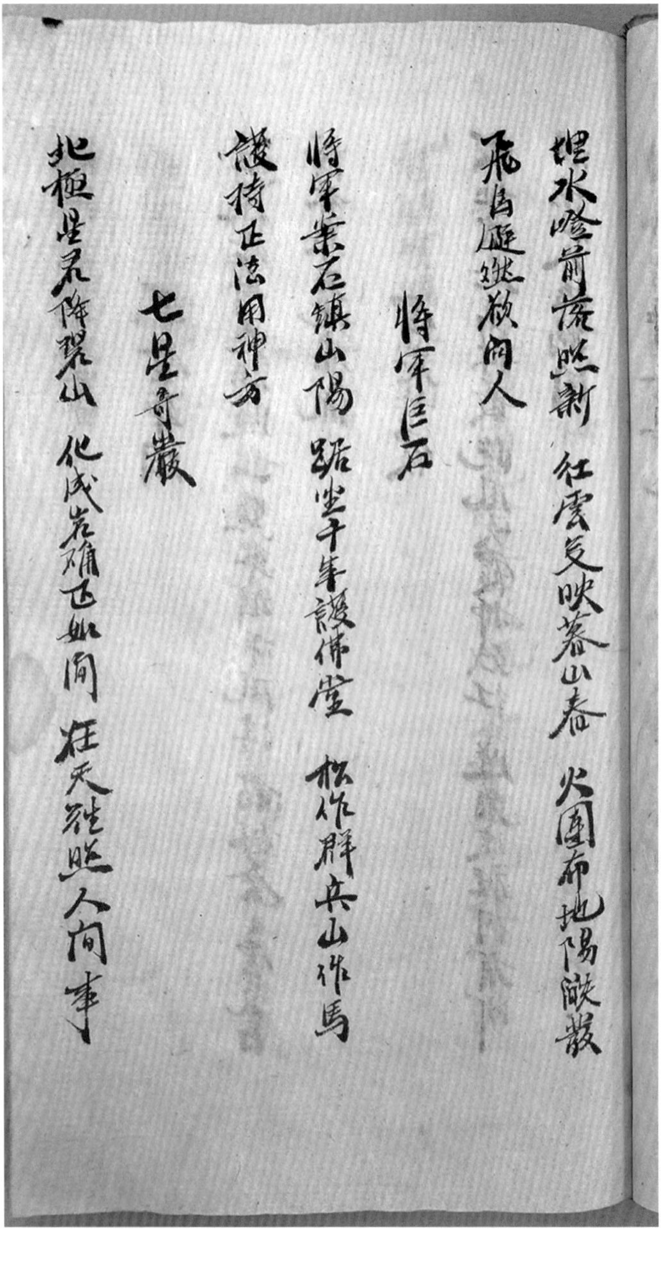

埋水崚前流照新 紅雲更映蒼山春 火團布地陽瞰嶽
飛鳥避逃欲向人

將軍巨石

將軍叢石鎭山陽 踞坐千峯護佛堂 松作群兵山作馬
護持正法用神方

七星奇巖

北極星君降瑞山 化成岩殖正如間 在天継照人間事

101쪽

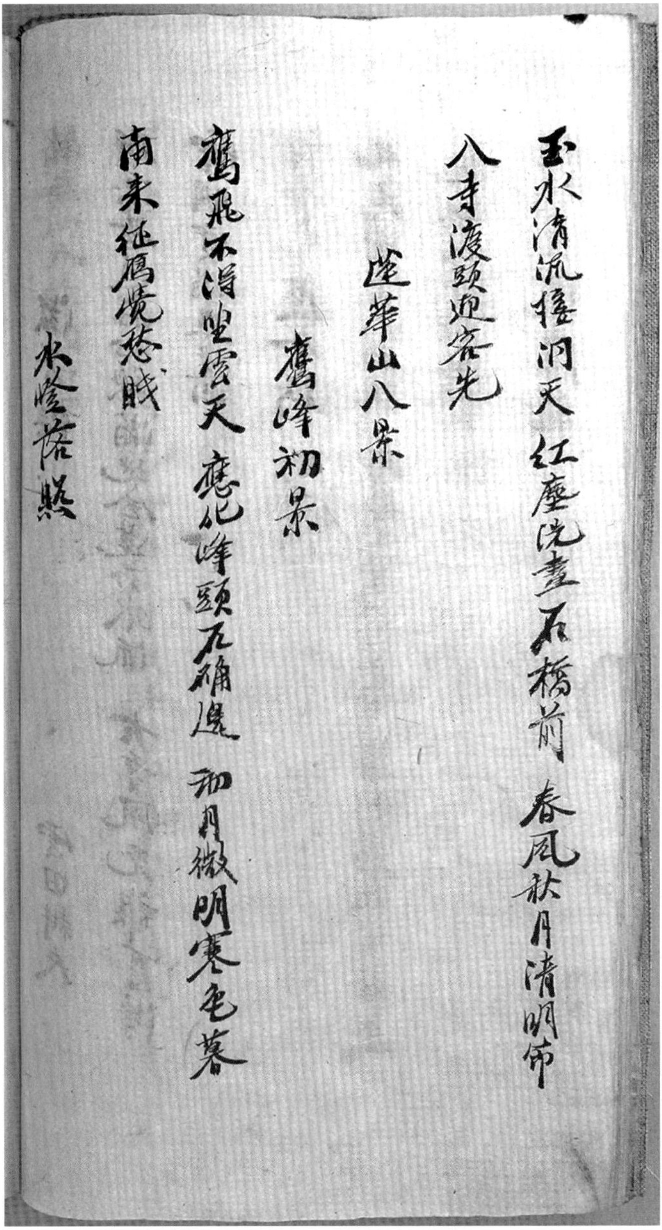
玉水清流繞洞天 紅塵洗盡石橋前 春風秋月清明節
八寺渡頭迎客先

蓮華山八景

鷹峰初景

鷹飛不得望雲天 應化峰頭石磵邊 初月微明寒色暮
南來征雁攪愁眠

水澄落照

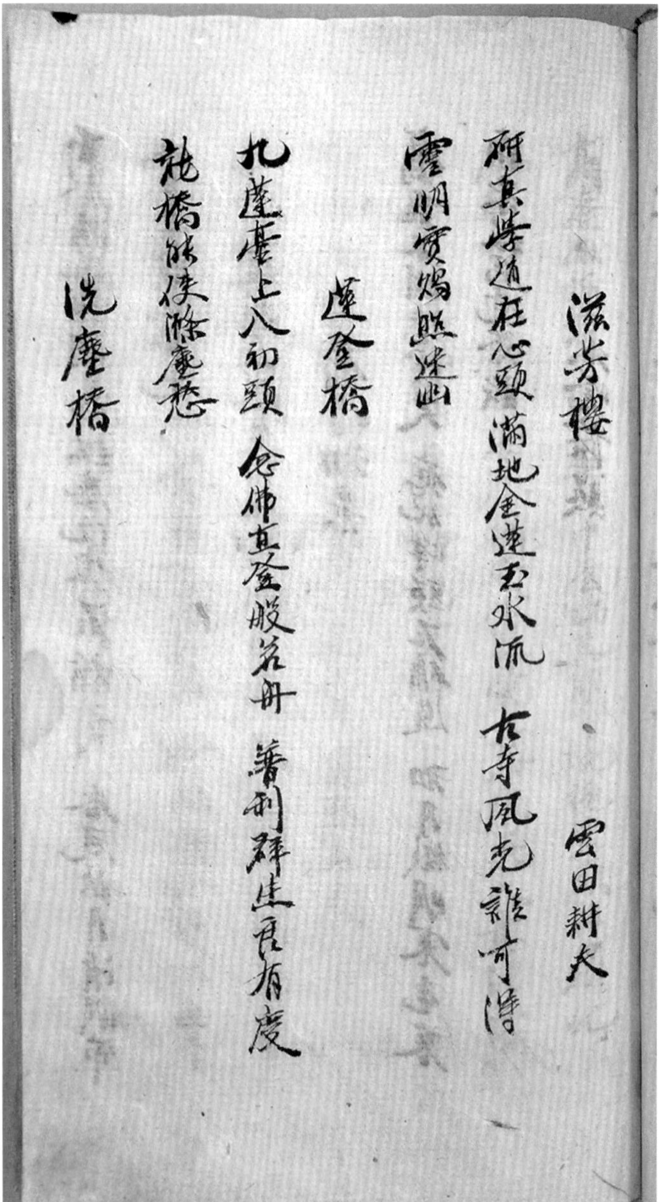

滋芳樓　　雲田耕夫
研真學道在心頭　滿地金蓮去水流　古寺風光誰可得
靈明實寫照迷幽
蓮登橋
九蓮臺上八初頭　念佛直登般若舟　普利群生長有度
花橋能使滌塵愁
洗塵橋

99쪽

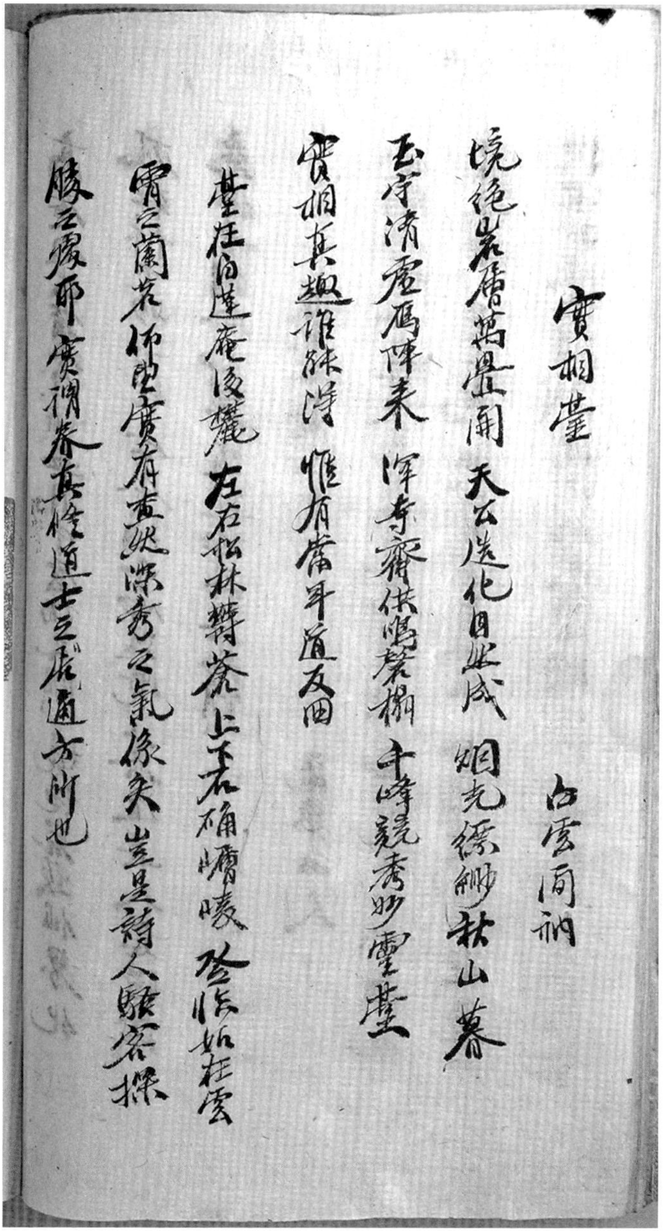
實相臺

白雲酉衲

境絶巖層萬疊開 天公造化自然成 烟光縹緲秋山暮
玉宇清虛鴈陣來 渾奇齊供鳴鸞棚 千峰競秀妙靈臺
實相真趣誰能得 惟有當年道友回

臺在白蓮庵後麓 左右松林轉蒼 上下石礀嶒崚 登臨始在雲
霄之蘭若 仰觀實有孟然深秀之氣像矣 豈是詩人騷客探
勝之處耶 實相眷真修道士之居道方所也

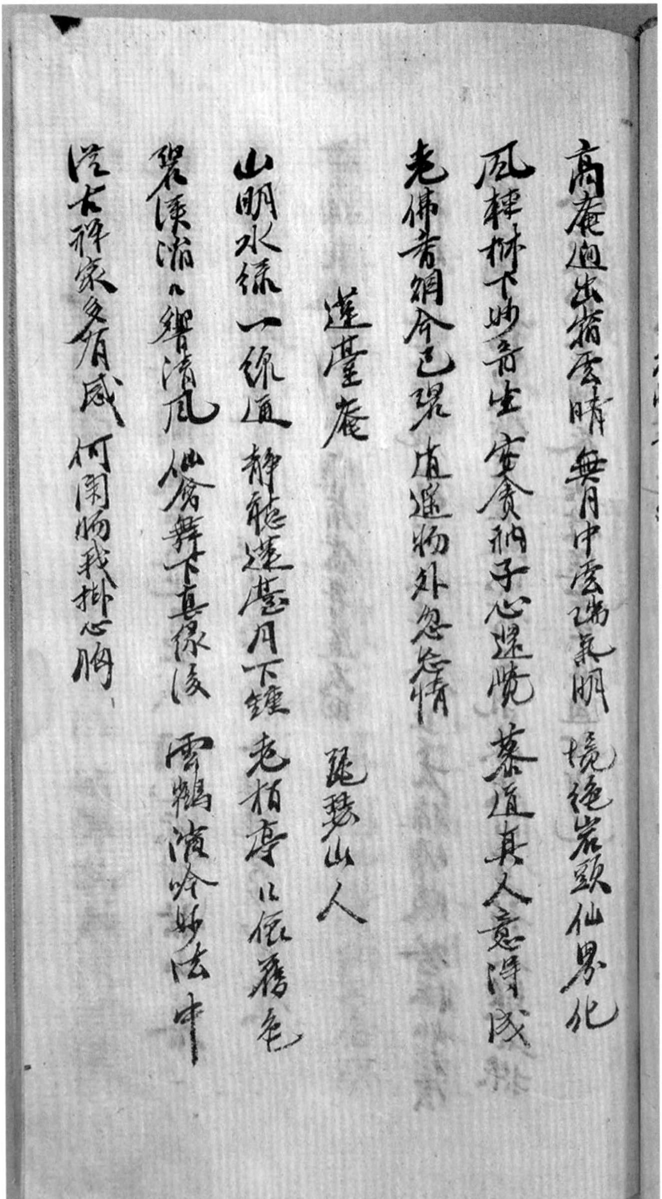
高庵迥出着雲晴 無月中霄瑞氣明 境絶岩頭仙界化
風棲林下妙音生 安貧衲子心還曉 慕道真人意得成
老佛青烟今已現 直遙物外忽忘情
蓮臺庵 琵瑟山人
山明水綠一線道 靜聽蓮臺月下鍾 老栢亭亭依舊色
碧溪滔滔響清風 仙翁舞下真緣淺 雲鶴演吟妙法中
從古禪家多有感 何閑惱我掛心胸

97쪽

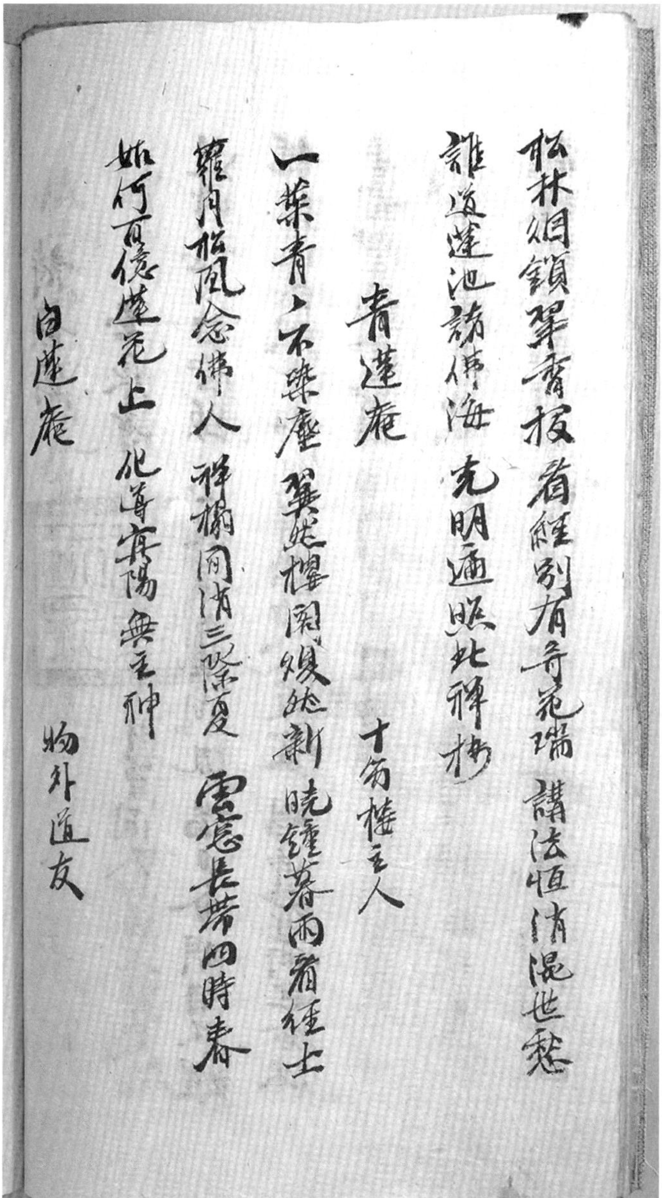
松林烟鎖翠靑扳 看經別有奇花瑞 講法恒清混世愁
誰道蓮池諸佛海 光明遍照此禪樓
十勿樓主人

靑蓮庵
一葉靑靑不染塵 翼然樓閣煥然新 曉鐘暮雨看經士
蘿月松風念佛人 禪榻同清三際夏 雲窓長帶四時春
如何百億蓮花上 化導密陽無主神

白蓮庵
物外道友

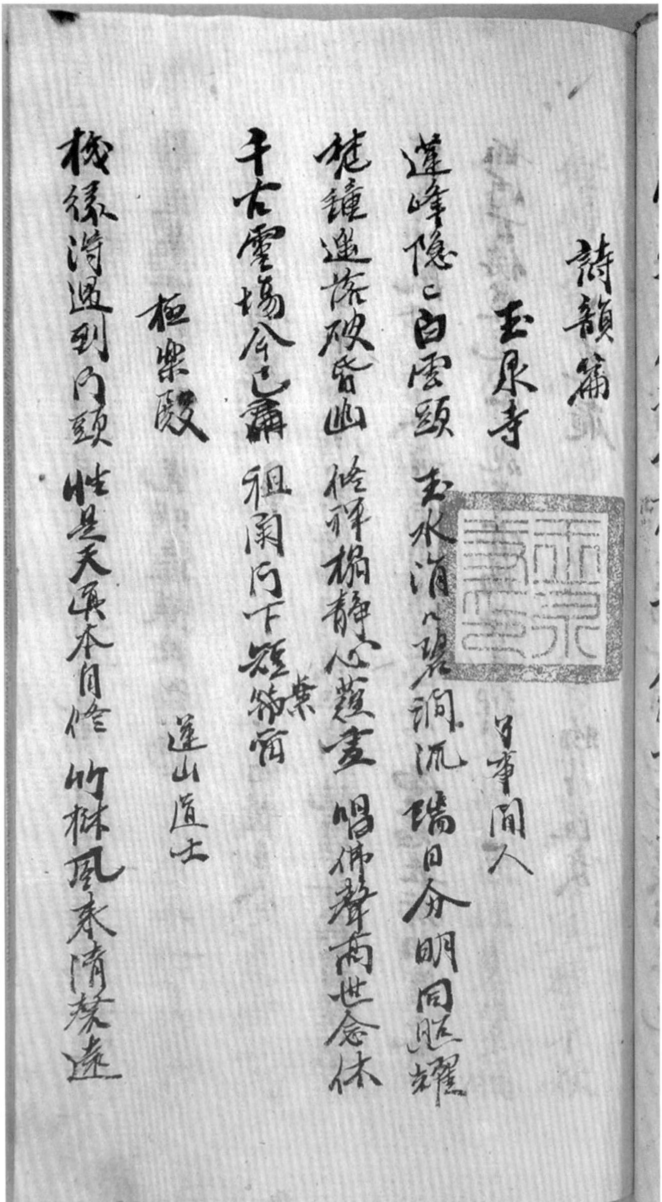

詩韻篇
玉泉寺　日華閒人
蓮峰隱〻白雲頭 玉水潺〻碧澗流 瑞日分明同照耀
梵鐘遙落破昏幽 修禪榻靜心難盡 唱佛聲高世念休
千古靈場今已霽 祖關門下難葉留
極樂殿　蓮山道士
機緣湧過到門頭 性是天眞本自修 竹林風來淸禁遠

95쪽

佛紀元是年辛酉十月十五日 雲龍山人 映湖漢永記

士人 李孟淵書

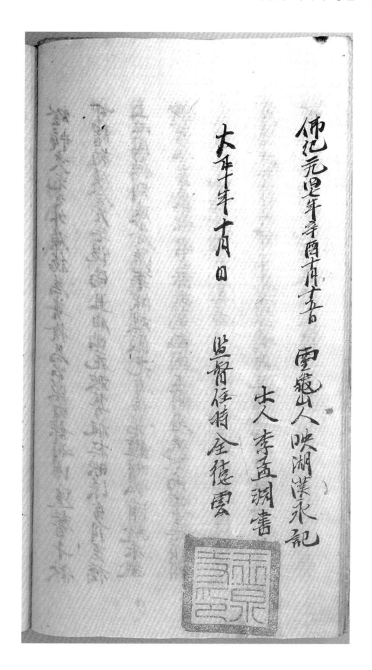

大正十年十月日 監督住持 金德雲

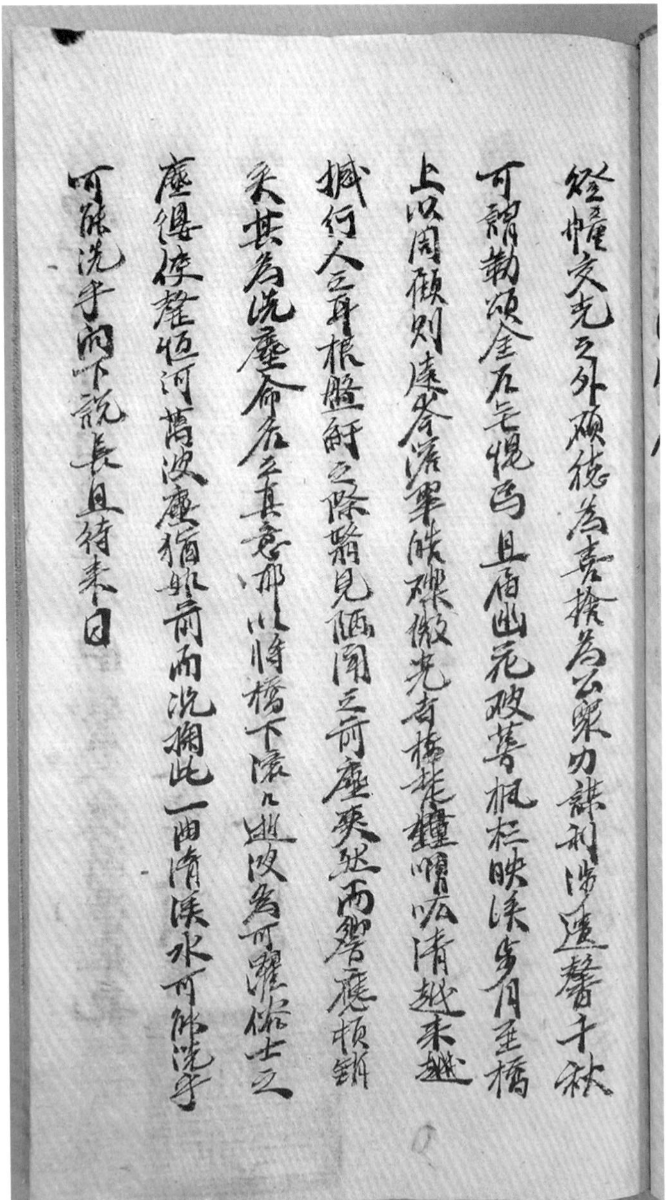

經幢交光之外頑徒為善換為公衆力謀利涉遠馨千秋
可謂勸頌金石乞愧焉 且看幽花破暮楓杉映溪步月登橋
上以周覽則遠岑滌翠依稀微光奇構花鐘噴咽清越來越
撼行人之耳根臨前之際驀見陋閣之前塵爽然而警塵頓銷
矣其為洗塵命名之意耶以將橋下滾滾幽波為可濯纓士之
塵得使塵恆河萬波塵猶外而況捫此一曲清溪水可以洗手
可以洗手而下說長且待來日

93쪽

之歸之輪絲鐸如雲雨連霖夏潦之漲冬氷之沍將渡難
悍激浩瀰壁壓悉可爲乎悉爲其可乎佛紀二九四七年庚申
孟春住持金德秀老士裴應鍾等設有衆隊集合千金
番土改石作一間虹橋曁明年辛酉九月竣工題扁曰洗塵
橋千里遠書求余記之余雖不文烏能推辭嗚呼嶠南之古
代爲刹雲排而崇循皇龍嚴川斷俗奇巨伽藍至今無有一
存而但見刹塵塔影依然斷雲殘照之間獨有玉泉寺

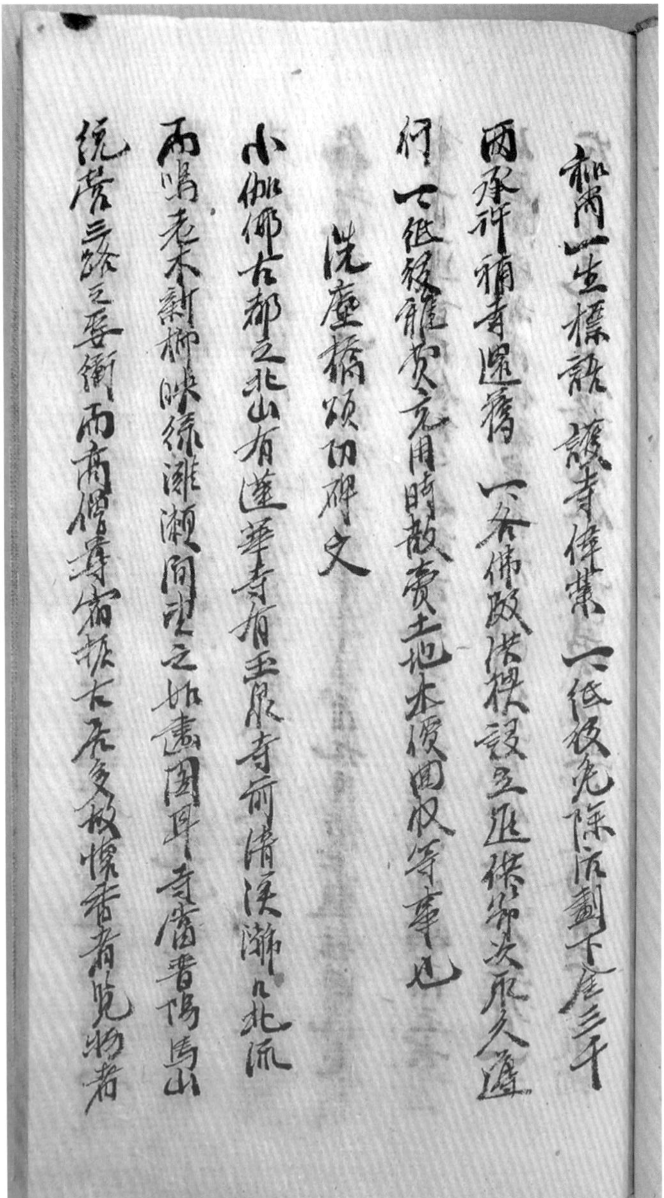

和尙一生標誌 護寺偉業 一 紙役免除沉劃下金三千
兩承許補寺還債 一 各佛殿法樓設立匪倸節次取入還
附 一 紙役罷實充用時散賣土地本價圖收等事也

洗塵橋頌功碑文

小伽倻古都之北山有蓮華寺有玉泉寺前淸溪瀰々北流
兩唱老木新柳映綠灘瀨間環之如畵圖耳 寺當晋陽馬山
統營三路之要衝 而商僧尋宿旅客底多故懷香者覽物者

91쪽

進行寺運漸後則山中僉德合心協力重建若房僅以還構
於山內庵舍而本寺房係衆寮甯傾古而圓廈絶迹則餘棄
之歲而感入骨髓深切不已矣然和尙之爲公傳績護佛
勳業未嘗於鱗鱗兩匠及後世則敢不稱頌於和尙之殊德
然噫山河依舊在人物何處去蓮山嵯峨玉水汪洋是和尙
之遺風歟 太皇帝二十四年丁酉三月日
和尙實蹟 蓮庵比丘重閒口 印曉北斗拜能撰之句

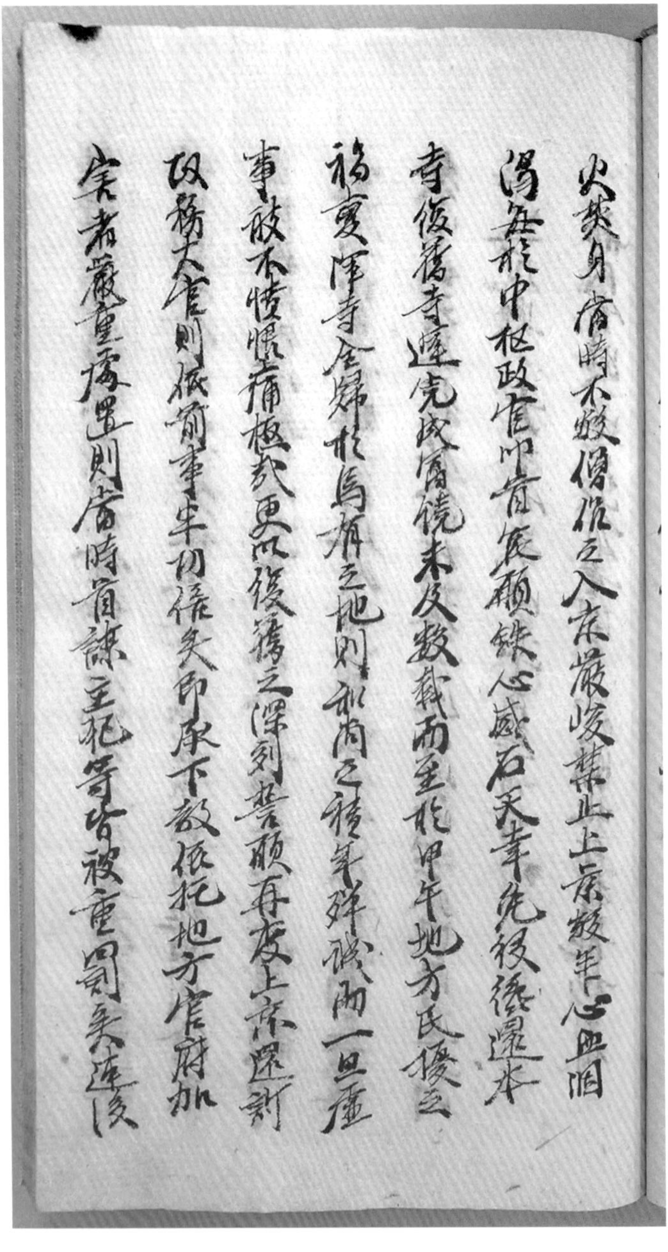

火災月當時不殺僧侶之入京嚴峻禁止上京數年心無阻
滯無於中樞政官們首領頗鐵心感召天幸先後復還本
寺復舊寺遷完成當饒未及數載而至於甲午地方民擾之
福寶淨寺全歸於烏有之地則我內之積年殫誠而一旦虛
事故不勝憤痛極哉更以復舊之深刻誓願再度上京運新
政務大官則依前事半功倍矣即承下敎依托地方官府加
害者嚴重處置則當時首謀主犯等皆被重罰矣從後

佛徳積願成功者是萬行化士之功能則因其長表於萬世顯其
功勞者是也譬如巨鍾待延今而因其撞指而發其響音何異
於本寺羅麗舊刹隣在南部敎鐘長鳴祥風遠振以惟一
寺號之模範傳來于千二百餘年矣這間經歷有不形言撓近
二百年前變成紙役寺刹僧殘寺毁致至殘滅之境矣若山
古雖華麗而内獨單率先祈佛發願復舊寺遅孫盡
滿腔之誠力感發哀憐之悲願先攻紙役免除鐵心勤務而

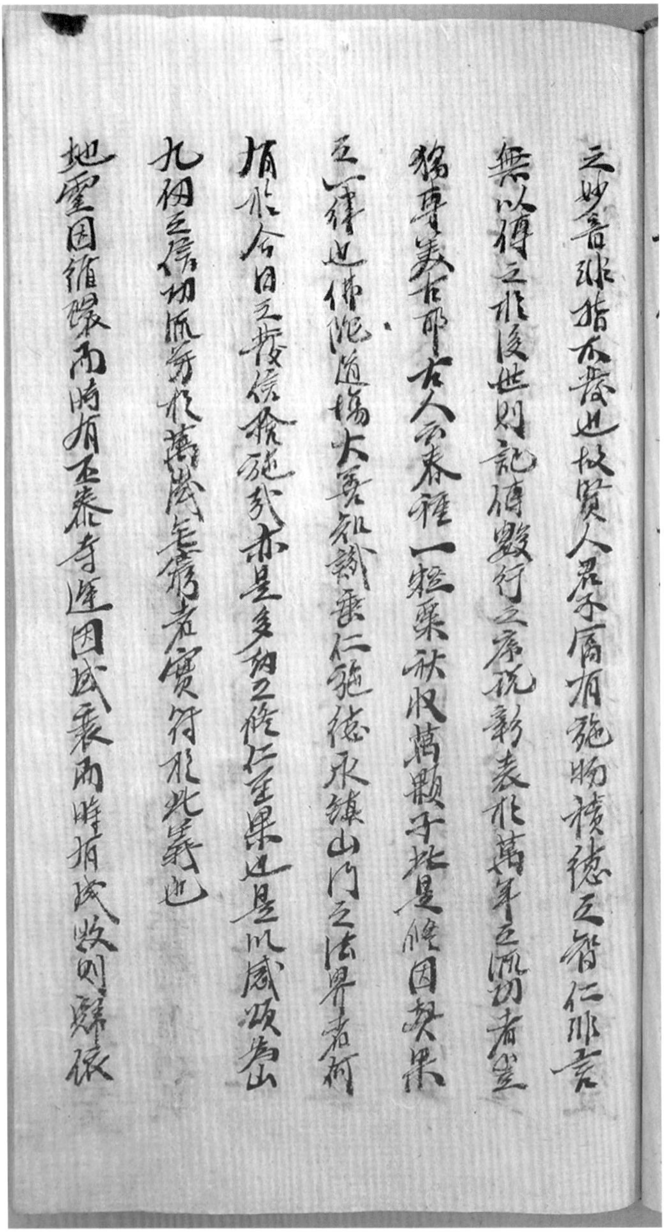

之妙音非指不發也故賢人君子雖有施物積德之旨仁非言
無以傳之非後世則記傳數行之序既彰表於萬年之流功者豈
獨專美古耶古人云春種一粒粟秋收萬顆子此是修因契果
之一律也佛陀道場大雲知識秉仁施德永鎮山門之法界者何
殖於今日之接儀捨施哉亦是多納之修仁至果也是以感頌盍
九仞之層功流芳於萬歲之德者實符於此義也
地靈因循環而時有玉泰寺遂因盛衰而時有成敗則歸依

87쪽

住相之大功矣 是故拂拭無庵之筆 而構成無着之有記于前

消無住相五種之功德也 師之住寺。蓮泰蓬山。師之未徹思在其間

一、中刱大雄殿 一、窮出卜價租 一、華嚴麻鞋

一、植成楮田 一、二夫田餘防築

光緒二年丙子四月日 竣處行人水龍 洪瀅

龍惺和尙有功文

夫千斤之巨鐘雖有警世之聲轉聲非撞不出三尺之琴雖有峨洋

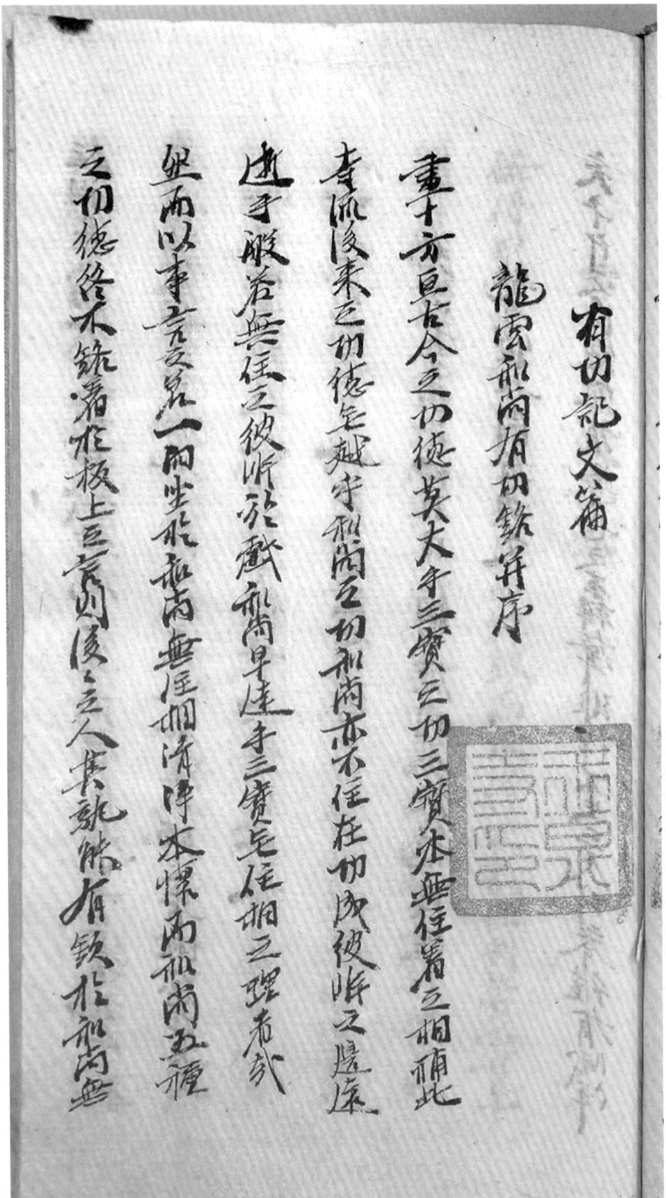

有功記文篇

龍雲和尚有功銘幷序

盡十方亘古今之功德莫大乎三寶之功三寶本無住著之相雖此寺流後來之功德是越乎和尚之功和尚亦不住在功成彼岸之邊際進乎般若無住之彼岸於戲和尚早達乎三寶是住相之理者歟然而以事言之是一兩坐於和尚無住相清淨本懷而和尚五種之功德終不銘著於板上之言則後之人其孰能有欽於和尚無

85쪽

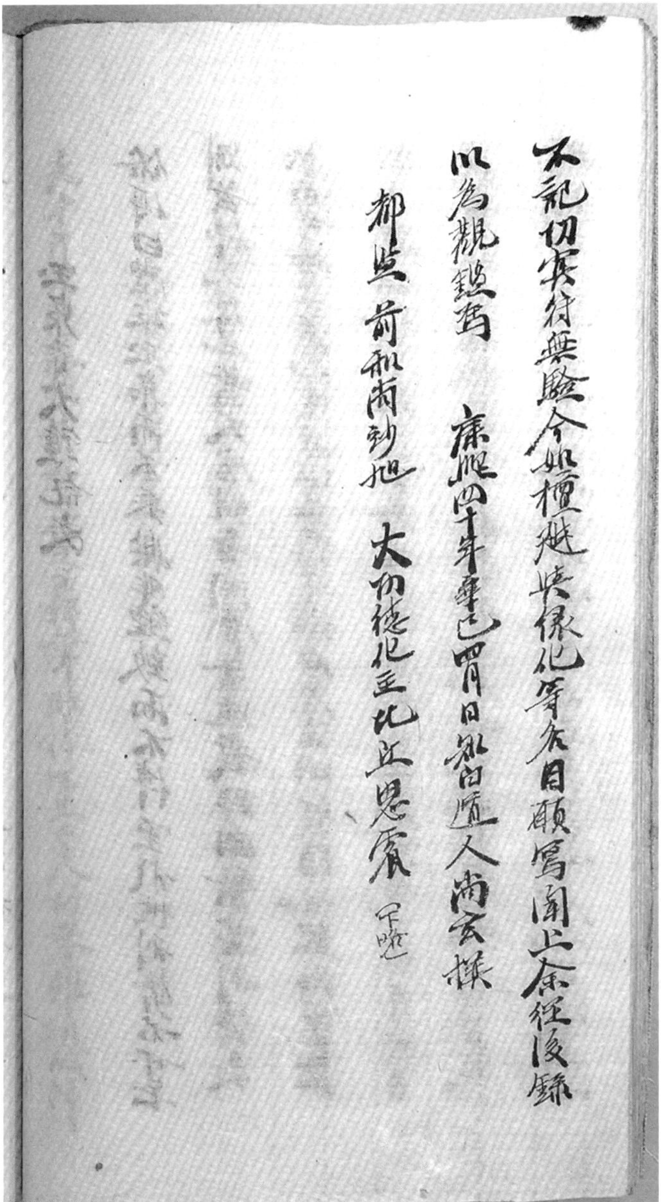

不記切實符無驗今始檀越與緣化等名目願寫開上余從後錄
以爲觀覽焉　康熙四十年辛巳四月日智道人尚玄撰
都監　前和尙妙旭　大功德化主比丘思處（下略）

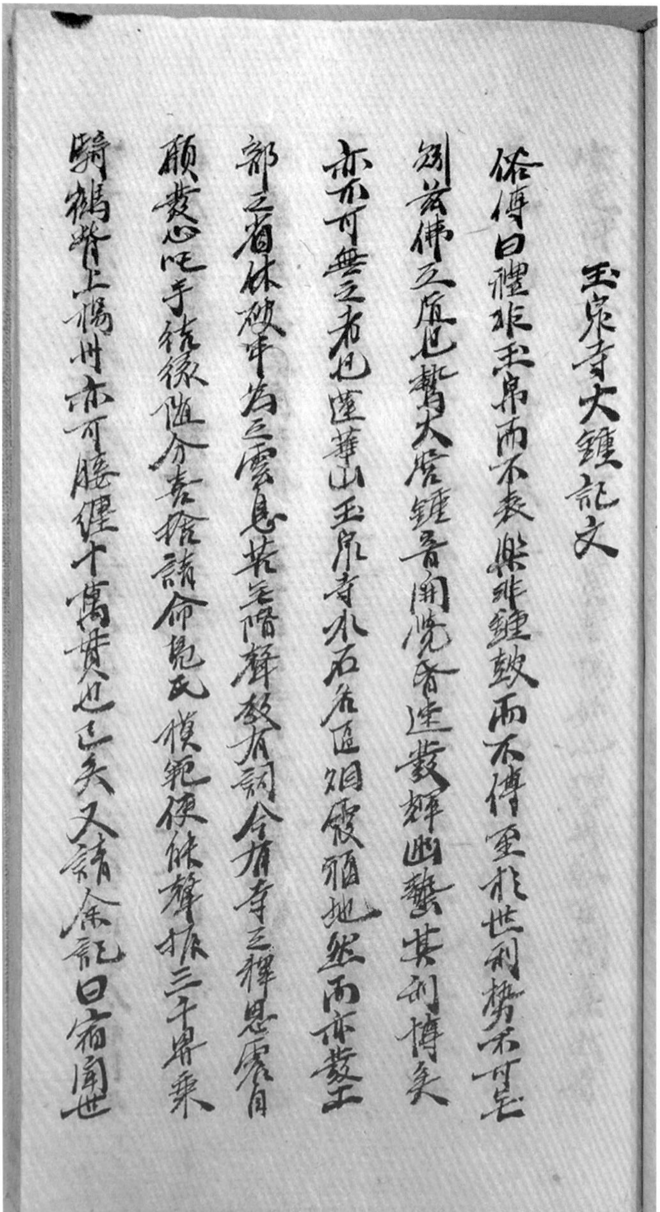

玉泉寺大鍾記文

俗傳曰禮非玉帛而不表樂非鍾鼓而不傳至於世利勢不可甚
則茲佛之匠也贊大層鍾音開曉香達數輝幽藝其利博矣
亦不可無之者也蓮華山玉泉寺水石名區烟霞福地然而亦數土
部之省休被年為之雲息若定陰聲教有詞今有寺之釋思展自
願發心化手結緣隨分喜捨請命鑄成模範使係聲振三千界乘
騎鶴背上揚州亦可腰纏十萬貫也已矣又請余記曰宿聞世

83쪽

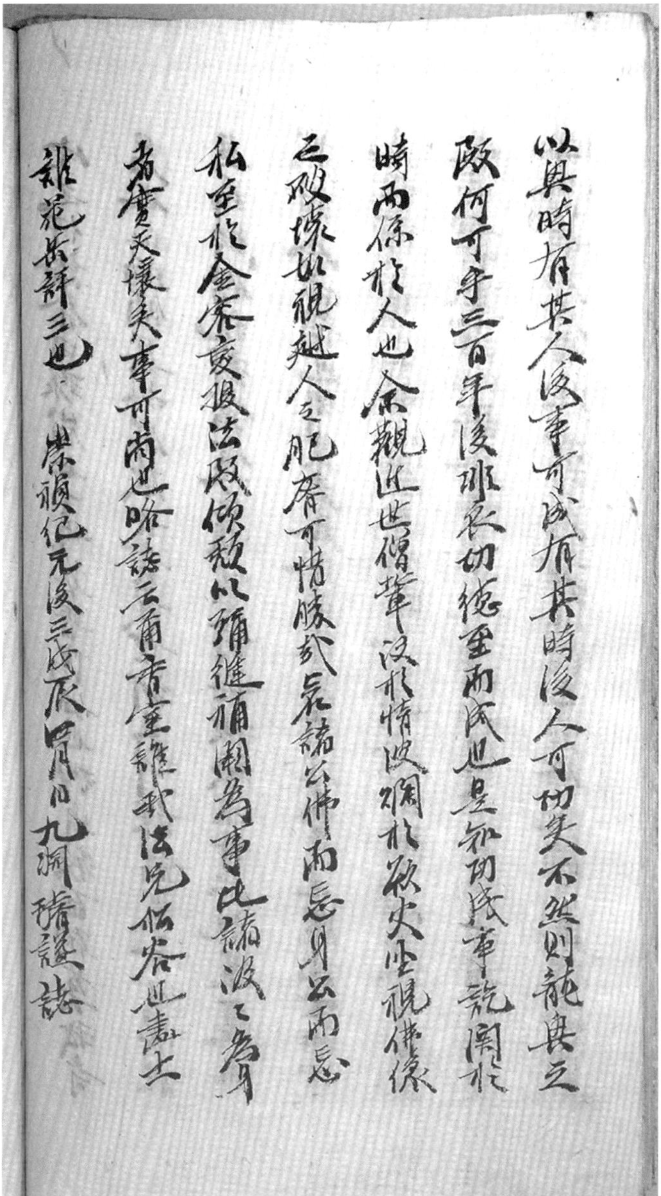

以與時有其人後事可成有其時後人可以矣不然則龍與之
殿何可乎三百年後班衣功德至而成也是知功德事說關於
時而係於人也余觀近世僧輩沒於情波溺於欲火坐視佛像
之破壞如視越人之肥瘠可惜勝哉惟諸公佛而忘身公而忘
私至於金衣衣服法殿傾頹以補繼補闕為事比諸波波之爲
者實天壤矣事可尚也略誌云爾前室雖我法兄似客也盡土
雖死猶許三也　崇禎紀元後三戊辰四月日九洞 瑞謹誌

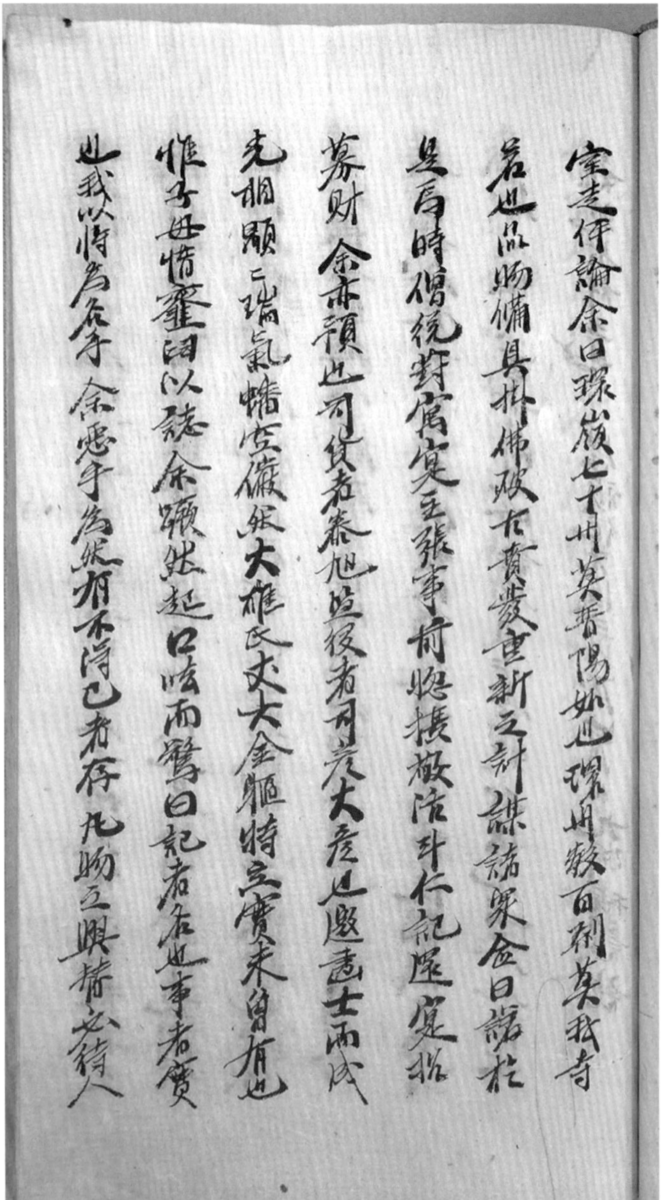
室走侍論余曰環嶺七十州莫春陽如也環州數百刹莫我寺
若也品物備具惟佛殿古舊盍更新之計謀諸衆僉曰諾於
是爲時僧統對宮寔主張事荷惣攝較活斗仁紀崔寔指
募財余亦預也司貨者春旭巡役者月彦大彦也邀畫士兩氏
先期顒顒瑞氣藹空儼然大雄氏丈六金軀特立實未曾有也
惟子毋惜筆因以誌余穎然起曰咳而驚曰記者若也事者實
也我以待爲名乎余惡乎爲然有不得已者存凡物之興替必待人

玉泉寺重修繪畫記云甫住持名碩悲與我有舊眉有

訪我于隱仙室中 問禪教大旨

崇禎紀元後三戊戌（距今一七五八年）坐夏之前七日 鏡巖無挨子憤拭誌

玉泉寺掛佛畫成造記

按南華老仙云至人無己聖人無名釋氏無相爲體無住爲用

豈假名相爲哉但以在家範物每人上宗緣言無相之相無名

之名甫 歲戊戌余天岀燒後會稽之花林鹿苑般月玉泉寺有

惟僧有衆乃於荼毒官役之中雖祇爲甚之集而勇於功德
者皆可記也若非巨匠之規矩尋引封疆守牢慕心之繪畫
工技則此事未可成也若欲因人之功可乎因人曰未也非吾之功也
則是派學求心應普甬蘭之募衆緣也晟順先遠洛寶之
粥量饋食料浪應請施照之庵監歷役則曰技無所施矣曰
然則諸司之功可記乎哉諸司又不居曰任務之力任務歸
于如來功德如來是由聖人說化稱之之使余書其事蹟

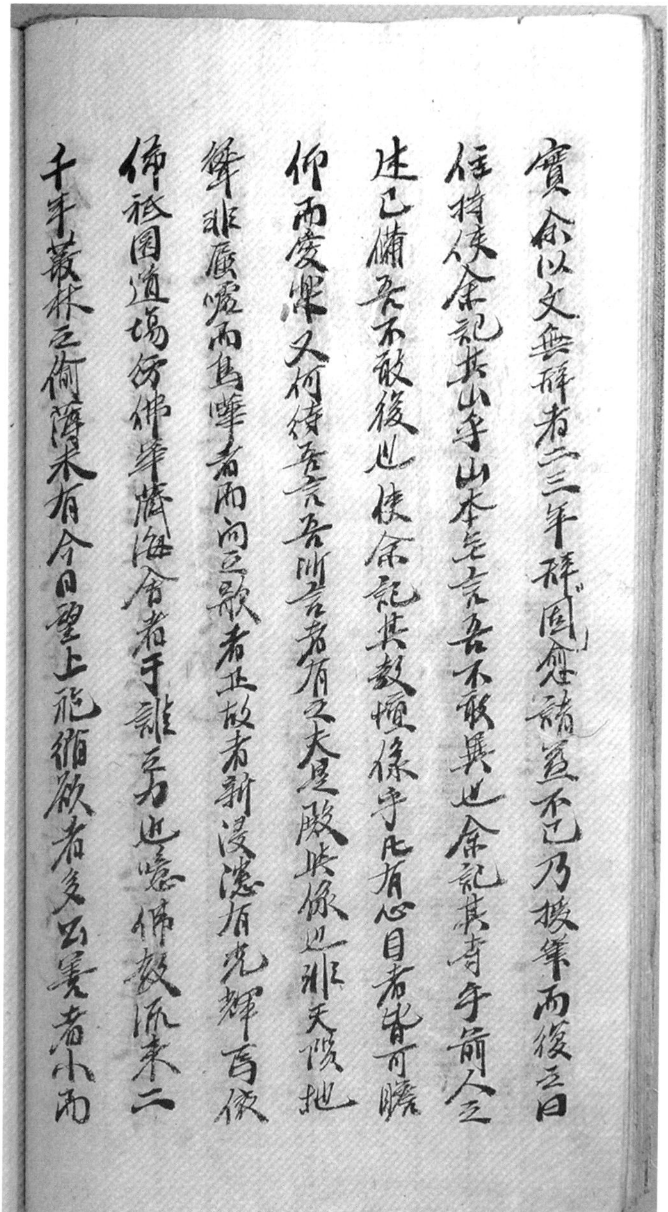
實余以文無辭者二三年辭〃固愈請益不已乃援筆而復之曰
住持使余記其山寺山本之言吾不敢異也余記其寺寺前人之
述已備吾不敢復也使余記其教極係寺凡有心目者皆可瞻
仰而愛慕又何待吾言吾所言者有之大是殿娛像也非天陵地
聳非廢啜而生峰者而向之嶽者也故者新浸潤有光輝而依
佛祇園道場彷彿華藏海會者乎雖吾力也噫佛教流來二
千年叢林之倚薄未有今日望上飛循欲者多以見者小而

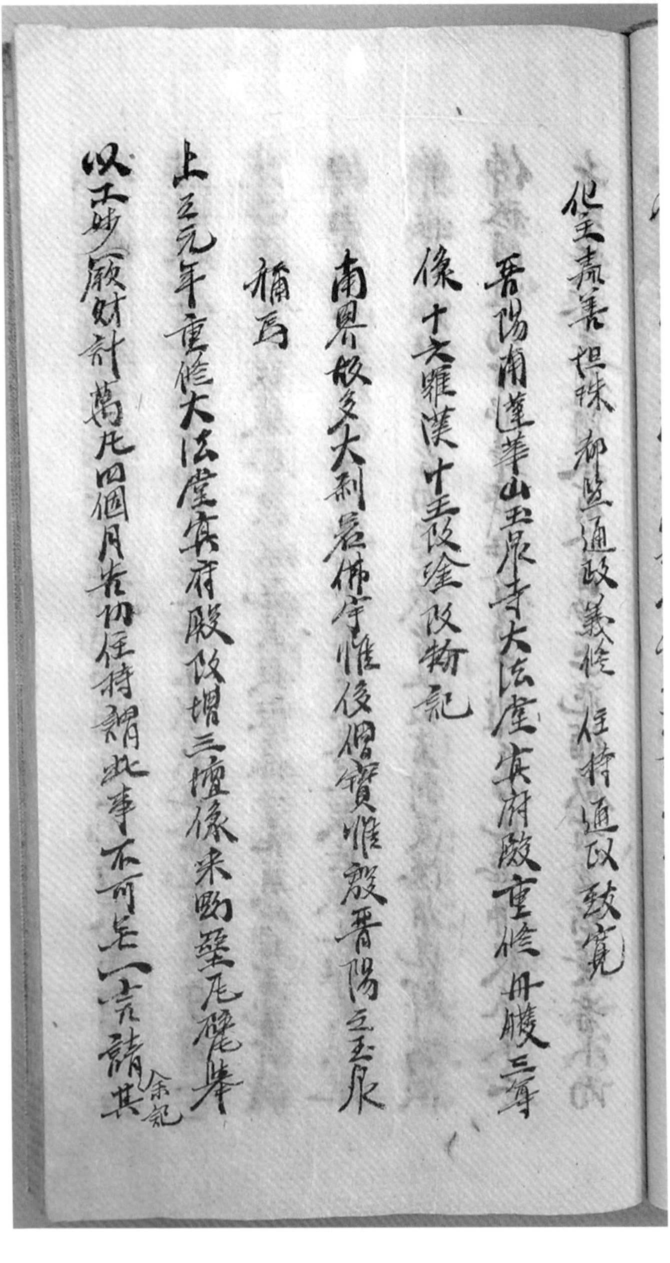

化主嘉善 性珠 都監通政 義修 住持通政 致寬

晉陽府蓮華山玉泉寺大法堂冥府殿重修丹雘三尊

像 十六羅漢 十王改塗改粉記

南界故多大刹居佛宇惟後僧寶唯殷晉陽之玉泉

稱焉

上之元年重修大法堂冥府殿改塑三壇像來助聖尼麗峯

以工妙嚴財計萬尼四個月告功住持謂此事不可無一言請其 余記

77쪽

罰之苦々惡々之生死比々此佛之所以設其符之像使入赤子
知其所趣也可不偉歟嗚呼天降生民莫不具之其一性善然而
氣稟之初清濁之分差於毫釐而備於胸懷故聰明鮮而昏庸
者背其本明之德而循其物之粹者善之屑為不善惡之屑在
不齊矣今於大乙諸君子植其千萬古不朽善根於法王之道場以
為性生蓮花之上者此亦後人隨喜之試

乾隆九年青鼠天中月下澣 碧波朗靜 記

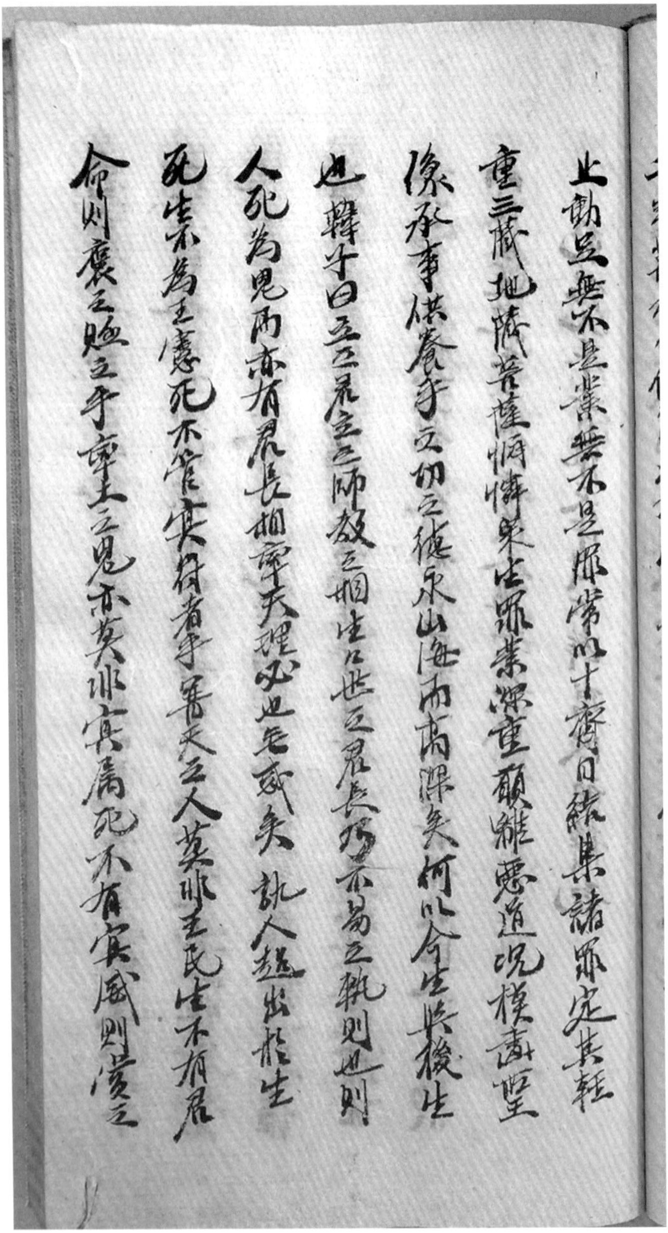

此動足無不是業無不是罪常以十齋日總集諸罪定其輕
重三藏地藏菩薩憐愍衆生罪業深重願離惡道況模畵聖
像承事供養乎一切之德永山海而高深矣何以令生與後生
也韓子曰生之君生之師敎之姻生之世之君長爲不易之執則也則
人死爲鬼而亦有君長姻寧天理必也惡或矣孰人超出於生
死生不爲王憲死不管冥得者乎普天之人莫非王民生不有君
命則覆之賜之乎率土之鬼亦莫非冥屬死不有冥威則覆之

75쪽

寺宮殿之輪與色相之莊嚴而且夫像與影皆假也非真者耶
無二形之影無二真之假也故以形觀影因影見形假真不假者
焉假托其譬如一月在天分照于江獨指分照之影而謂之月則
是惑矣既有在天之月而乃有分江之影則抑謂之非月也亦
豈理也哉能分照之中而其不分之体真月卽在分照之中月非
有二則塡王之刻相模影謂之真可也世尊之摩頂授記謂之
假亦可也誰謂是假也是影也 佛告普廣閻浮提衆生等

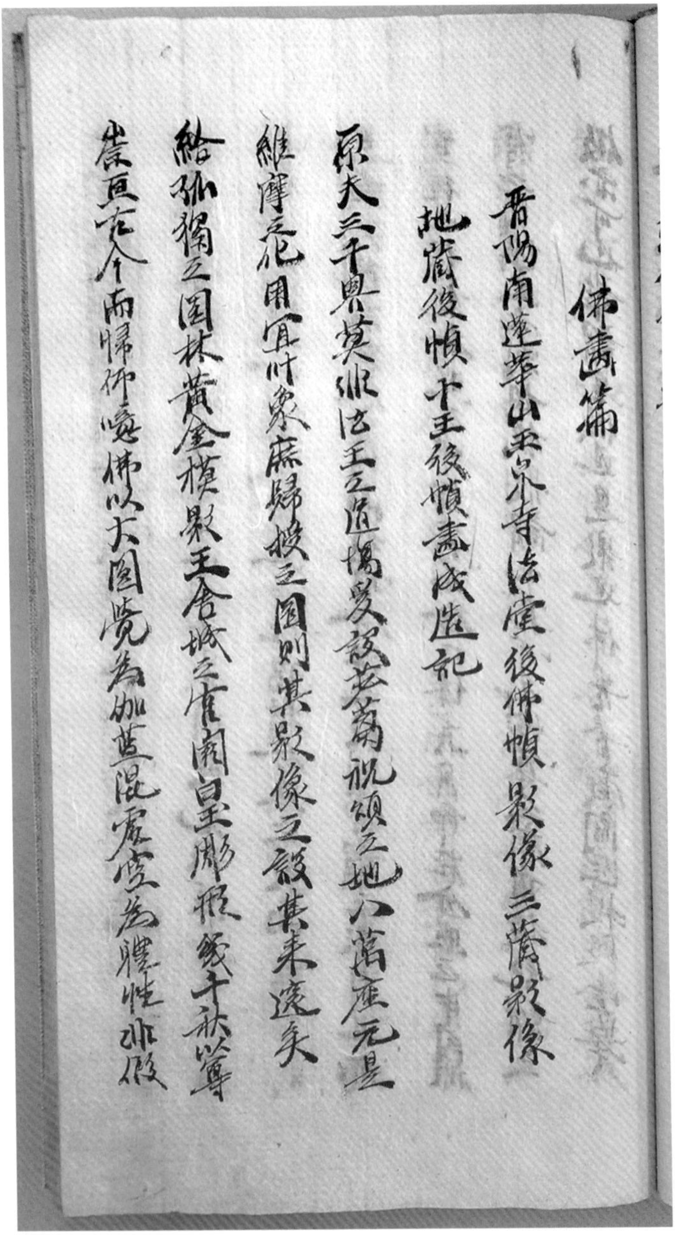

佛畵篇

晋陽南蓮華山玉泉寺法堂後佛幀影像三藏影像

地藏後幀十王後幀畵成造記

原夫三千界莫非法王之道場爰設莊嚴祝頌之地八萬塵元是

維摩之花用宜什衆庶歸投之國則其影像之設其來遠矣

給孤獨之園林黃金模影王舍城之宮闕白玉雕形幾千秋尊

崇亘古今而歸仰噫佛以大圓覺爲伽藍混虛空爲體性非假

73쪽

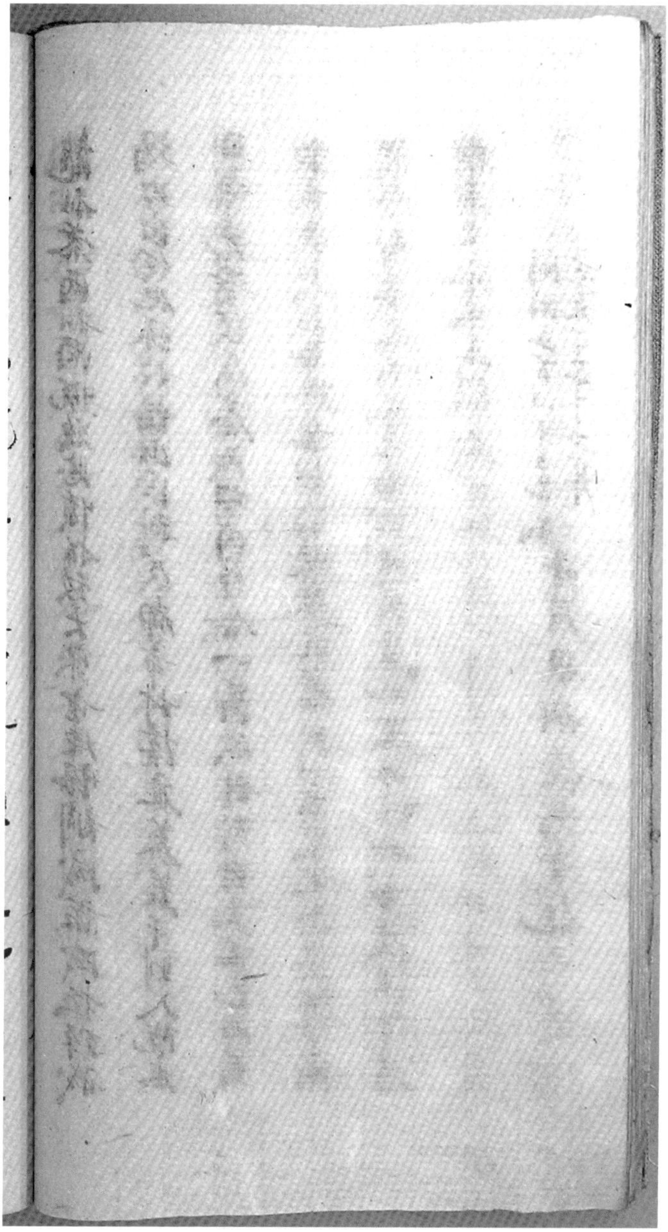

72쪽

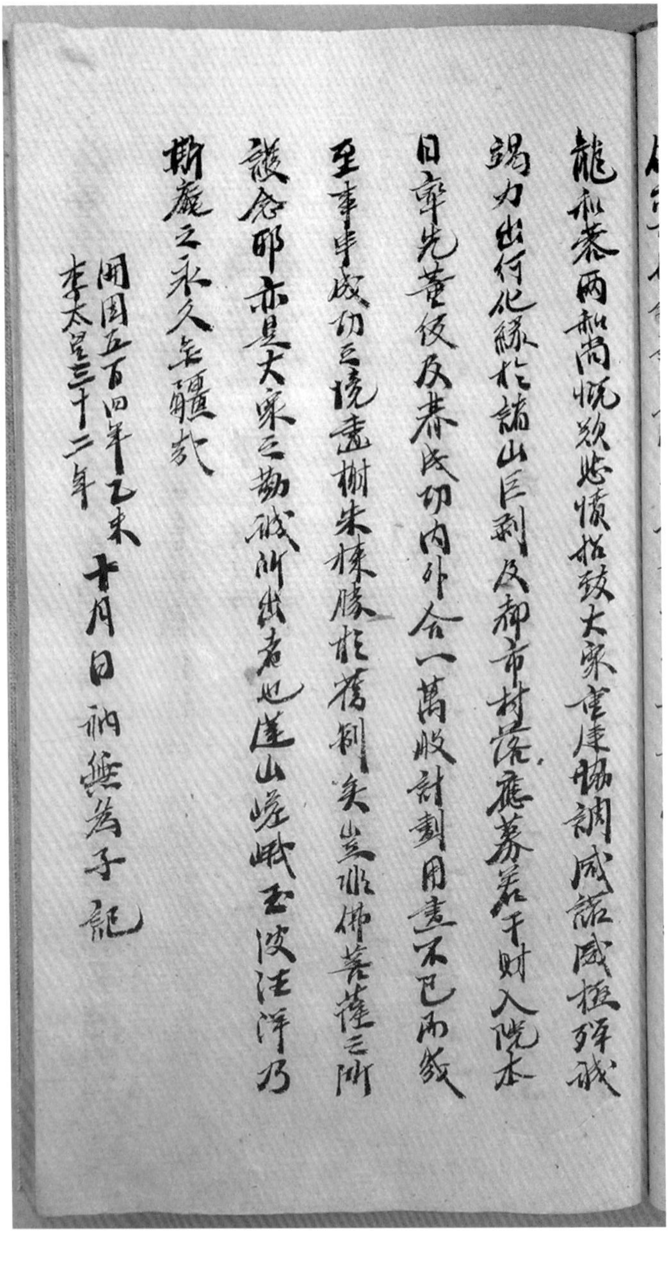

龍和泰兩和尙慨然悲憤指鼓大衆奮建協調咸諾咸極殫誠
竭力出行化緣於諸山巨刹及都市村落應募若干財入院本
日章先董役及恭氏功內外合一萬般計劃用盡不已而竣
至本年成功之境盡樹朱棟勝於舊制矣嗚呼佛菩薩之所
護念耶亦是大衆之協誠所致者也蓮山巍峨玉波汪洋乃
斯庵之永久無疆哉
開国五百四年乙未
李太皇三十二年 十月 日 衲無爲子記

敗壞隨公理循環也然事惟待人成果爲事無自立之力則事之
成敗都在由人所致也本寺元來羅代古刹山氣精秀水石鮮
潔實謂護法之靈境也然千數百年於風磨雨洗缘有毁敗頹廢
而寺庵基內從古至今愈舊愈新也 本庵諸房中甲地上等位
直向南陽明竹林相交隱然有別開蘭若也故念佛修禪之師
性相雙所住瓶錫通宜之道場矣餘年甲午以地方民擾之厄
諸寺庵殿堂僉僧棟樑之處雖無復遺構之策也 本房老德水

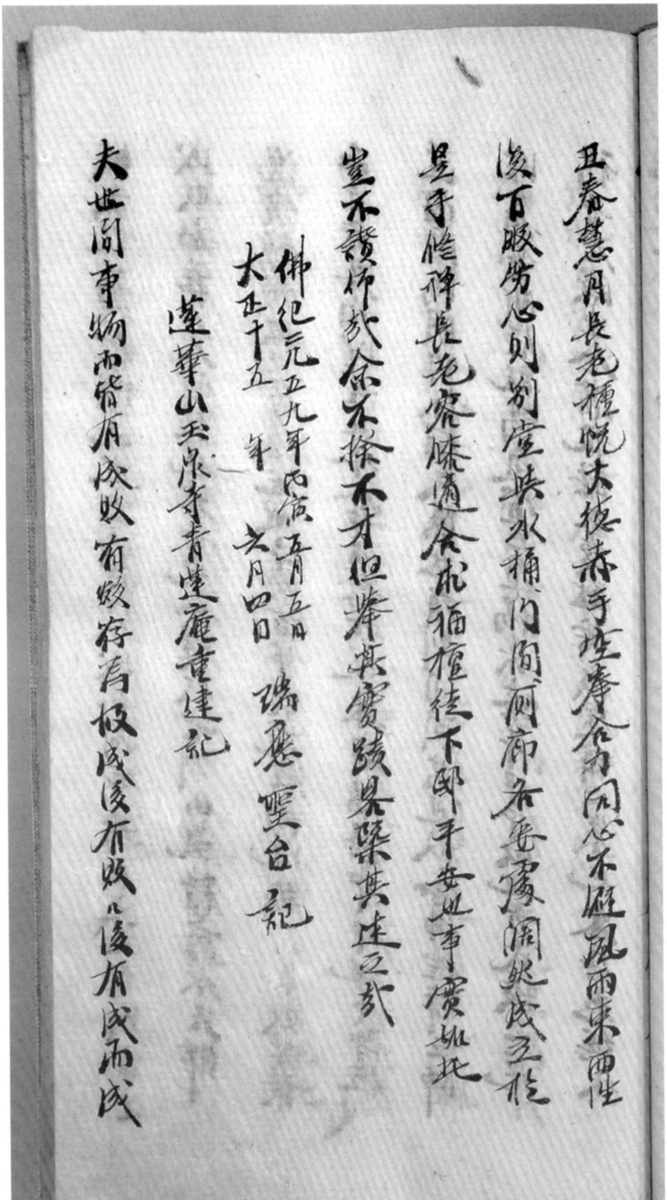
丑春慧月長老種悅大德赤手控拳合力同心不避風雨東西陞
後百般勞心則別室與水桶門間厠廊各要處潤然成之於
是乎僧俗長老密勝道兪㦤猶權徒下即平安世事實如此
豈不讚佈哉余不揆不才但擧其實績畧槩其迹之哉
佛紀元五九年丙寅五月五日
大正十五年 六月四日 瑞應 堅台 記
蓮華山玉泉寺青蓮庵重建記
夫世間事物而皆有成敗有數存焉故成後有敗〻後有成而成

69쪽

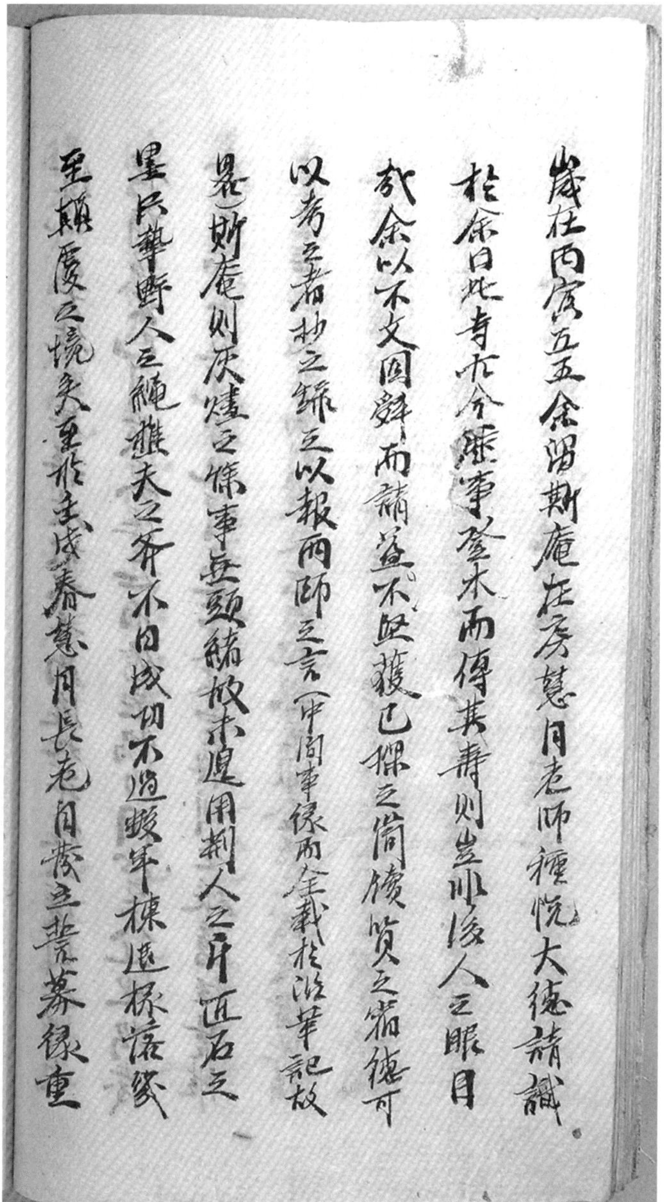

歲在丙寅五五余留斯庵在房慧月老師種悅大德請識
於余曰此寺古今歷事盡未而傳其壽則豈非後人之眼目
哉余以不文固辭而請益不已獲已採之前後質之諸德可
以考之者抄之錄之以報兩師之言（中間事錄而全載於沿革記故
畧）斯庵則灰燼之餘事無頭緒故未遑用郢人之斤匠石之
墨只華野人之繩樵夫之斧不日成功不過數年棟遷椽落墜
至顛覆之境矣至於壬戌春慧月長老自發立誓募緣重

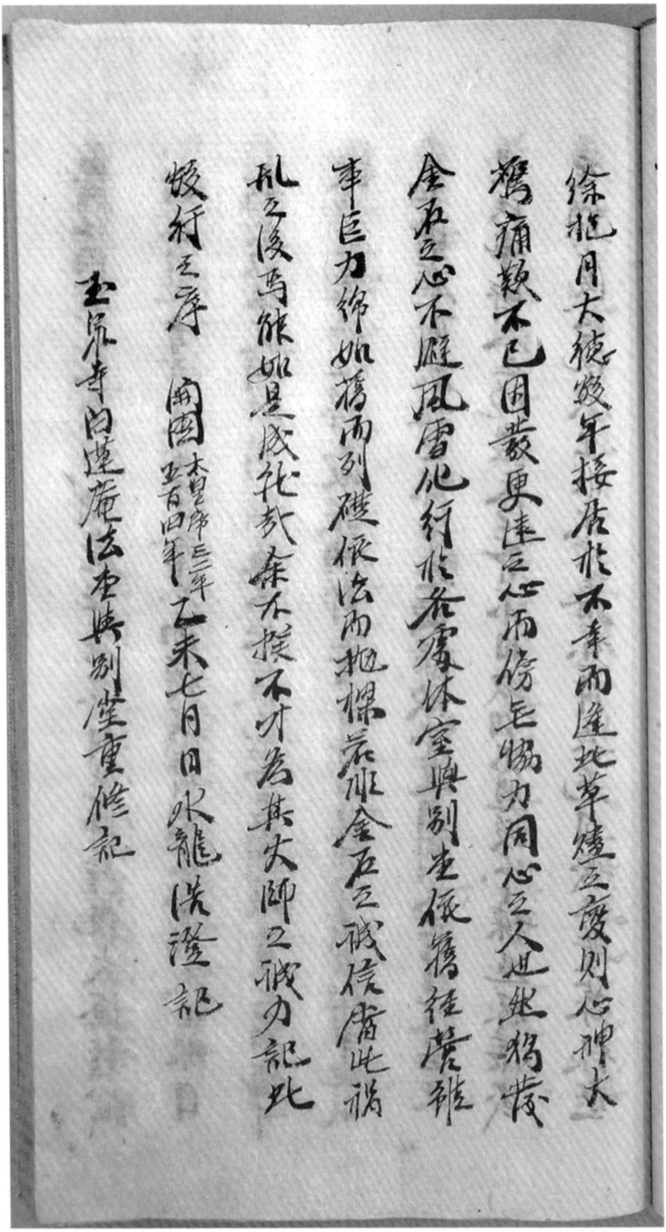
徐拙月大德幾年接居於不幸而逢此革燵之變則心神大
驚痛歎不已因發更建之心而傍乞協力同心之人此然獨發
金石之心不避風雪促行於各處檀室與別生依舊經營雜
事臣力役如舊而列礎依法而柱樑成非金石之誠信孰當此禍
亂之後焉能如是成就哉余不揆不才為其大師之誠力記此
懷耐之序　開國 太皇帝三十二年 五百四年 乙未七月日 水龍洪澄記
玉泉寺白蓮庵法堂與別堂重修記

67쪽

致蒙有感於諸師無相之功德忽拙略記爾

光武三年己亥三月上巳日 逍遙門人龍溟以珠誌

晉州蓮華山玉泉寺白蓮庵火燒後重刱記

蓋伽藍之初刱中建皆有年代而盡載於舊記之中今皆消
火則雖可記得者也大抵伽藍興廢或有運盡而滅亡或橫
厄而頹敗者運盡滅亡者更無願念補護之人也橫厄而頹
廢者或有慨然願念之人故生意於更遠重刱之志者哉今此

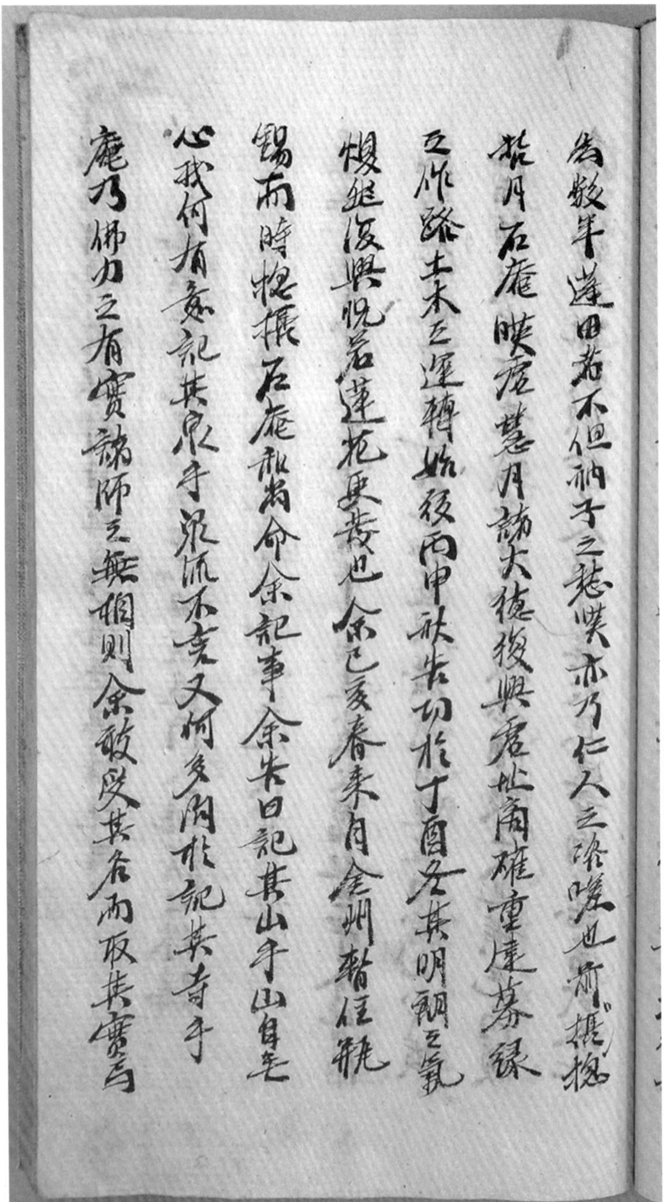

爲數年蓮田若不但衲子之悲嘆亦乃仁人之深嗟也前撮摠
指月石庵暎虛慧月諸大德復興居址角碓重建募緣
之作路土木之運轉始役丙申秋告功於丁酉冬其明朗之氣
慨然復興恍若蓮花更發也余已亥春來自金州暫住飛
錫而時懷振石庵和尚命余記事余告曰記其山乎山自在
心我何有焉記其泉乎泉流不竭又何多用於記其寺乎
庵乃佛力之有實諸師之無惰則余敢畏其名而取其實焉

65쪽

州之南有山曰蓮華如鼓吞芙蓉削出於仰望之間迥出於
雲霄之中山之內有寺曰玉泉是乃源泉湧出其源混混不
舍晝夜寺之西有庵曰極樂依然山水稱閒寺是精舍未
外西乾地乃淨土古昔盛時庵宅玲瓏極以壯麗古德祥
但[illegible]來棲息大雲長老講說遺址繼以水龍法老飾演道
長轉法之道場八域法侶從師輻湊可謂於國內名區而否
泰相尋氣數淋旺甲午張燼庵雖廢會境北三南仙區處

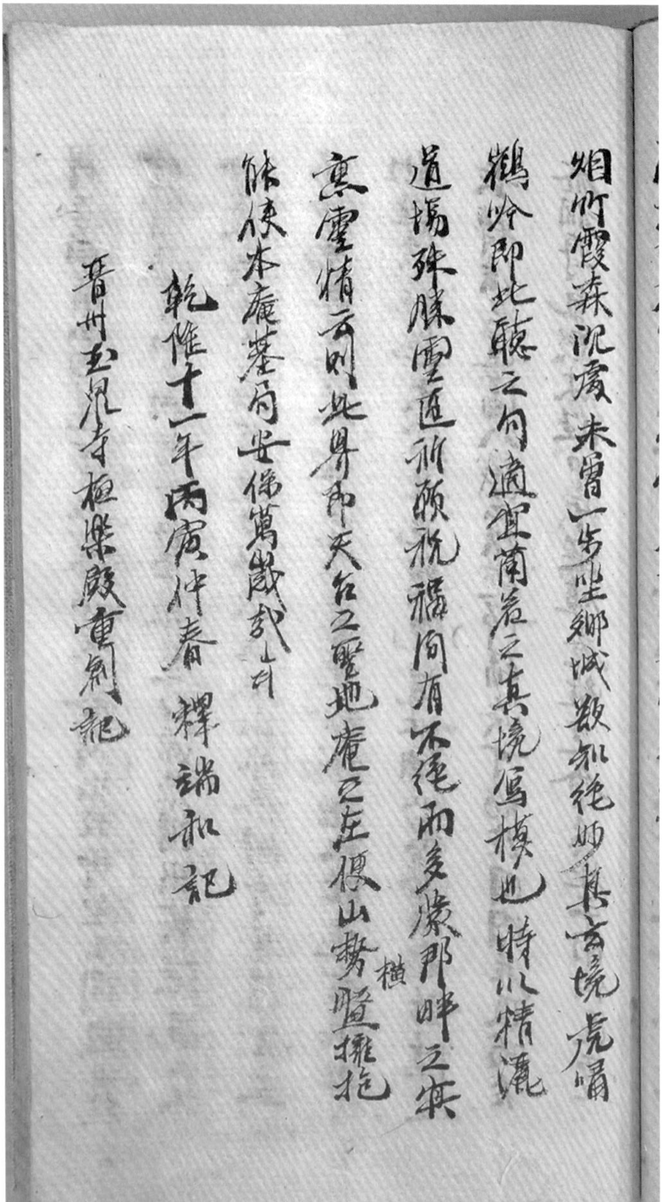

烟竹霞森沉處 未嘗一步坐鄉城 數私絶妙其玄境 虎嘯
鶴吟 即此聽之句 適宜蘭若之真境寫模也 特以精灑
道場殊勝靈區 祈願祝福 何有不絶 而多蒙那畔之兵
真靈精云 則此界即天台之聖地 庵之左便山勢竪(橫)排抱
餘使本庵基石安保萬歲哉

乾隆十一年丙寅仲春 釋瑞和記

晋州玉泉寺極樂殿重創記

斯庵建築緣起 與本寺創建紀元若先若後之爲言者然耶
完有維舊之基矣而創建年代雖可勝記也其搆造形楷全
模舊制而古德守護相傳間有修補之功勞櫛風沐雨棟樑
傾頹幾不能復也 癸亥之春本庵住持智明兩老德重創屋
級拮致衆力剋心祈祝能仲冬之節煥然成新鐵績於雄
哉矣渾庵禪衆雲集相應觀祥念佛文偈朝詢挽迴於古
老之遺風加想斯庵之精粹勝絶比觀古德之嗣韻則似

房庵重刱篇

蓮臺庵重刱記文

蓮山氣脉西有横亘之區山岳護衛洞府深邃地軸盤
結別開靈場也中有一小庵位西西因只守蓮花世故根
然出世間之淸意高踏者只住此間修道之居區也左右松林
遺蒼上下溪波細流隱〻有寂靜之間趣故往昔發心修道
之師法〻常住道場矣槪觀蘭若之由来則古老相傳云

61쪽

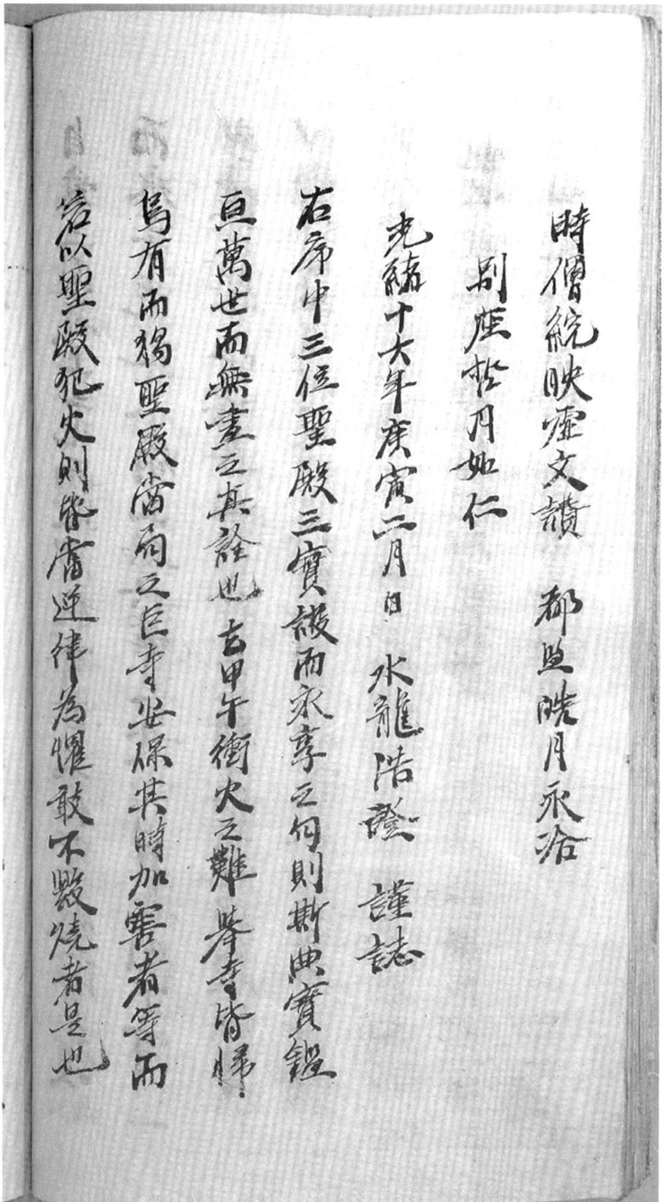

時僧統映虛文讃 都監曉月永洽
别座哲月如仁
光緒十六年庚寅二月日 水龍浩證 謹誌
右序中三位聖殿三寶緣而永享之句則斯典寶鏡
亘萬世而無盡之真詮也 去甲午衛火之難 本寺皆歸
烏有而獨聖殿當局之臣寺安保其時加誓者等而
若以聖殿犯火則皆當逆律爲懼敢不毁燒者是也

60쪽

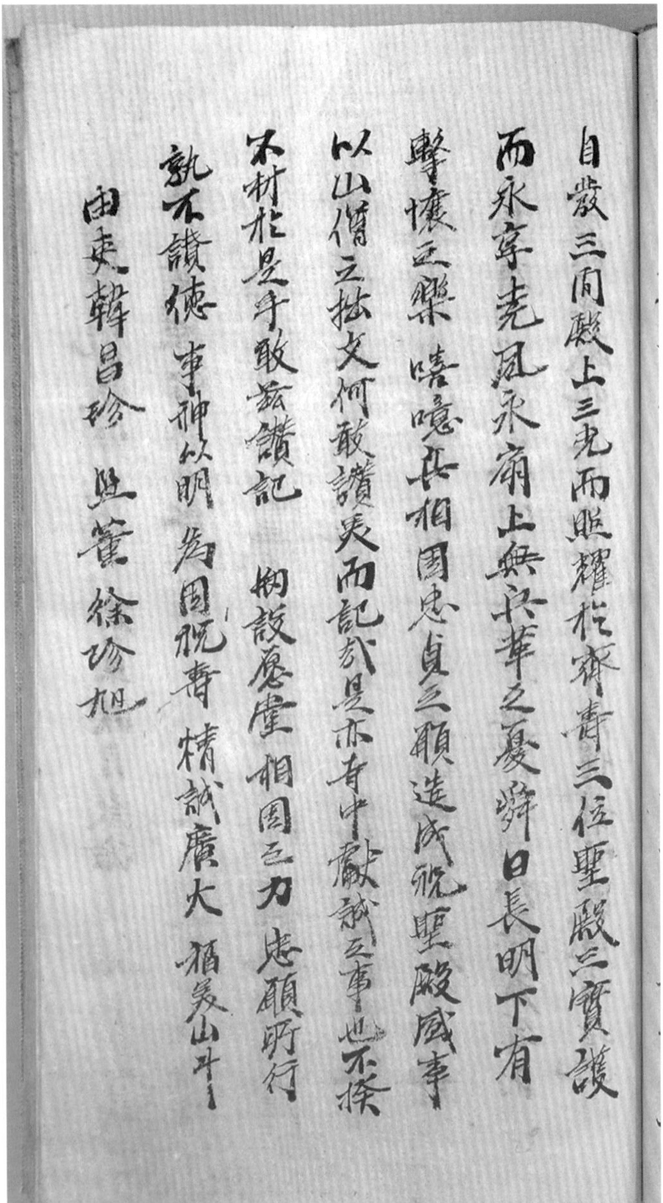

自叢三間殿上三光而照耀於齊壽三位聖殿之寶護
而永享堯風永扇上無兵革之憂舜日長明下有
擊壤之樂 嘻噫兵相國忠貞之願造成祝聖殿盛事
以山僧之拙文何敢讚美而記哉是亦寺中獻誠之事也不揆
不材於是乎敢茲讚記 惟設應虛相國之力忠願所行
孰不讚德 事神以明 為國祝壽 精誠廣大 猶美山斗
由吏韓昌珍 監董徐珍旭

59쪽

意位布敬今則共姻因再依本寺開行道場尊崇相
宅而亞殿成造之資不待傍助親自專任三千金出施
以命之以國民為名孰不感賛哉僧徒各別旅念護而
營之群工必備顧而毅之家心咸樂從始於己丑之春
覆簣於庚寅之春匠石告功因命畫工未月繪筆忠
貞所在何事不成於是相公再睽三層借來擇日齋戒
設供具禮之後三位殿牌同時奉安懍〻于如在之誠

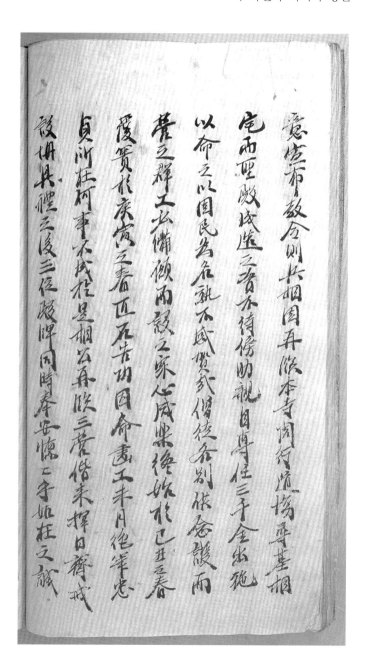

58쪽

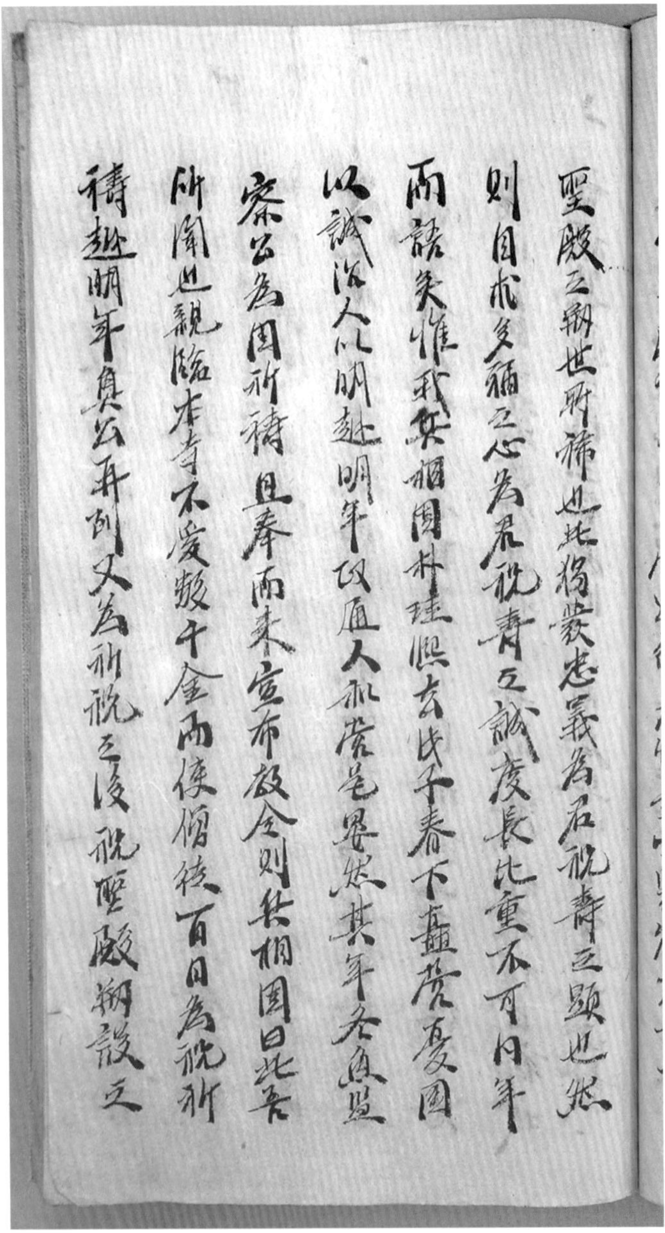
聖殿之翔世所稀也此猶嶽忠義為君祝壽之題也然
則自我多福之心為君祝壽之誠度長比重不可同年
而語矣惟我安相國朴桂烈玄氏子春下盡虔憂國
以誠洽人以明趾明年改匾人私資邑畧然其年冬與監
察公為國祈禱且奉而來宣布教令則其相國曰此吾
所聞也親臨本寺不受數千金而使僧徒百日為祝祈
禱趾明年與公再到又為祈祝之後祝聖殿翔設之

57쪽

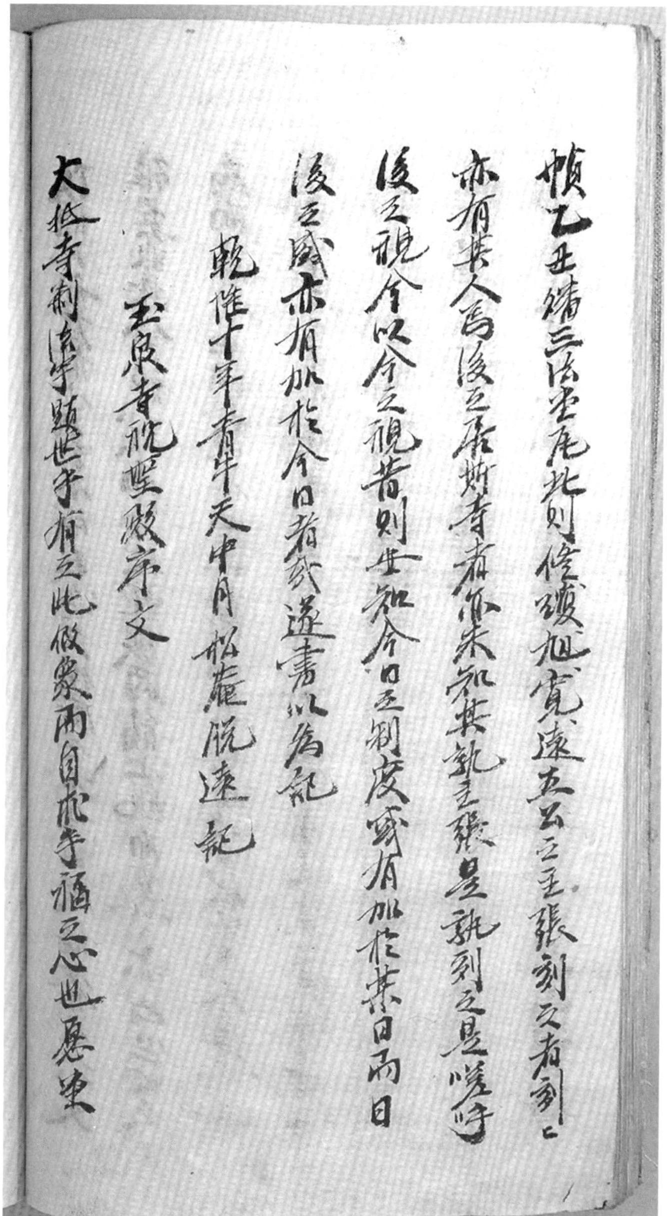

幀乙丑繪三法堂尾北則修頑旭寬遠五公之主張刻之者刻[illegible]
亦有其人焉後之居斯寺者亦未知其孰主張是孰刻之是嗟呼
後之視今以今之視昔則安知今日之刱廢或有加於某日兩日
後之感亦有加於今日者歟遂書以爲記

乾隆十年青牛天中月松菴脫遠記

玉泉寺脫塑殿序文

大抵寺刹之學顯世者有之此假象而自行其福之心也愿東

改非他乃虛施實引小成大齋莊供厨之不乏公廨諸寮之扶支
雖莫非此人之誠獻而竊修補壞兩韻上觀而慕慕亦爲此寺之
爲而爲須爲補於此寺去後此所謂興起有時時代不乏人者也然
以爲中興之主修補爲修成之傳也己亥改清涼堂壬寅繕法堂
庭乙巳改觀音殿丙午改僧堂戊申改西上庫此寺之主張而
修補者三人列之辛亥續五法堂正樓及諸寮庚戌新構地藏
殿丁巳改羅漢殿庚申改極樂殿癸亥改紫金堂及後佛三冊

55쪽

而麓窮而幽其遯世修真之洞藪也古人愛其明秀剏於生場
界達一植剎竿以怡養修成之所以代乎祗植鹿苑之精藍開闢
居天慳地秘之靈域一旦煉與禪悅之佛國豈地有待遇有時
人有知而然歟於是焉鳥獸悅詩其所龍天喜而環擁蓮花
香飄亦萬世而恒宣玉泉寺甘露共千秋而長得玉瀲泉淨淨
行念念修之蓮華藏之界步步而歸蓮華山玉泉寺之有由其然
歟體經始開士之志而以中興其為己任者厥維時其志應絕流乎

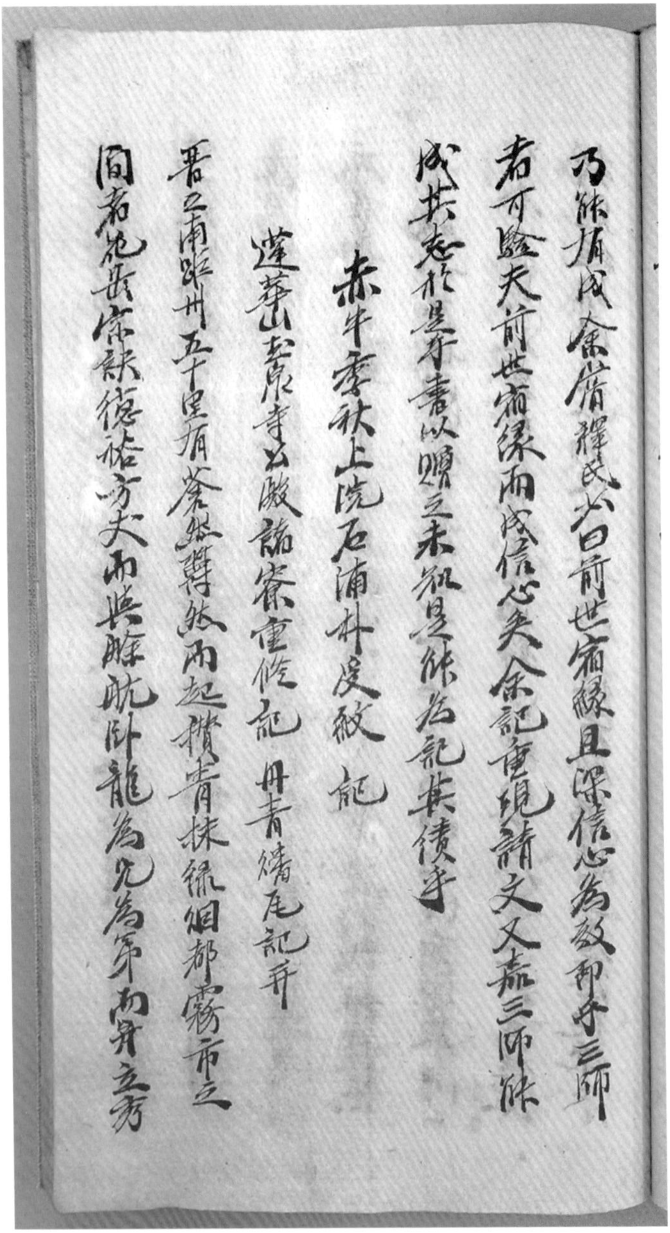
乃然有成余詹禪氏曰前世宿緣且深信心爲效即于三師
者可驗夫前世宿緣而成信心矣余記重現請文又嘉三師然
成其志於是乎書以贈之未知是然爲記其債乎
赤牛季秋上浣石浦朴良敍 記
蓮華山玉泉寺出激諸寮重修記 丹青繪尾記并
晋之南距州五十里有峯巒聳然而起攢青抹綠烟都霧市之
間有花岳宗族德裕方丈而與睡眈臥龍爲兄爲弟而并立秀

53쪽

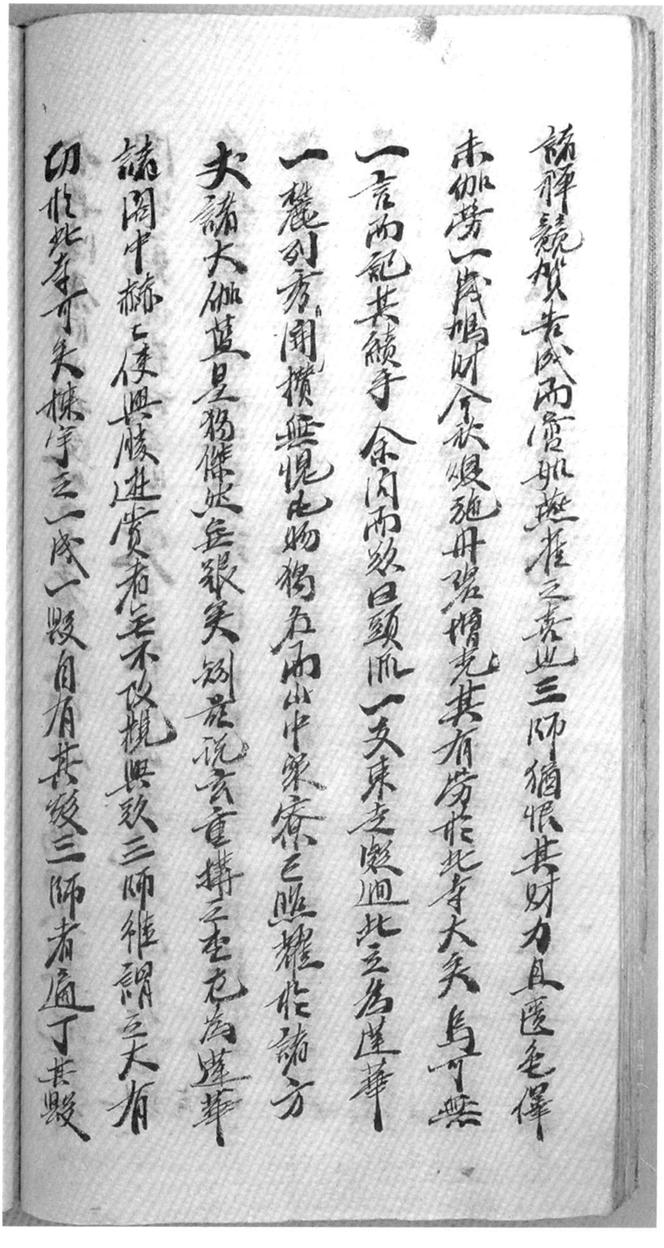
諸禪競錢共成而管船擬推之責此三師猶恨其財力且匱危僅
末伽藍一歲憾財今秋恨施丹碧增光其有勞於此寺大矣烏可無
一言而記其績乎余因而銘曰頭流一支東走盤迴此立爲蓮華
一麓列秀開攢無愧也物獨在兩山中衆寮已照耀於諸方
矣諸大伽藍是獨傑然宜張矣剏建說玄重搆之者也爲蓮華
諸閣中赫赫使無後進者者不改規模其致三師維謂之大有
功於此寺可矣棟宇之一成一毀自有其數三師者適丁其毀

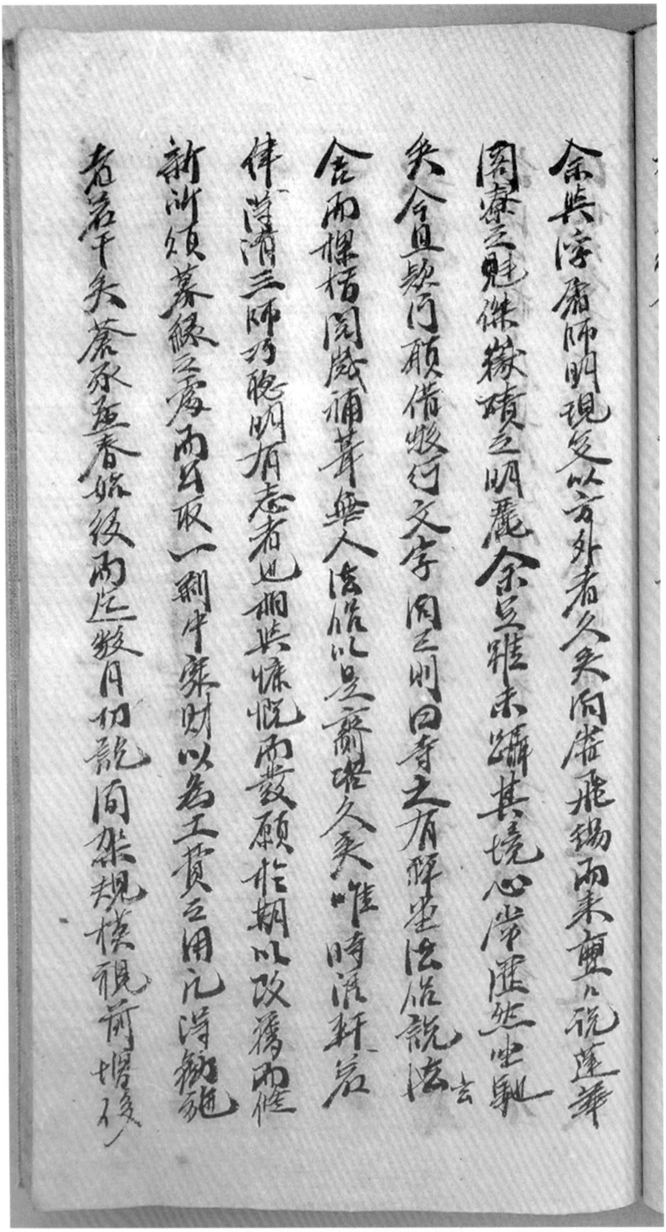
余與浮屠師明現交以方外者久矣向岩飛錫而來重〻說蓮華
閣寮之魁傑構境之明麗余且雅未躋其境心常懸然也馳
矣今且欵門願借數行文字 問之則曰寺之有釋迦法佛說法 云
舍而樑梠閱歲補葺無人法儀以是齋寮久矣唯時混軒岩
律淨清三師巧聰明有志者也惆其慷慨而發願於期以改搆而從
新浙頌募緣之需而收取一刹中衆財以為工費之用凡得鉅施
者若干矣蒼承春始役而迄數月功訖向來規模視前增倍

51쪽

有僚人晦岳寺備改葺室殿高曠宏廣殆甲江右越明年招諸
畫工繪于壁上此雲之月畢燦然在虛天下寶刹皆有勝是麗然猜
深者無出此也其施我聖上即位之三十年也歲未及周乃成厥功
事容材合殊仍偉績與澤俱郁然輝道收發寬請記於余以
因許而不悅畢其梗槪重葺之年代巧序而記之
乾隆七年壬申仲秋月懶庵守衍記
蓮華山玉泉寺碑文重修記

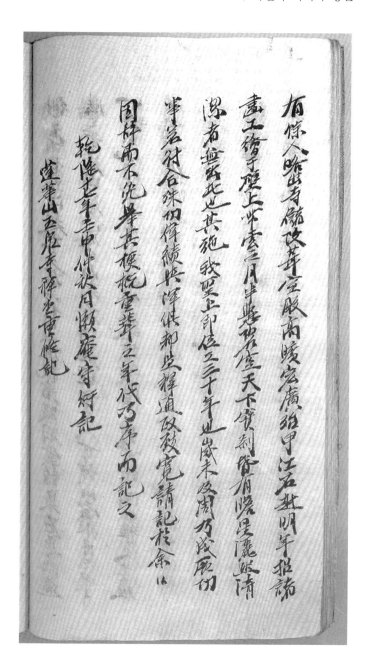

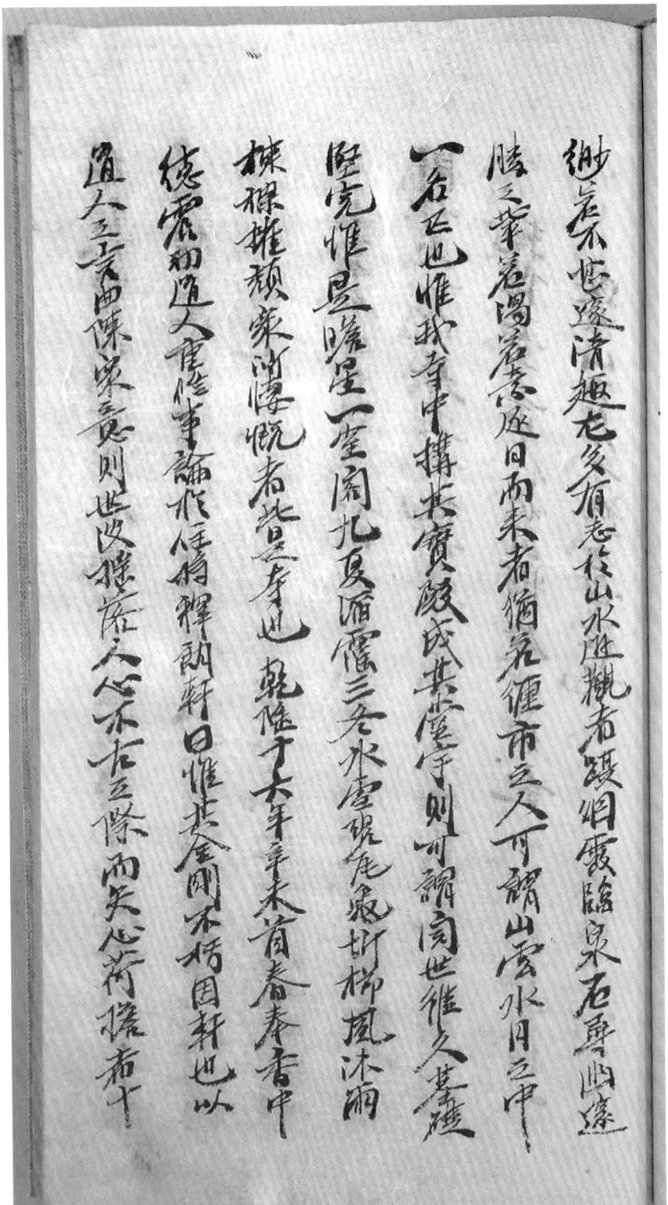

緲茫不憶遂清趣者多有老於山水壯觀者鎖烟霞臨泉石尋幽邃
勝之輩若渴若濡廷日而來者猶若纏市之人可謂山雲水月之中
一名區也惟我寺中構其寶殿成其寮守則可謂閱世維久基礎
堅完惟是曉星一室閣九夏滔霞三冬水虛硯危急折柳風沐雨
棟樑摧頹衆所慘慨者皆是寺也 乾隆十六年辛未首春奉香中
德雲初道人霍修事論於任持釋訥軒曰惟其金剛不悟因新也以
道人之言由來衆意則世波撓落人心不古之際而失心荷擔者十

49쪽

豈不爲千百年之計哉寺中之貴房中之損往以一筆可記後

來禪徒倘備其一勞久安之意乎因取其綱領者而論之

乾隆三十二年丁亥仲冬 禪順謹書

嶺左晉州郡蓮華山玉泉寺奉香閣重修兼丹雘記文

夫遍天下一地也而其地脉爲大者有四焉一曰金剛二曰妙香三四

則九月頭輪也頭輪之脉落爲群峰者雖多山秀水麗者南離

百餘里許蓮華山是第一也山之下有寺額曰玉泉也不知其何

人之開創有年前而洞谷亐迴層巖疊嶂風塵自絶烟霞標

流富而山之秀水之麗氣含於虛之中者豈非卜此萬年之靈區乎

背不可無樓息之殿舍故歲在崇禎四年庚辰始開新基則三

佛宇四蘭若八案寮鱗次之烏而風發閣亦開於東西之陽

通來百有餘年矣室之所創者云誰古之師天海也室之重創者云

誰今之僧演軒印應應清瑞清也仍成丁亥之春而清風叟

焉有覺椽樞斷舊成新舉飛展軒去小成大則宏壯峯麗

之庭冠於一洞秩秩淵淵之奔閣於三巖而居於斯長於斯者

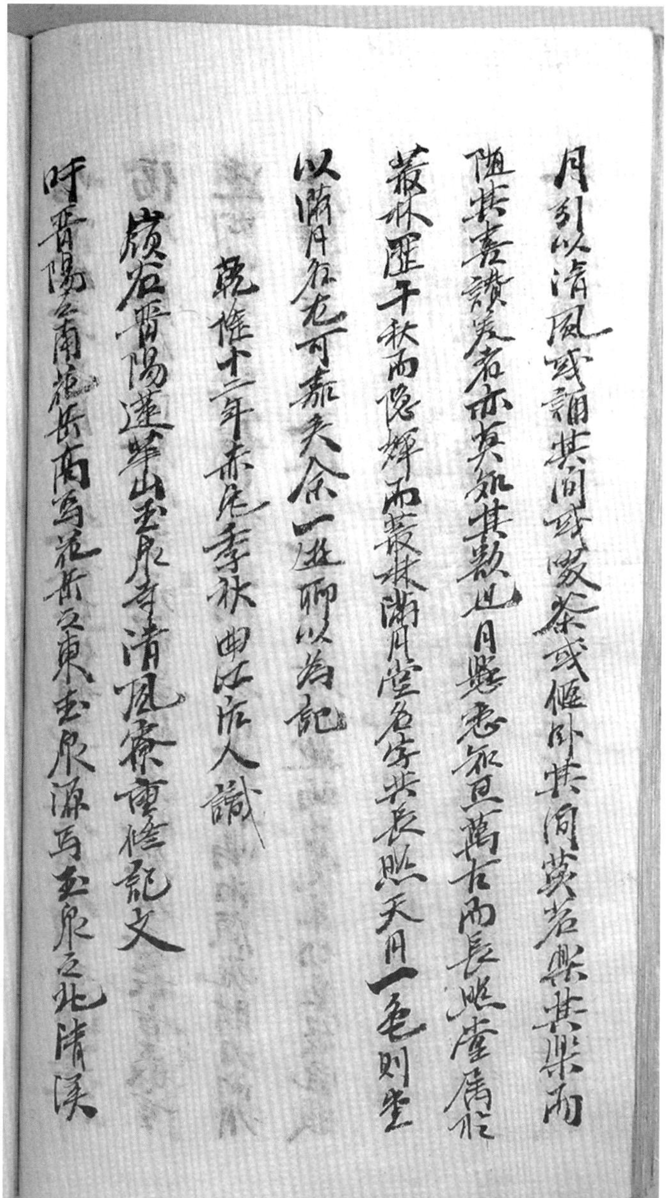
月引以淸風或誦其間或啜茶或偃臥其間莫若樂其樂而
隨其喜讚美者亦莫知其歎也月懸悉知亘萬古而長照堂扁於
叢林匯千秋而隱輝而叢林滿月堂名字共長照天月一色則坐
以滿月名者可嘉矣余一進聊以爲記
乾隆十二年赤兎季秋 曲江病人識
嶺右晉陽蓮華山玉泉寺淸風寮重修記文
吁晉陽之南花岳而寫花岳之東玉泉源焉玉泉之北淸溪

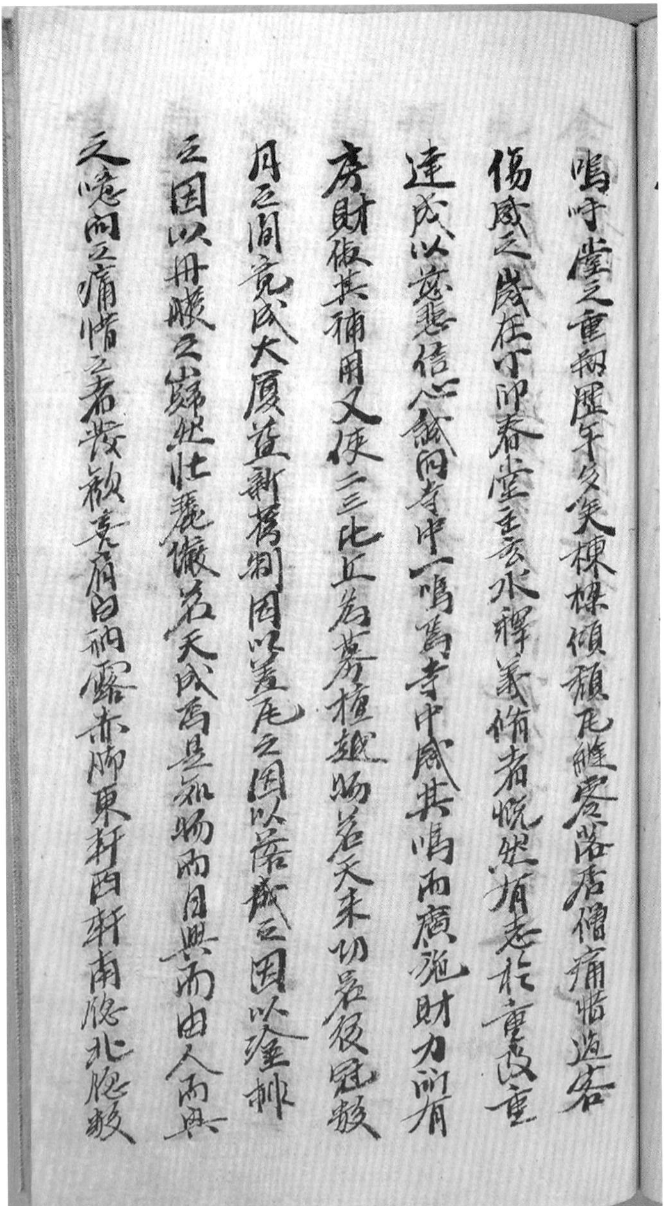

嗚呼堂之重創歷年多矣棟樑傾頹瓦礫零落居僧痛惜過客
傷感之歲在丁卯春堂主玄水禪義備者慨然有志於重改重
建㦲以慈悲信心誘同寺中一鳴焉寺中感其鳴而廣施財力而有
房財假其補用又使二三比丘爲募檀越物若天來功若役冠毅
月之間竟成大厦蓋新舊制因以蓋瓦之因以落成之因以塗排
之因以丹雘之歸然壯麗儼若天成焉是祇物而因興而由人而興
之隱而之痛惜之者皆欲喜簷白祠露赤脚東軒西軒南陛北陛般

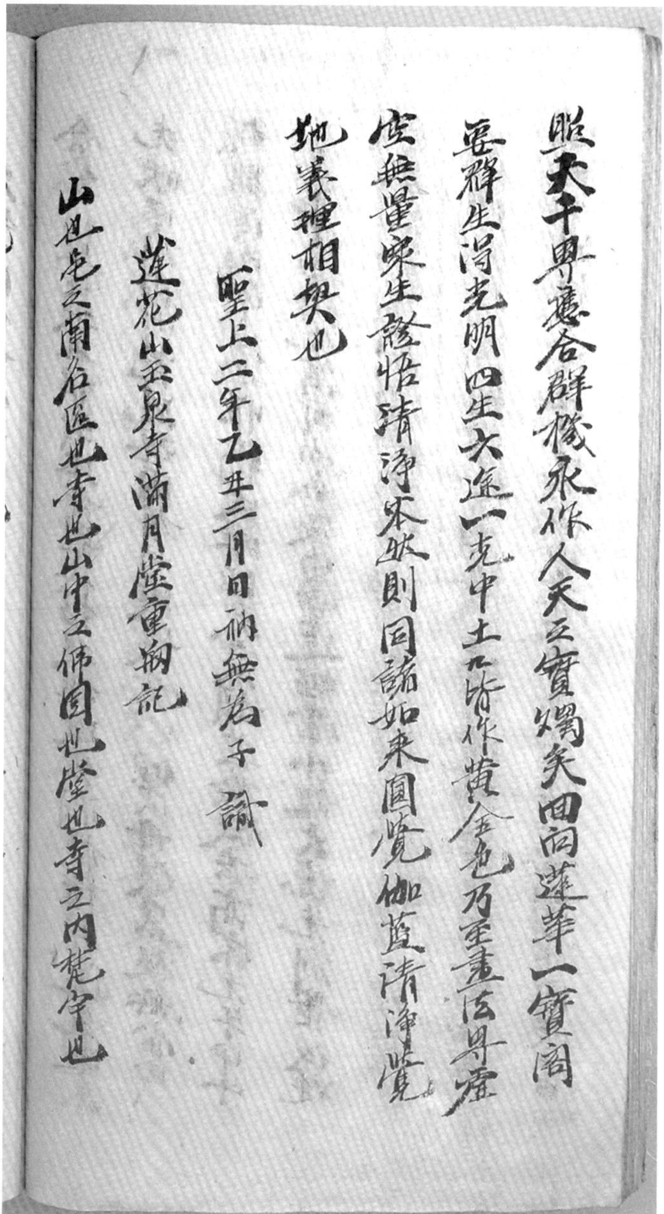
照大千界悉合群機永作人天之寶燭矣回向蓮華一寶閣
普群生得光明四生六途一光中土九皆作黃金色乃至盡法界虛
空無量衆生豁悟清淨本然則同諸如來圓覺伽藍清淨覺
地義理相契也
聖上二年乙丑三月日衲無名子 識
蓮花山玉泉寺滿月堂重刱記
山也邑之南名區也寺也山中之佛國也堂也寺之內梵宇也

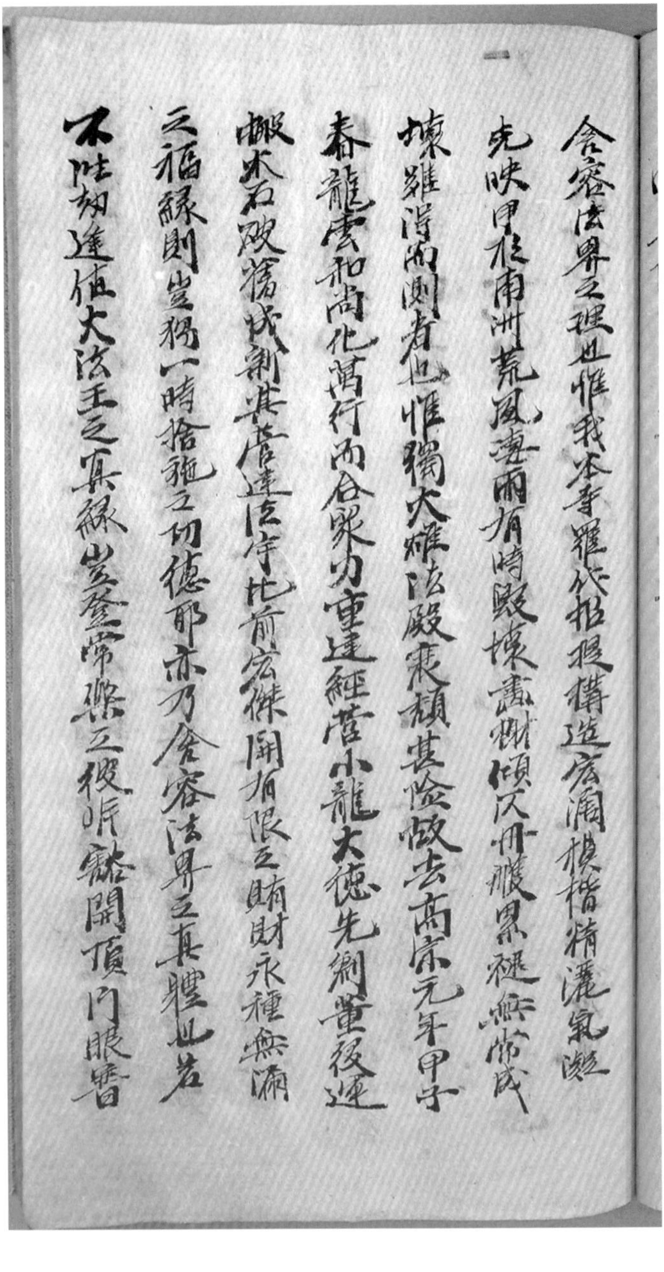
含容法界之理也惟我本寺羅代招提構造宏濶模楷精灑氣激
先映甲於南洲荒風凄雨有時毁壞畫樹傾仄丹雘累經無常成
壞雖得而測者也惟獨大雄法殿衰頹甚險故去高宗元年甲子
春龍雲和尚化萬行而合衆力重建經營小龍大德先翻董役迺
撤木石改舊成新其堂達法宇比前宏傑開有限之賄財永種無漏
之福緣則豈獨一時捨施之功德耶亦乃含容法界之真體也若
不陸劫逢値大法王之真緣豈登常樂之彼岸豁開頂門眼晉

43쪽

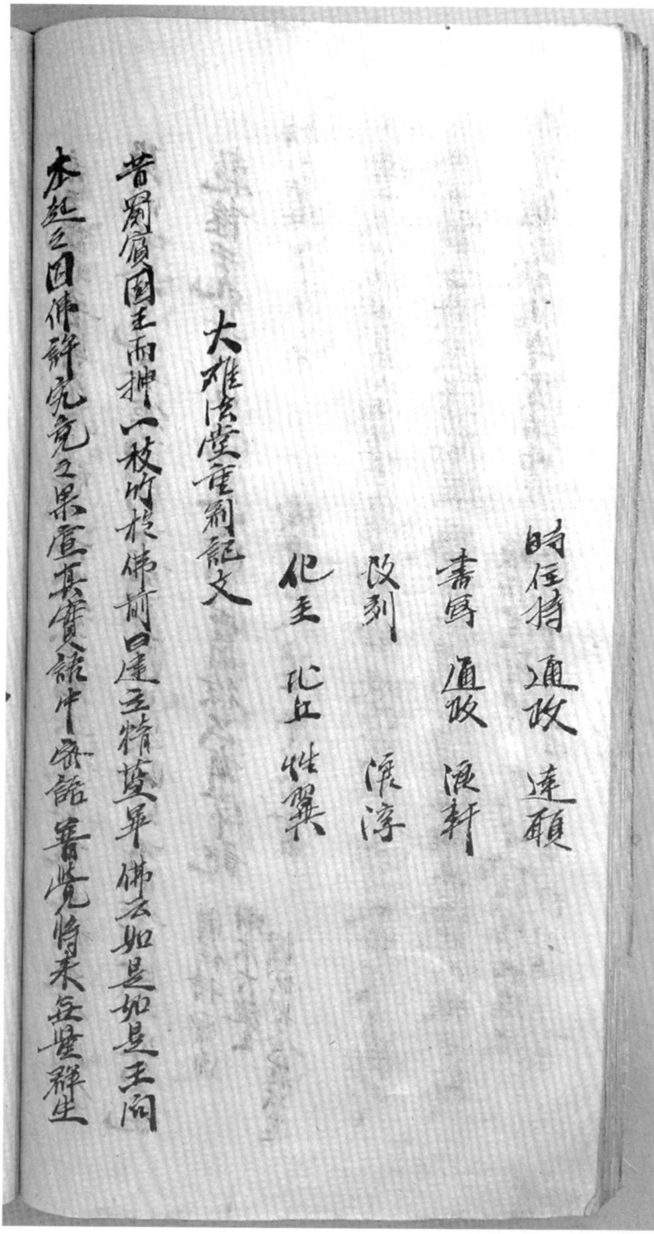

時任持 通政 達頓
書寫 通政 溟軒
改刻 溟淳
化主 比丘 性巽

大雄法堂重刱記文

昔罽賓國王而插一枝竹於佛前曰建立精藍畢佛云如是如是王問
本起之因佛許究竟之果豈其實證中承話普覺將來無量群生

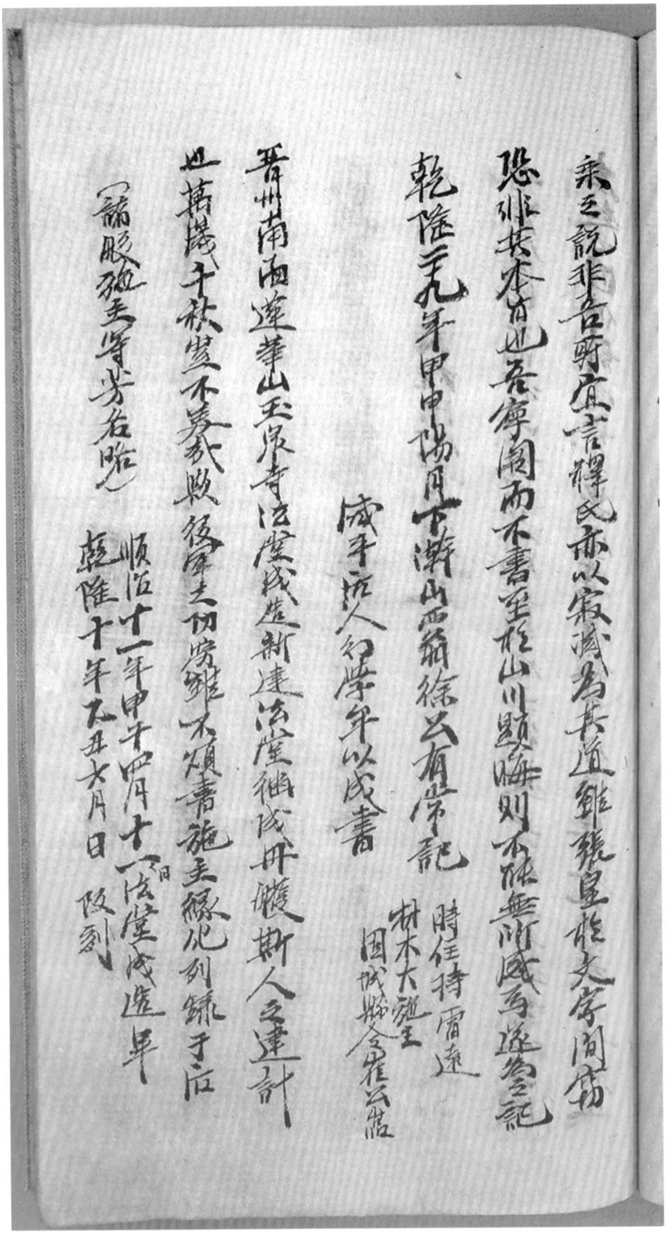
來之說非吾所宜言禪氏亦以寂滅爲其道雖雜襲皇於文字間勿
恐非其本旨也吾寧闕而不書至於山川題咏則不能無所感焉遂爲之記
乾隆廿九年甲申陽月下澣山西翁徐公有常記
咸平法人幻學允以成書
時住持 霜遠
材木大施主 固城縣令崔公喆
晉州南面蓮華山玉泉寺法堂成造新建法堂㣲成丹雘斯人之建計
也萬歲千秋豈不美哉歟後學之功勞雖不煩書施主緣化列錄于后
(諸服施主等芳名昭之)
順治十一年甲午四月十一日法堂成造畢
乾隆十年乙丑七月日 改刻

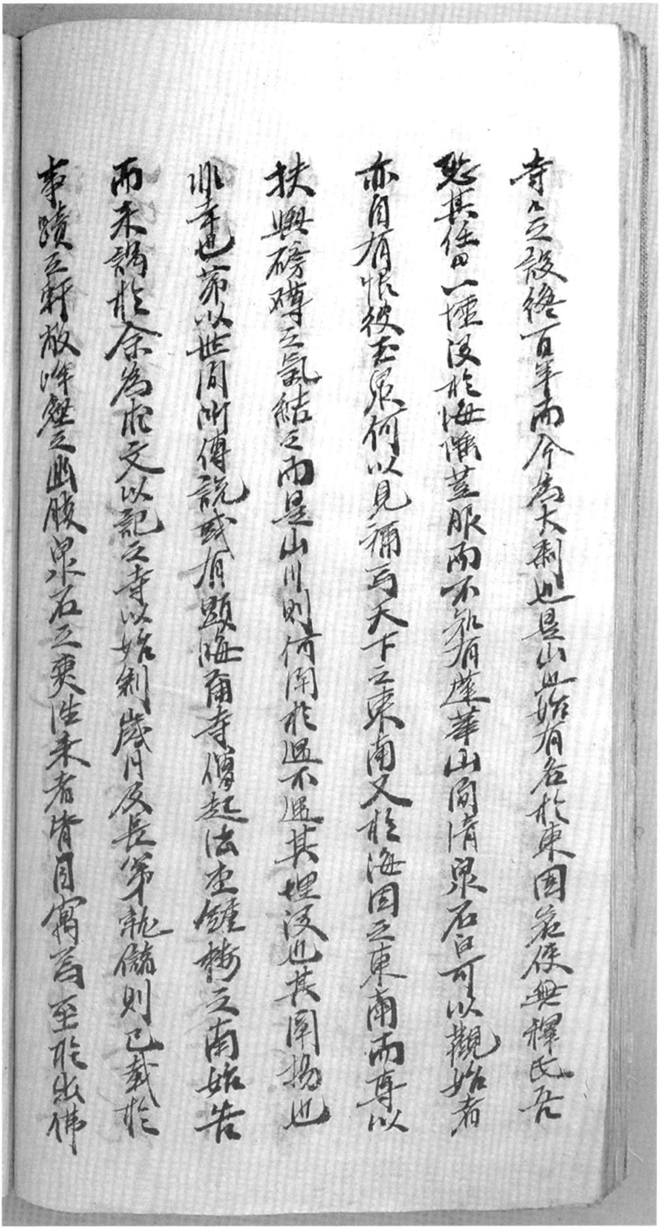
寺之設幾百年而今爲大刹也是山也始有名於東國總僕無釋氏名
然其佳者一隅没於海滄茫眼而不孰有蓮華山岡淸泉石可以觀始者
亦自有悵彼丕泉何以見稱爲天下之東南又於海國之東南而尊以
扶輿磅礴之氣結之而是山川則待開於遲不遲其理汲也其開揚也
非尋也第以世間所傳說或有題海角寺僧起法雲鏈構之南始告
而未竊於余爲此文以記之寺以始刹歲月及長第龍備則已載於
事蹟之軒故姑略之幽勝泉石之爽塏來者皆目寓焉至於出佛

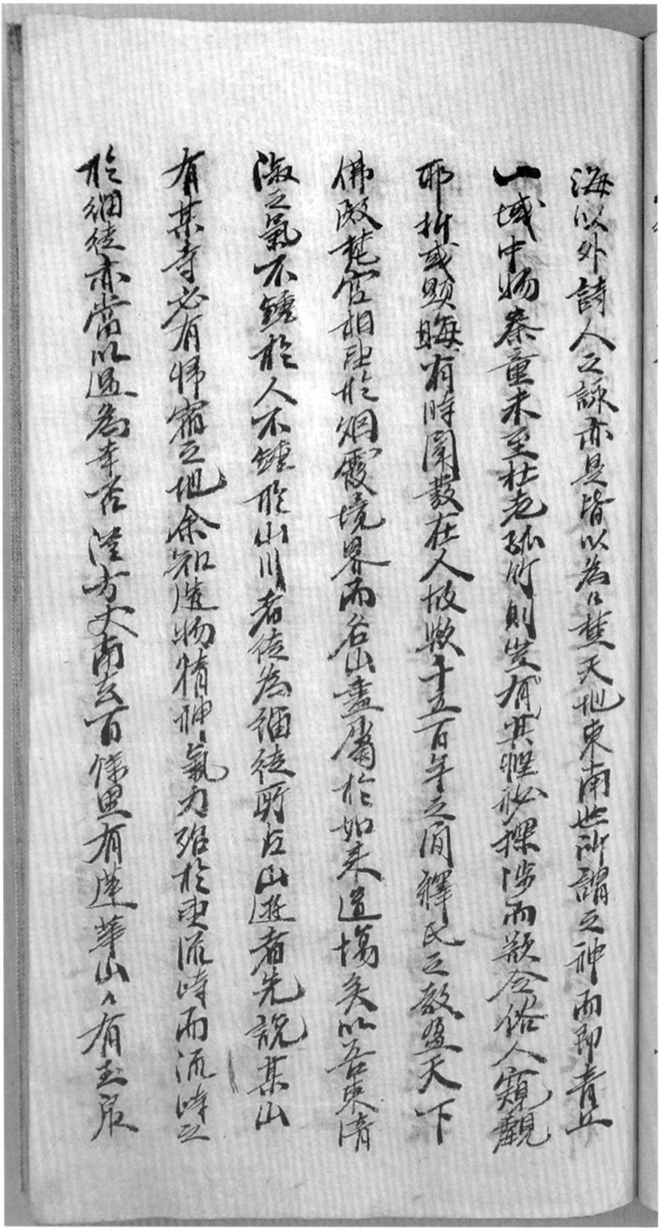

海以外詩人之詠亦是皆以爲口甚天地東南世所謂之神而即青丘
一域中物秦童未至杜老孤竹則豈有其煙松探涉而歎令俗人窺覦
耶折或題晦有時闡發在人故歟十五百年之間釋氏之教盛天下
佛殿梵宮相望於烟霞境界而名山盡屬於如來道場矣以吾東清
淑之氣不鍾於人不鍾於山川者往爲緇徒所占山遊者先說某山
有某寺必有佛宿之地也余初遊物情神氣力殆於東流時而流時之
於緇徒亦當以遊爲幸者 澄方丈南五百里有蓮華山山有玉泉

39쪽

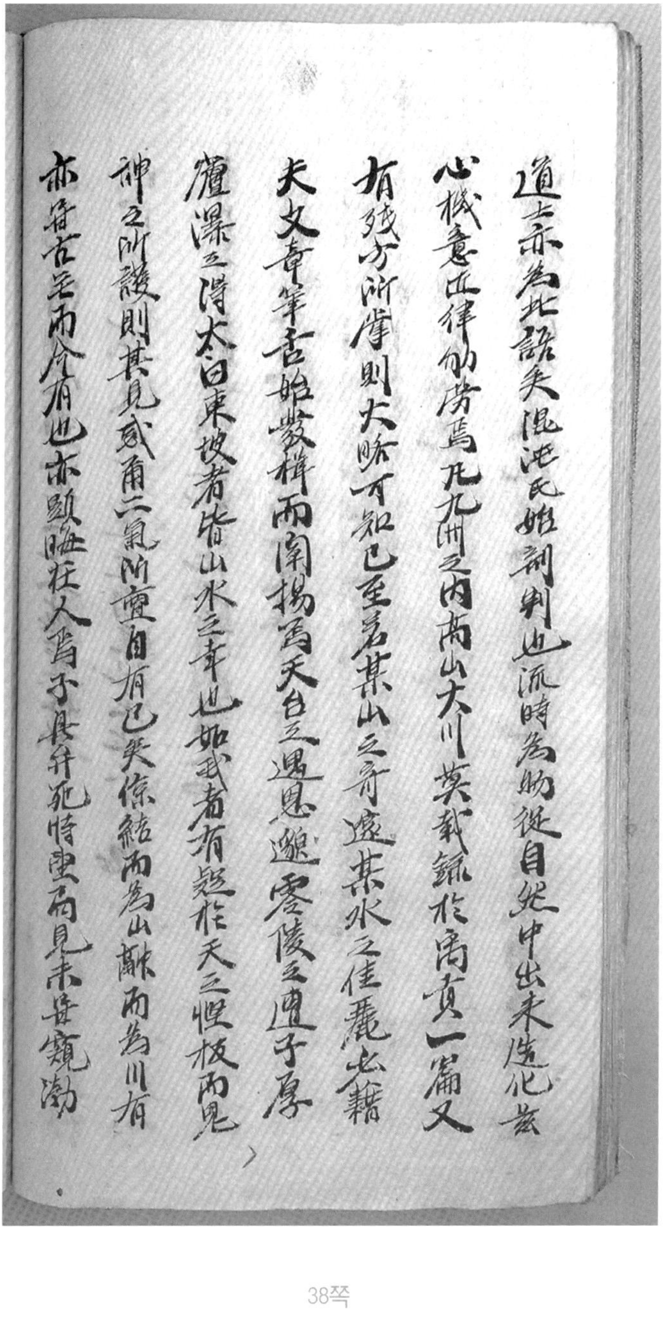
道士亦爲此語矣混沌氏始剖判也流時爲物從自然中出來造化茲
心機意匠律切旁焉凡九州之內高山大川莫載錄於禹貢一篇又
有殘方所摩則大略可知已至若某山之奇遠某水之佳麗必籍
夫文章筆舌始發揮而闡揚焉天台之遇思邈零陵之遭子厚
廬瀑之得太白東坡者皆山水之幸也如或者有題於天之慳板而鬼
神之所護則其見或角二氣所產自有已矣條結而爲山融而爲川有
亦皆古昔而今有也亦顯晦在人焉予且弁死時出而見未曾窺渤

38쪽

乙巳年滿月堂翻蓋化主比丘德璽世弘

甲戌年觀音殿及青蓮庵翻蓋化主比丘孝聰

辛巳年十王殿重翻蓋化主比丘前判司天海

中鍾金鼓幷化主比丘敏雄

辛巳年白蓮堂重翻化主比丘敏憲 以外李及居士等畧

滋芳樓記

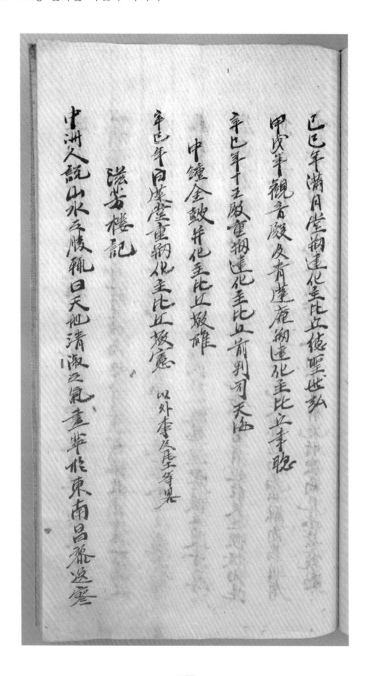

中洲人說山水之勝稱曰天地淸淑之氣盡萃於東南昌黎送廖

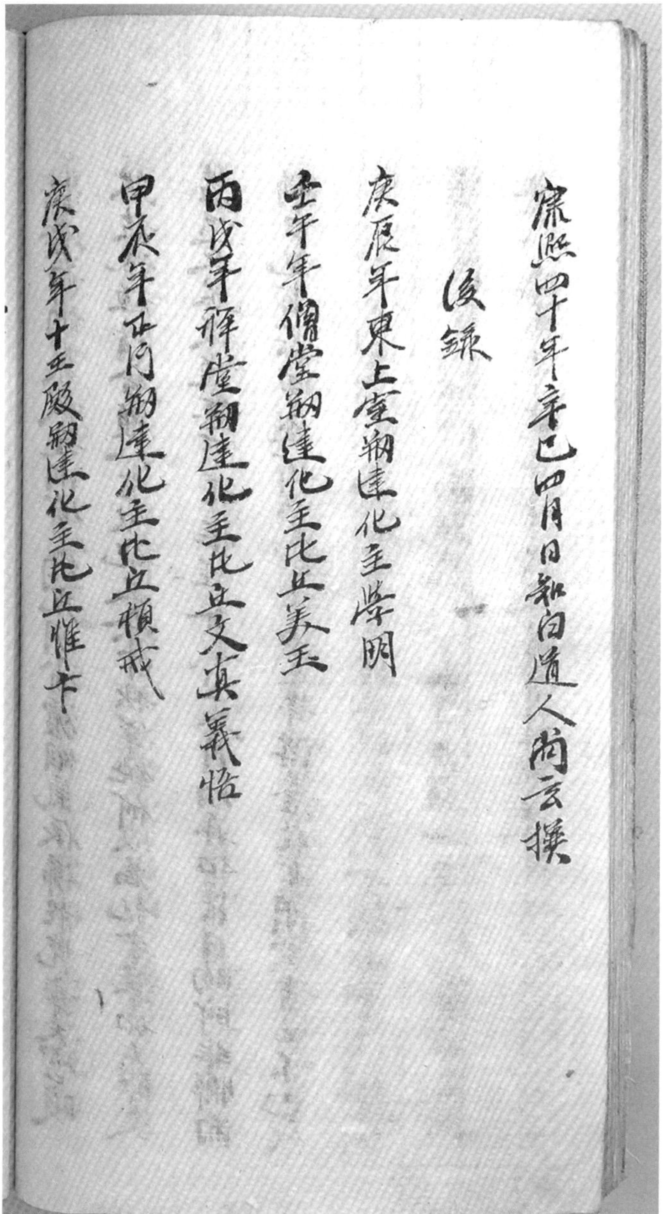

康熙四十年辛巳四月日知白道人尚云撰

後錄

庚辰年東上室刱建化主學明

壬午年僧堂刱建化主比丘美玉

丙戌年禪堂刱建化主比丘文真義恪

甲辰年正門刱建化主比丘頓戒

庚戌年十王殿刱建化主比丘惟卞

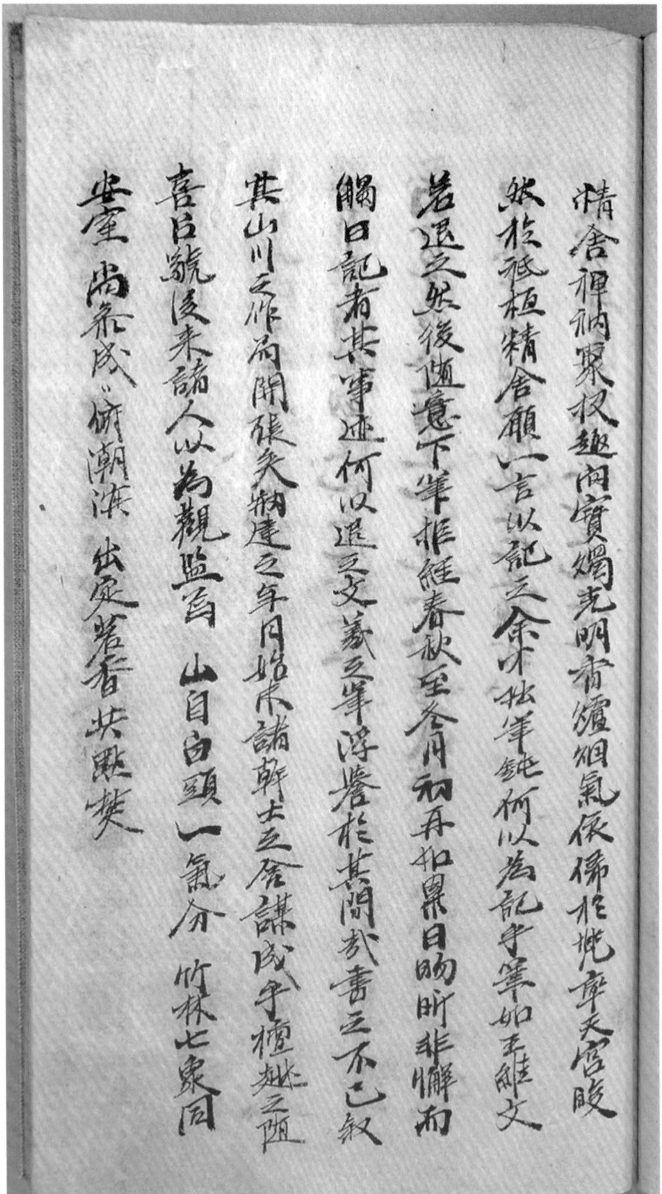

精舍禪衲聚杖趣向寶燭光明香爐烟氣依俙於兜率天宫殿
然於祇桓精舍願一言以記之余以拙筆鈍何以為記乎筆如王維文
若退之然後隨意下筆非經春秋至冬月初再和鼎日暖晰非懈而
觸口記者其事迹何以退之文義之筆浮譽於其間哉書之不已叙
其山川之作為開張矣物建之年月始末諸辨士之会謀成乎檀越之随
喜占號後來諸人以為觀監焉 山自白頭一氣分 竹林七泉同
安座 尚希成〻俯潮浃 出定若香共歎楚

35쪽

縣之渡水止于不遠之地作兩開張為庚坐甲向之点墟殘流扶於
左右疎竹表於道揚不隱不露為奇絶之境此所謂壺中別有天
地者也雖有王維之筆不能摹寫一也前有僧學明結其數間
茅屋甚制址弊螺之腸性卑陋底狹故人不居止不能無慨然妙
旭其名着悟其陳址之愛歟為物達精合告衆而要其久踈與諸人
君子而詠之今為二百餘祠也外補叢達此華刹自爾生矣惟爻記
蹟去二月初明題震公兩手撑措之着三事一觥來寄言余曰已構

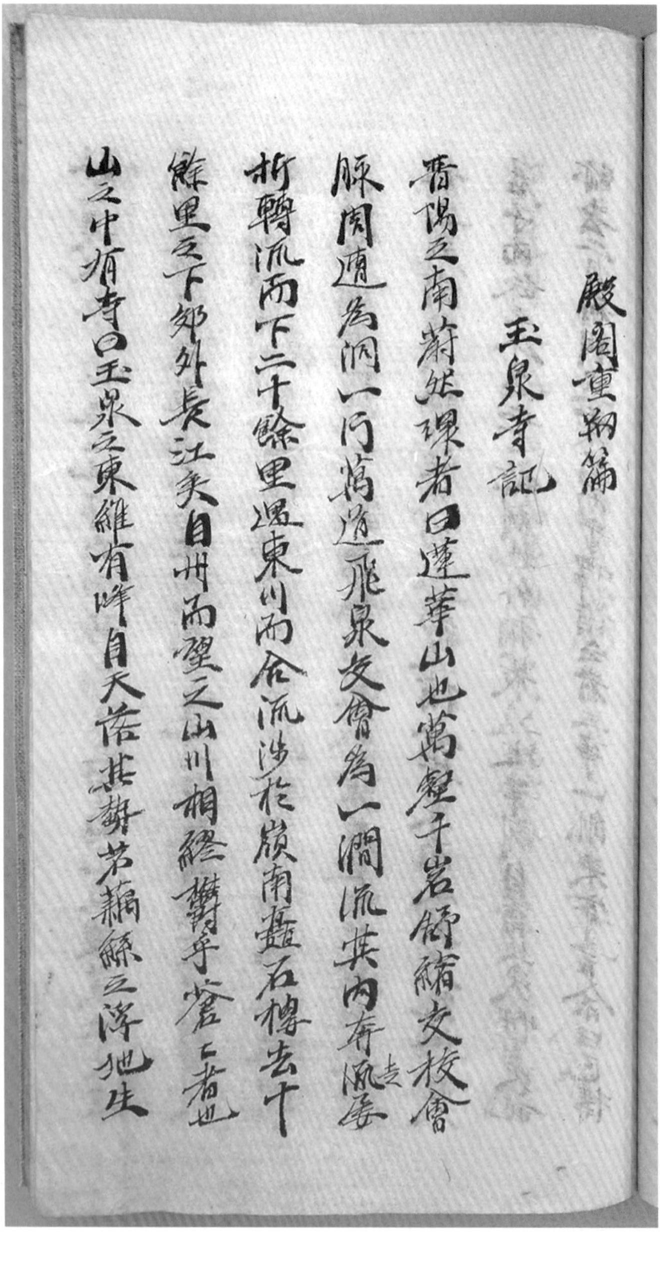

殿閣重刱篇
玉泉寺記
晉陽之南蔚然環者曰蓮華山也萬壑千岩飾繡交校會
脉周遭為洞一行萬道飛泉交會為一澗流其內奔流去屈
折轉流而下二十餘里過東川而合流涉於嶺南盤石樓去十
餘里之下郊外長江矣自州而望之山川相經鬱乎蒼蒼者也
山之中有寺曰玉泉之東維有峰自天落其勢若藕蘇之浮地生

33쪽

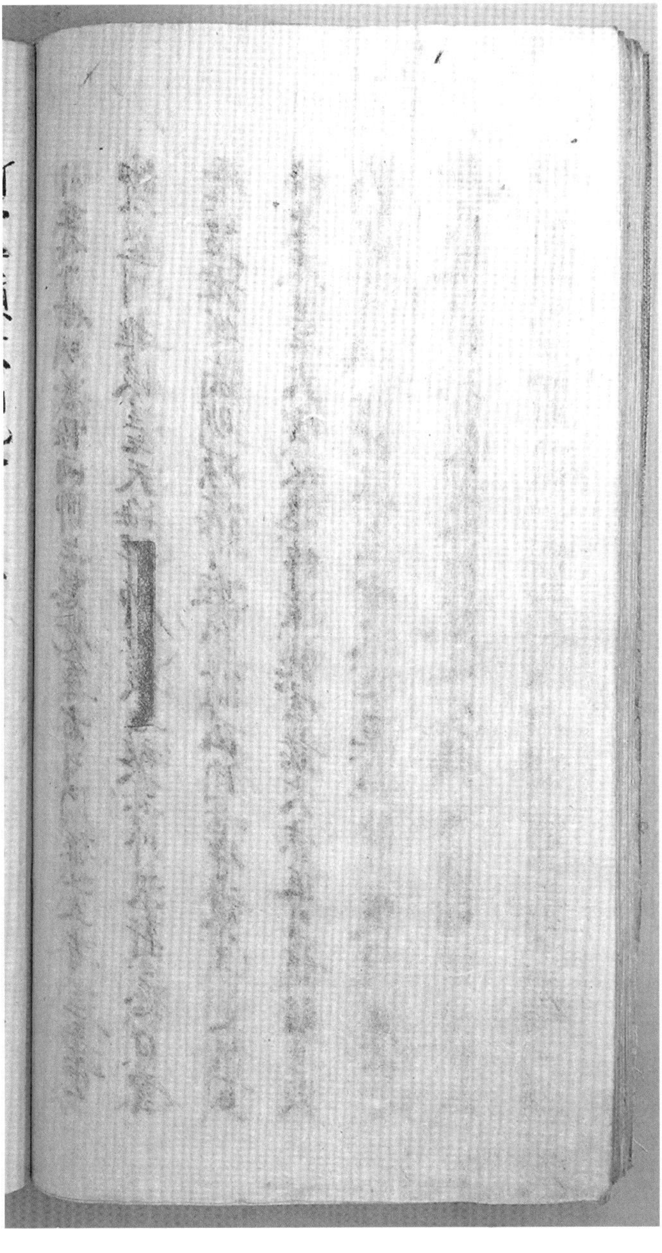

32쪽

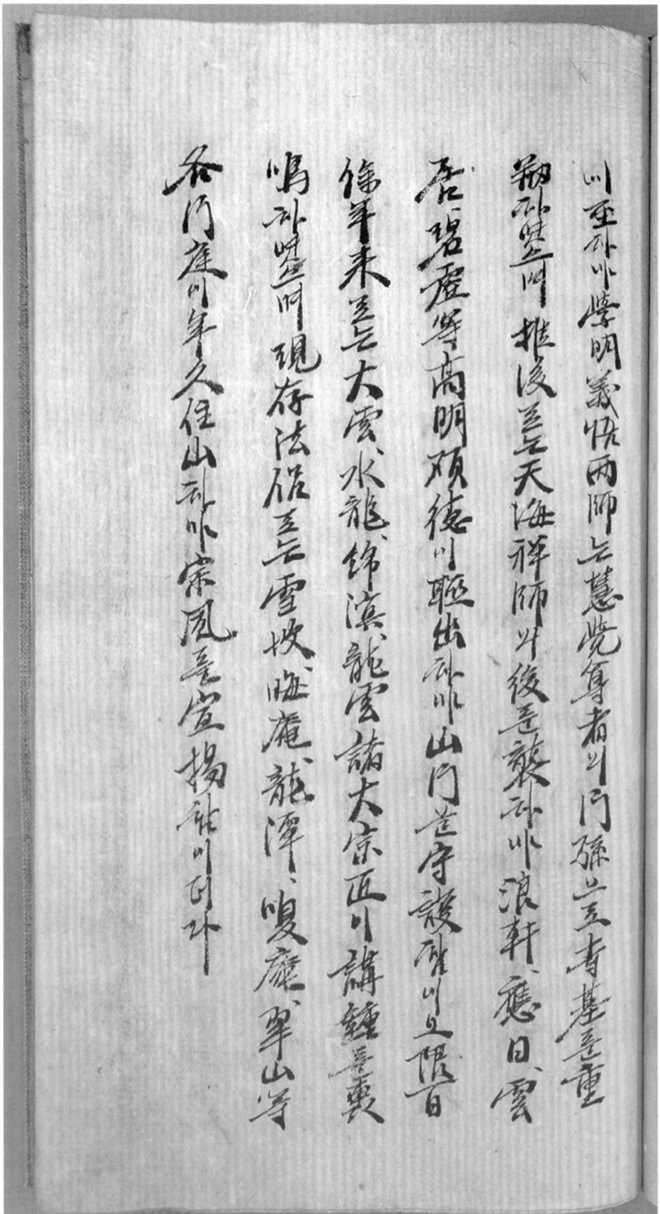

이至하야學明義悟兩師는慧覺尊者의門孫으로寺基를重
新하엿스며推後로는天海禪師와後를襲하야浪軒、應日、雲
居、碧巖等高明碩德이輩出하야山門을守護함이오限昔
條年末로는大雲、水龍、錦濱、龍雲諸大宗匠이講鍾을震
鳴하엿스며現存法侶로는雪坡、晦庵、龍潭、虛應、寧山等
各門庭이年久住山하야宗風을宣揚함이더라

31쪽

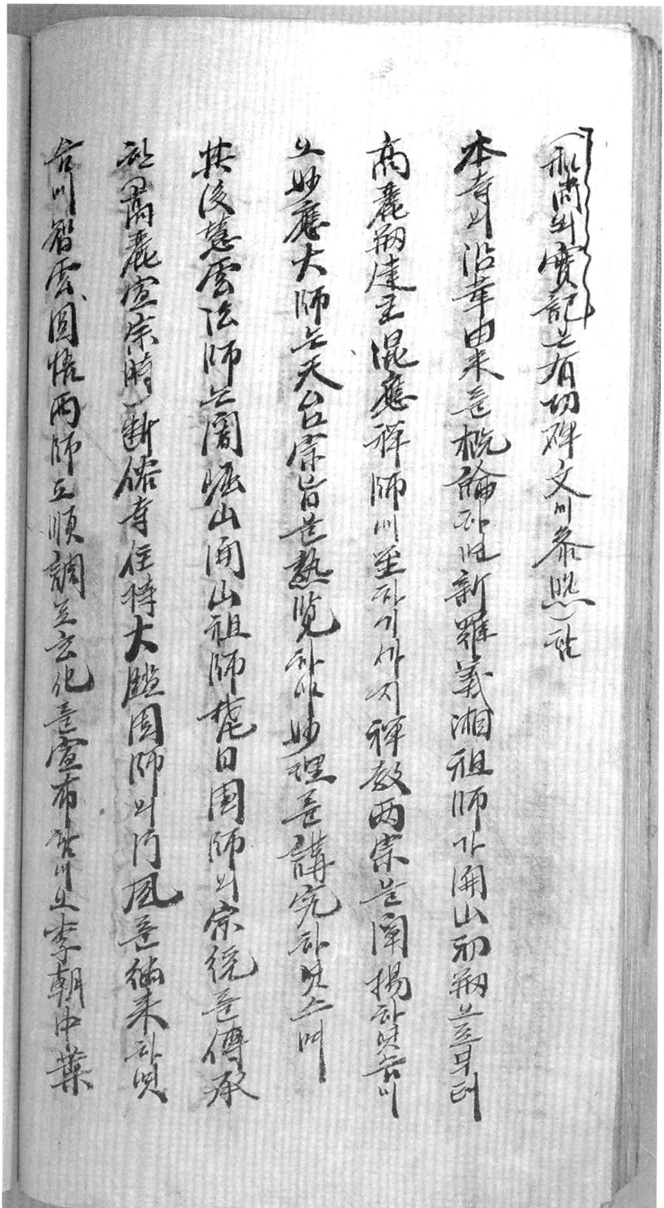
刹尙의 實記는 有切碑文에 參照함

本寺의 沿革由來를 槪論하면 新羅義湘祖師가 開山初創으로부터

高麗創建主混應禪師께 至하기까지 禪敎兩宗을 闡揚하였음이

又妙應大師는 天台宗旨를 熟覽하사 妙理를 講究하였으며

其後慧雲法師는 闍崛山開山祖師梵日國師의 宗統을 傳承

初高麗宣宗時 斷俗寺住持大鑑國師의 門風을 繼來하였

合川智雲、圓悟兩師도 順調로 玄化를 宣布하고 李朝中葉

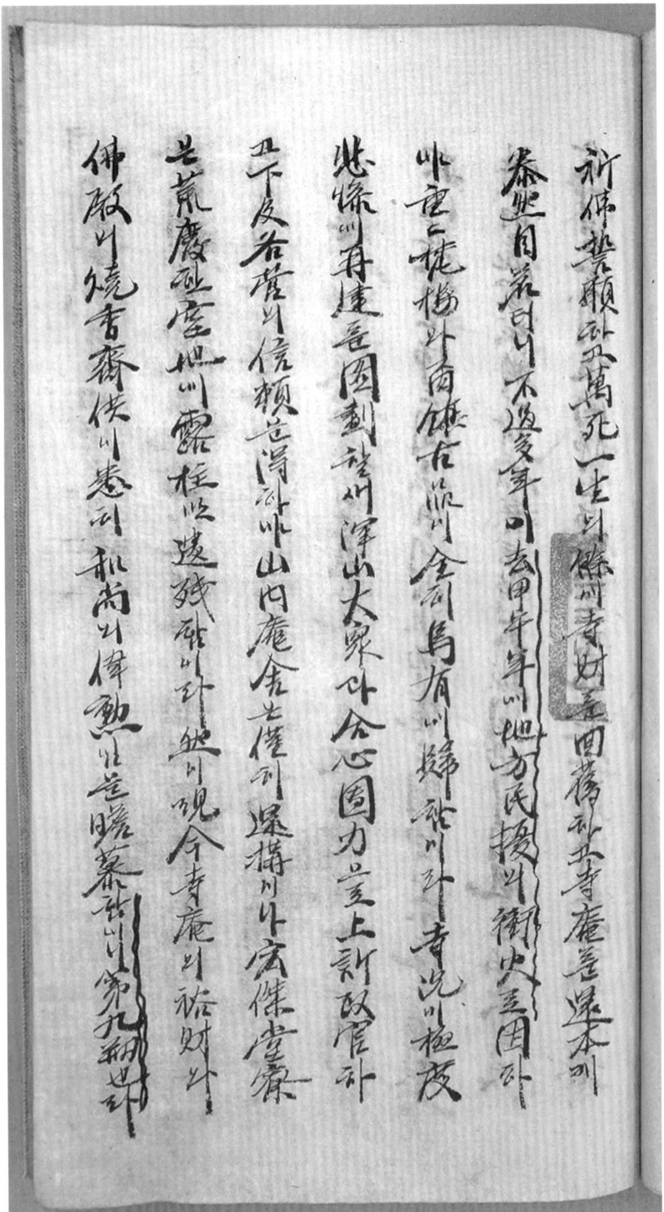

祈佛誓願하고 萬死一生의 餘에 寺財를 回복하고 寺庵을 還本케
泰然自若더니 不過多年에 去甲午年에 地方民擾와 衛史로 因하
非但 佛樓라 南雄古器와 金剛鳥有에 歸하니라 寺況이 極度
悲慘에 再建을 圖劃할새 泽山大衆과 合心同力으로 上許改官하
고 下及各층의 信頼를 得하야 山內庵舍를 僅히 保構하나 宏傑堂寮
는 荒廢破屋地에 露柱만 遺殘하니라 然이나 現今 寺庵의 裕財와
佛殿의 燒香齋供에 恩히 和尙의 偉勳만을 瞻慕하나니 第九葉世라

29쪽

伽藍이 縮流가 滅損하고 寥㝠가 條極하니라 于今二百年內에 限
하야 加之雪上加霜으로 特히 以上와 如한 御覽紙進上寺刹에 編入
되며 煩雜한 制度下에서 寺財가 蕩竭되고 賦役에 疲弊되며 荒
唐紛擾中에서 爲聞百條年來의 經歷에 淨寺가 全然破滅
之境에 陷落될 是山野共歎이러니 幸히 寺運이 回旺하얏지 和尙이
掛錫하以 此淨寺와 蕭條한 光景을 備覽하고 春風秋雨 幾
個星霜을 外護內禪에 獻身과 勞力이 至之大志 發大願하야

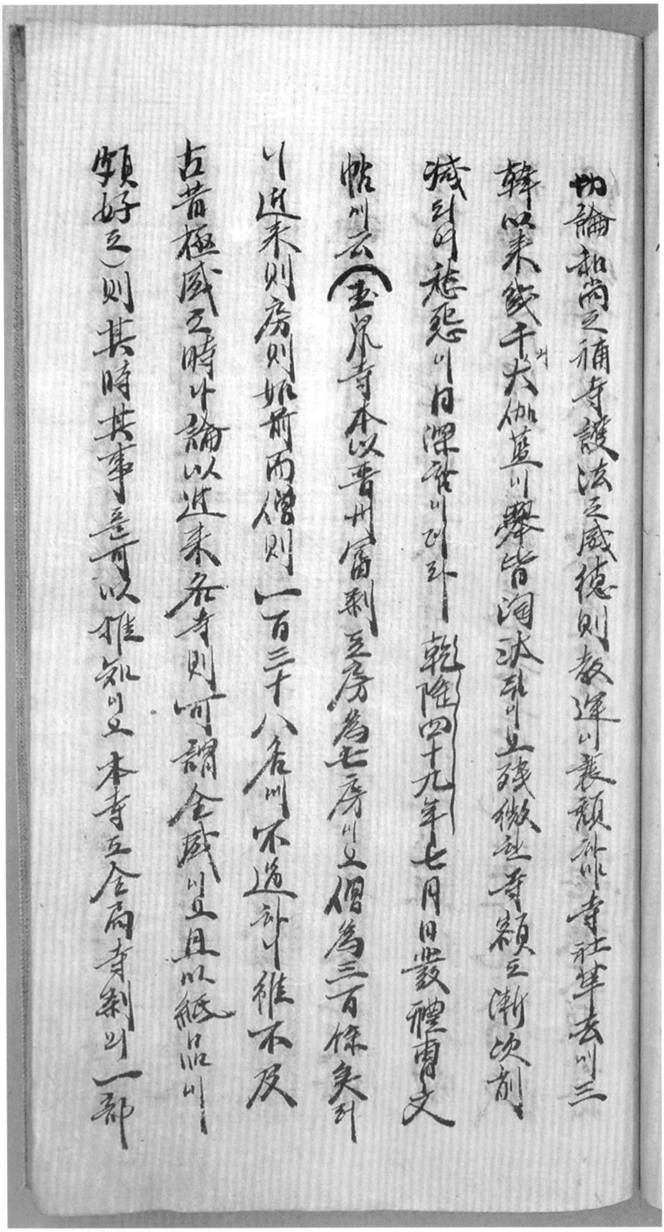
物論和尙之補寺護法之威德則敎運이衰頹하야寺社革去이三
韓以來幾千大伽藍이擧皆淘汰하니且殘微之寺額도漸次削
減되며悲慼이日深하니라 乾隆四十九年七月日 嚴禮甫文
晉州云(玉泉寺本以晉州名剎로房爲七房이오僧爲三百餘矣라
니近來則房則姑捨而僧則一百三十八名에不過하니雖不及
古昔極盛之時나論以近來各寺則可謂全盛이오且以紙品이
頗好之)則其時其事를可以推知이오本寺之全南寺剎의一部

27쪽

為師繼後前賢之所創(刱)하야 與義侄能瓊、寶旭、釋奎、坦珠
致寬等五大禪으로 同心設誠하야 出殿諸寮를 去舊重新하고
以虛能寶이 積小成大하야 不足所用이라 蓋此師則玉泉重
興之主張也오 瓊、奎、旭、寬、珠五大師는 守成之良傳也요 世
補此師之道場也라 云하니 第八刹也라
朝鮮高宗(第廿六王)二十五年戊子에 當하야 華醒和尚이 本寺로
傳하야 前後十數年間에 重興證功數이 最大하니라

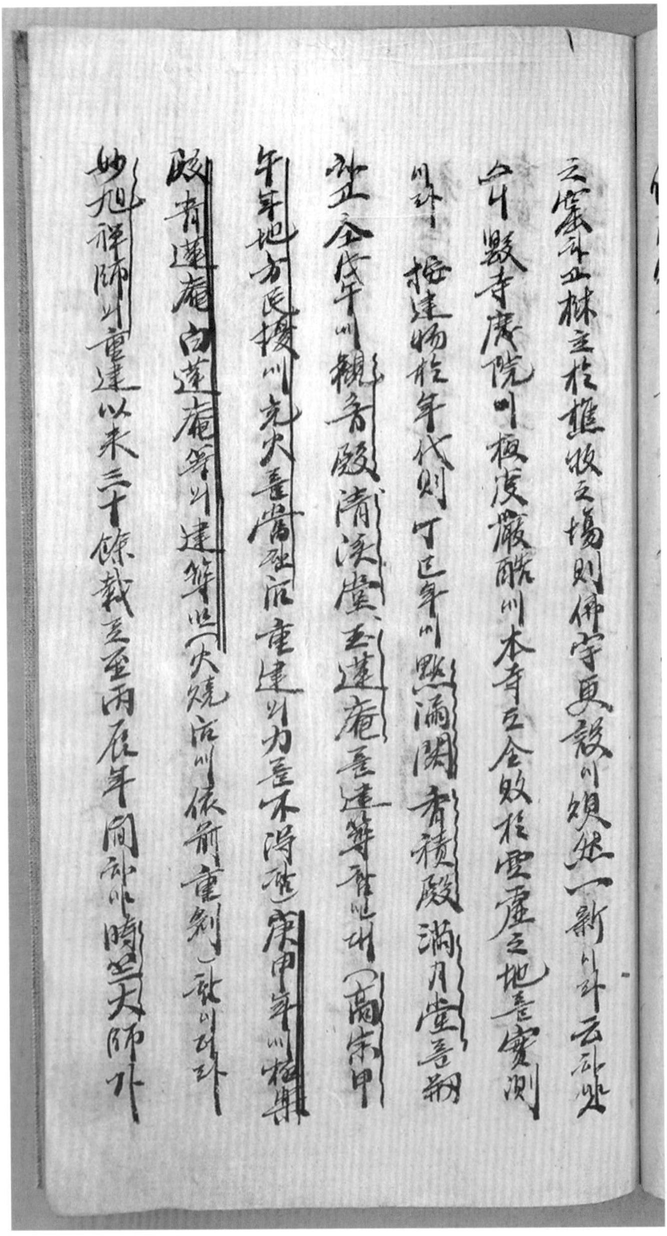

之案이 丘林立於樵牧之場則 佛宇更設이 頓然一新이라 云云也

今日 毁寺庵院이 極度廢破에 本寺도 全敗於空虛之地를 實測

이라 按建物於年代則 丁巳年에 點滿閣 香積殿 滿月堂을 新

建 全代年에 觀音殿 清淡堂 玉蓮庵을 建築하얏다 (高宗甲

午年 地方民擾에 兌火를 當하야 重建의 力을 不得하고) 庚申年에 極樂

殿 青蓮庵 白蓮庵 等이 建築也 (火燒하에 依前重刱) 하였다

妙旭禪師가 重建以來 三十餘載로 至丙辰年間하야 晴虛大師가

25쪽

下는 文章하고 節陣行暴하는 學明大師가 放出하얏다는 傳言
이 有之하며 宋大將의 神을 奉祀하는 祀堂이 山門에 尚今有之하나
朝鮮肅宗(第九主)三年丁巳에 至하야 前期兩師의 觀寺護功과
지 遙後六十餘年을 經하야 妙旭禪師가 繼後刹役하니 法役之
微이 太甚에 一鉢이 無恒하야 浮雲雖聚하고 鳥散魚盡에 峯寺皆
空이 自甲寅으로 至丙辰에 幾不能復矣라 山人妙旭이 刻念重興
하야 身先入定하야 招集緇徒하고 獎勵諸衆하야 修治於頹危

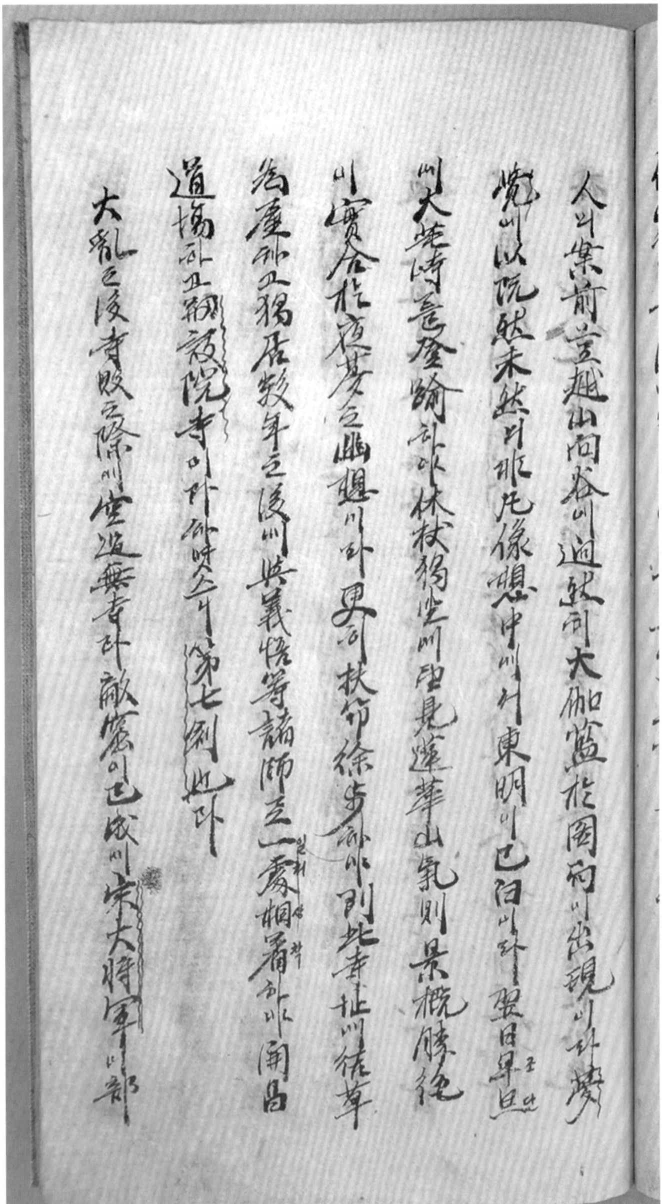

人이 業前 豈越山洞谷에 過然히 大伽藍 於國內에 出現이라 夢
覺에 以院 然未然이 非佗像想中에서 東明이 已白이라 翌日早旦(조단)
에 大師持杖登臨하야 林杖獨坐에 望見蓮華山氣則景槪勝絶
이 實合於百世之幽捿이라 更히 扶筇徐步하야 則此寺址에 結草
爲庵하고 獨居數年之後에 與義悟等諸師로 一處相着(원처 착)하야 開創
道場하고 稱號院寺이라 하였으나 第七例此라
大亂之後 寺敗之際에 世道無常라 敵寇이 已成에 宋大將軍의 部

全滅되니라
古記云庚辰皇明崇德四年에 學明이 重義恢하야 於是
寺刱創이라 하니 仁祖二十二年甲申에 東上臺를 初建하고 仝
乙酉에 尋劒堂 甲午에 寂禪堂 法堂 甲辰에 牲鞋勝安
頓戒等諸師가 任門善達建하니 前後二十年間에 建하고
이라 按傳記云學明禪師가 通諸南邊타가 轉到北方하니 當
前日夜에 南海於大花里村睡하사 深夜夢中에 有一老神

朝鮮仁祖第十六王十七年己卯에 學明義悟兩師가 本寺
基를 創始하니 可謂龍蛇之大亂以後에 南朝寺院則流
素陵細에 戰燹之變이 如有하고 風雨經閱에 閉塞之患이
建生이라 本寺의 経歷由來가 自新羅二朝으로 至高麗
四朝까지 如春開秋落之勢로 上下千載에 興廢交進를 經
莊概觀이나 國家變復에 加之廢佛崇儒之被害가 不忘
하고 昔臨己兵火에 寺院의 寶蹟이 殘遺殆形影까지 亡滅

21쪽

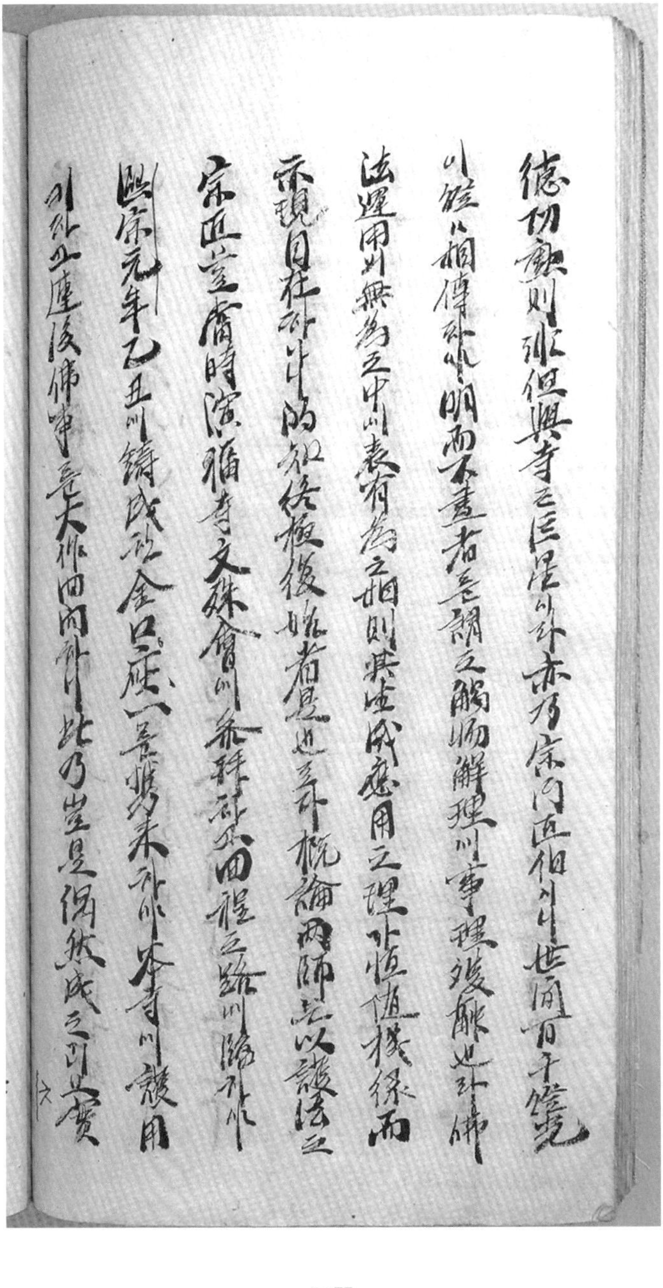
德切歎則非但興寺之巨星이라 亦乃宗門匠伯이니 世間百千營爲
이絶ㅅ相傳하니 明而不盡者는 謂之解脫解理에 事理雙融也라 佛
法運用이 無爲之中에 表有爲之相則 其性成應用之理가 恒隨機緣而
示現自在하니 昭祖後極後晩者是也라 槪論兩師컨대 以護法之
宗匠으로 當時演循寺文殊會에 參拜하고 回程之路에 臨하야
顯宗元年乙丑에 鑄成한 金口鼓一을 携來하야 本寺에 護用
이라고 五遭後佛事를 大作回向하니 此乃豈是偶然成之이리오 實

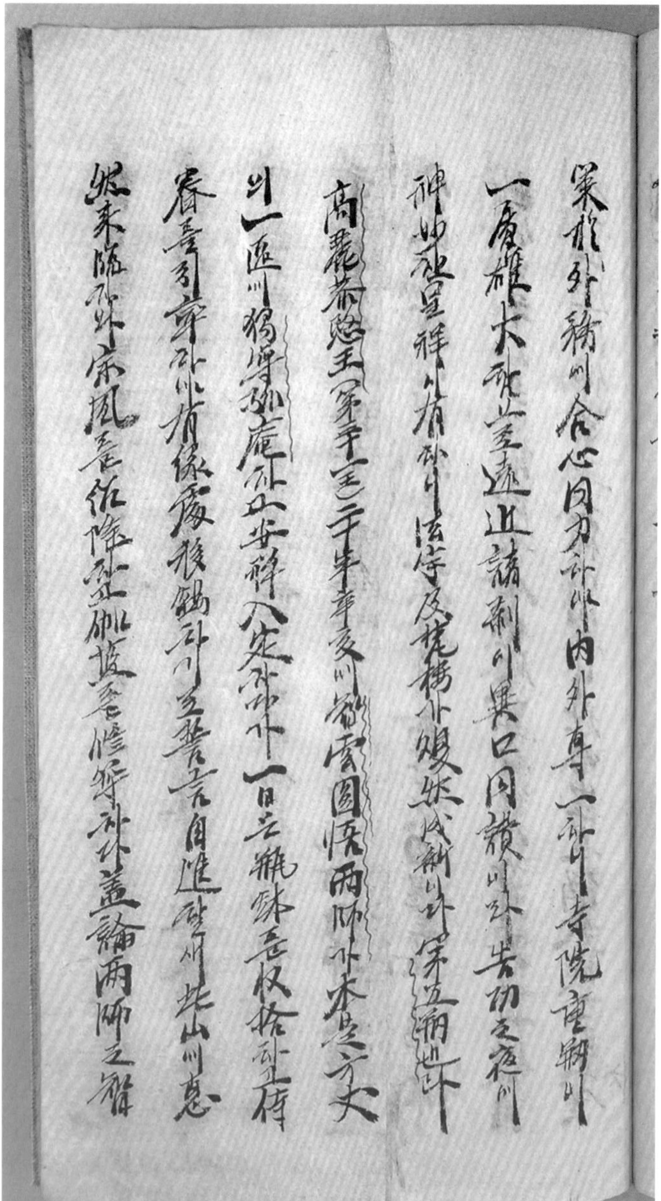

衆能이 稱이 合心同力하사 內外事一하니 寺院重新이
一層雄大하고 至遠近諸刹이 異口同讚이라 苦功之時에
神仙之呈祥이 有하니 法堂及樓閣이 煥然成新이라 宋五福也라
高麗恭愍王(第五年壬辰)二十年辛亥에 懶翁 圓悟 兩師가 杳是方丈
의 一隅에 獨焚孤庵하고 安禪入定하다가 一日之甁鉢을 收拾하고 倚
春을 引하야 有緣處를 遊觀하기로 誓言自進하새 此山에 患
然來臨하야 宗風을 振作하고 佛法을 修揚하니 蓋論兩師之智

19쪽

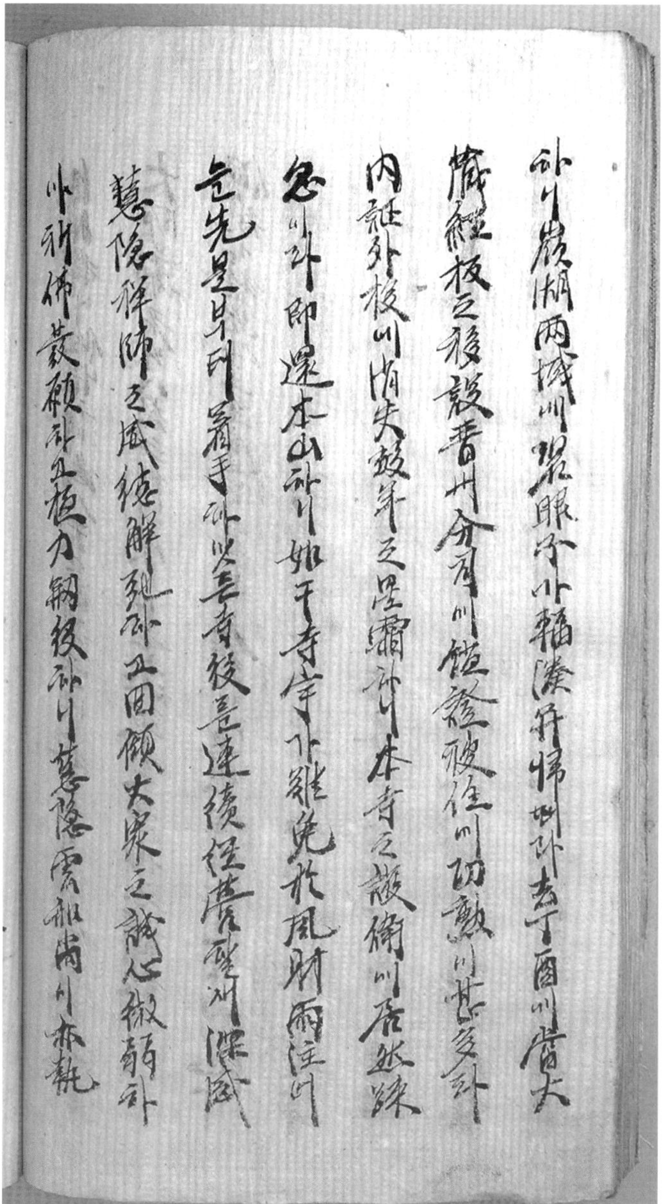

하니 歲在丙戌에 巖眼子가 輻湊幷歸하야 去丁酉에 當大
藏經板之移設晉州 分刊에 館發破往에 功勳이 甚多하야
內誌外板이 悄失鼓等之星霜하니 本寺之護衛이 居然殊
急이라 即還本山하니 雖于寺宇가 雖免於風財雨注에
金先生부터 着手하야 以其寺役을 連續經營하세 深感
慧隱禪師之感德解弛하고 回顧大衆之誠心微弱하야
하야 佛前發願하고 極力竭役하니 慧隱雲和尚이 亦執

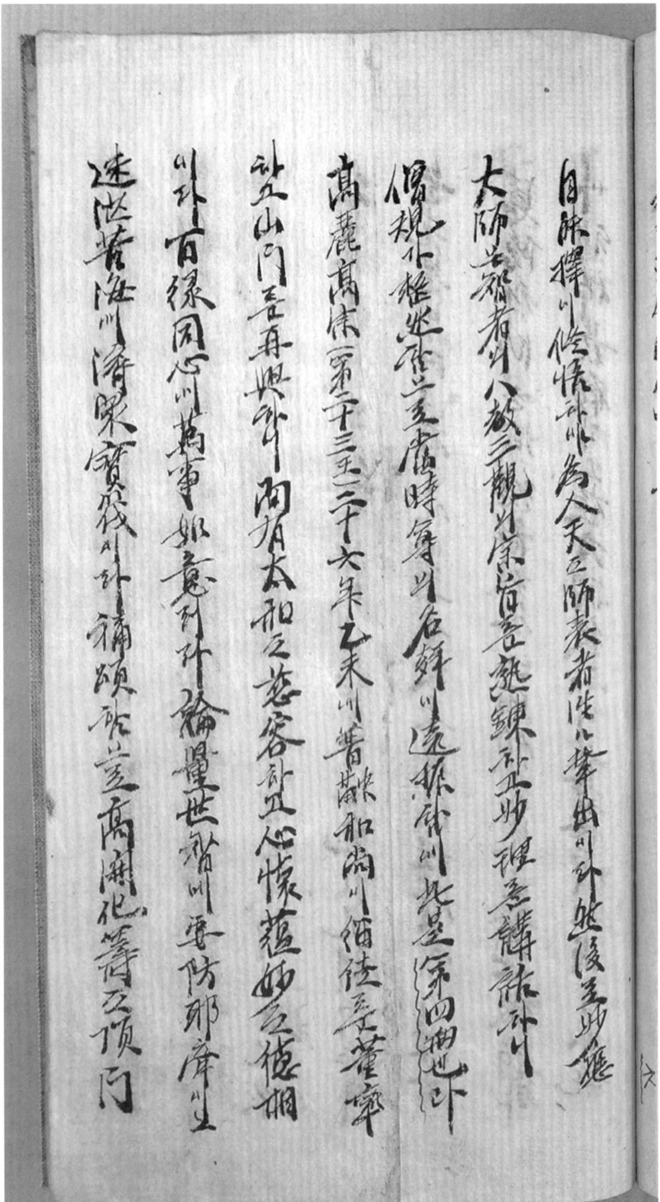
自然擇이 修悟하야 爲人天之師表者ㅣ 比比輩出이라 然後之妙應
大師若者ㅣ 八教三觀ㅣ 宗旨를 熟鍊하고 妙理를 講論하니
僧規가 整然하고 當時 寺의 名稱이 遠播하니 此是第四世라
高麗 高宗(第二十三王) 二十六年 乙未에 普藏和尙이 領徒를 董率
하고 山門을 再興하니 內有太和之慈容하고 心懷蘊妙之德相
이라 百緣同心에 萬事如意하야 論量世智ㅣ 要防那摩ㅣ오
迷悟普海에 濟衆寶筏이라 稱頌하니 高麗化壽之頂門

17쪽

水殿堂을 增築하니 寺格이 宏雄이라 臨期에 妙應大師가 宗風을
宣揚키 爲하야 名山巨刹을 踏破하다가 本寺에 留錫하니 什慧
隱和尙이라 玄旨를 闡明하고 宗理를 分析하니 可謂 法鼓競鳴이며
智德雙峙러라 時則 山內 林木이 參天하고 村閭遼隔하야 山雨水泊
以外 百姓 跡滅하야 精粹道場으로 修道者의 適要處로 定하고 精
藍을 更加 修補하니 東祥西瑞의 道風이 蘇入하고 前寮後寺에
慧門이 闡耀하야 儼然有叢林之軌範하니 希學其教學者各

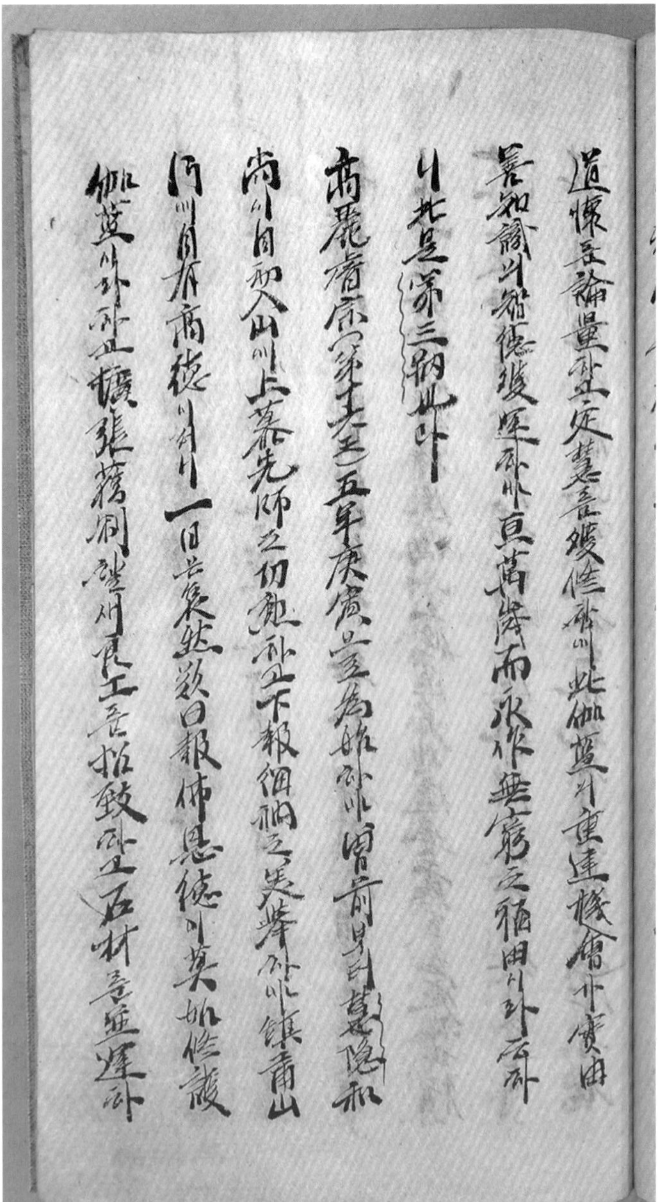

道懷를論量하고定慧를雙修하시니此伽藍이重建樓閣하니實由
善知識의智德援渥하니亘萬劫而永作無窮之福田이라하니라
니此是第三刱也라
高麗肅宗(第十六王)五年庚寅으로爲始하야曾前부터慧隱和
尙이自初入山이上慕先師之功德하고下報佃衲之吳峰하야鎭南山
河이自有高德이시니一日告衆延款曰報佛恩德이莫如修護
伽藍이라하고擴張舊制하새良工을招致하고石材를延犀하야

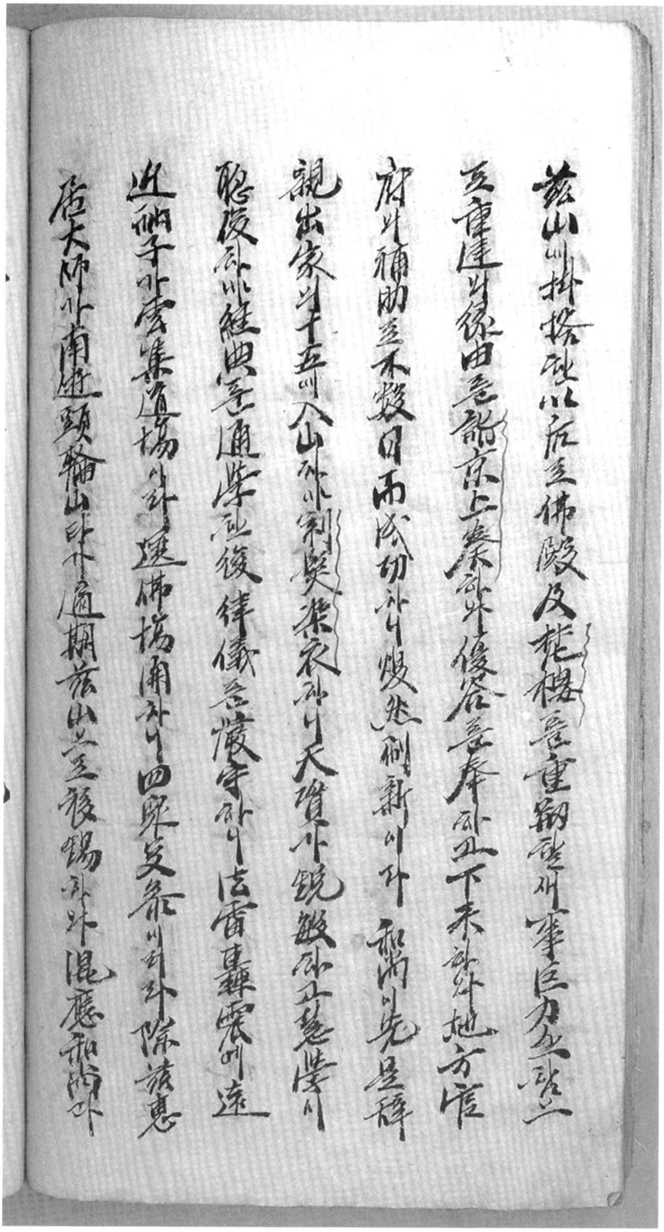

玆山에 掛搭한 以后로 佛殿 及 梵樓를 重刱한새 事巨力無하고 又
重建의 緣由를 京上에 奏하야 復啓를 奉하고 下來하야 地方官
府의 補助도 不發하고 因而成功하니 燦然刷新이라 和尙이 先是 辭
親出家의 十五에 入山하야 剃髮染衣하니 天質이 銳敏하고 慈學이
聰俊하야 經典을 通學한 後 律儀를 嚴守하니 法雷轟震에 遠
近衲子가 雲集道場이라 選佛場開하니 四衆受益이라 際族惠
居大師가 南遊頭輪山하야 適聞玆山으로 復錫하야 混應和尙과

還本社朗琳禪師와 接顔相見하야 道友를 要結社하니 感北山

氣之精秀와 水石之殷潔하고 於修道者의 適宜之道場이라 하야

修禪을 杜絶하고 禪衆을 結合하야 安禪入定의 制程과 寺規를

嚴護하니 古風이 大振이라 寺基를 擴張하고 伽藍을 修葺하니

佛殿宗寮가 燦然大成이라 禪敎를 兼進타가 眞鏡國師는

因後他山에 移錫하다 하니 此是第二創也라

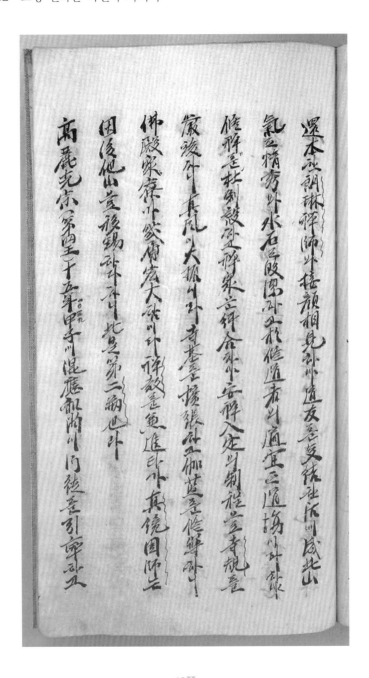

高麗元宗(第四王)十五年(一〇三九)甲子에 混應和尙이 門徒를 引率하고

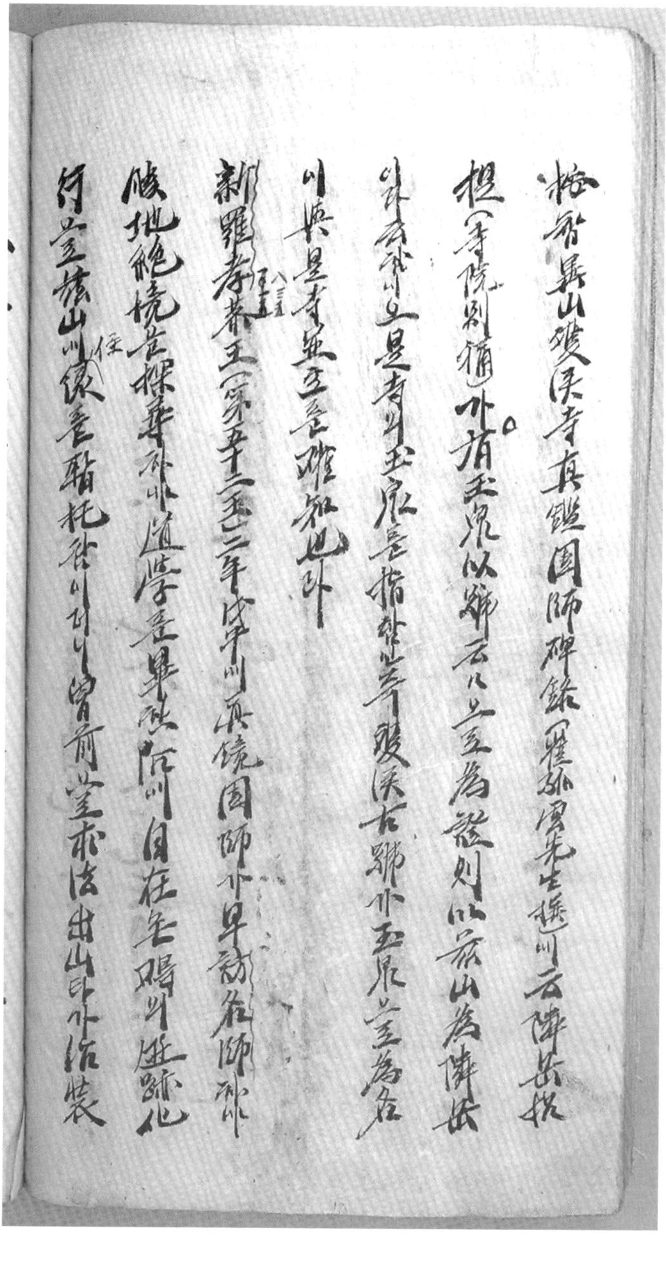
按智異山雙溪寺眞鑑國師碑銘(崔孤雲先生撰)에 云 障岳按
根(寺院別稱)가 有玉泉以稱云이오 又爲證則以泉山爲障岳
이라 稱함이오 是寺의 玉泉을 指함이니 雙溪古號가 玉泉으로 爲名
이며 是寺의 創立은 難知也라
新羅孝恭王(第五十二王)二年 戊午에 眞鏡國師가 早訪名師하사
勝地絶境을 探尋하사 道學을 畢然隨에 自在無碍의 遊跡이 他
行으로 遊山川 保를 暫托하니이러니 曾前 堂亦法 出山타가 治裝

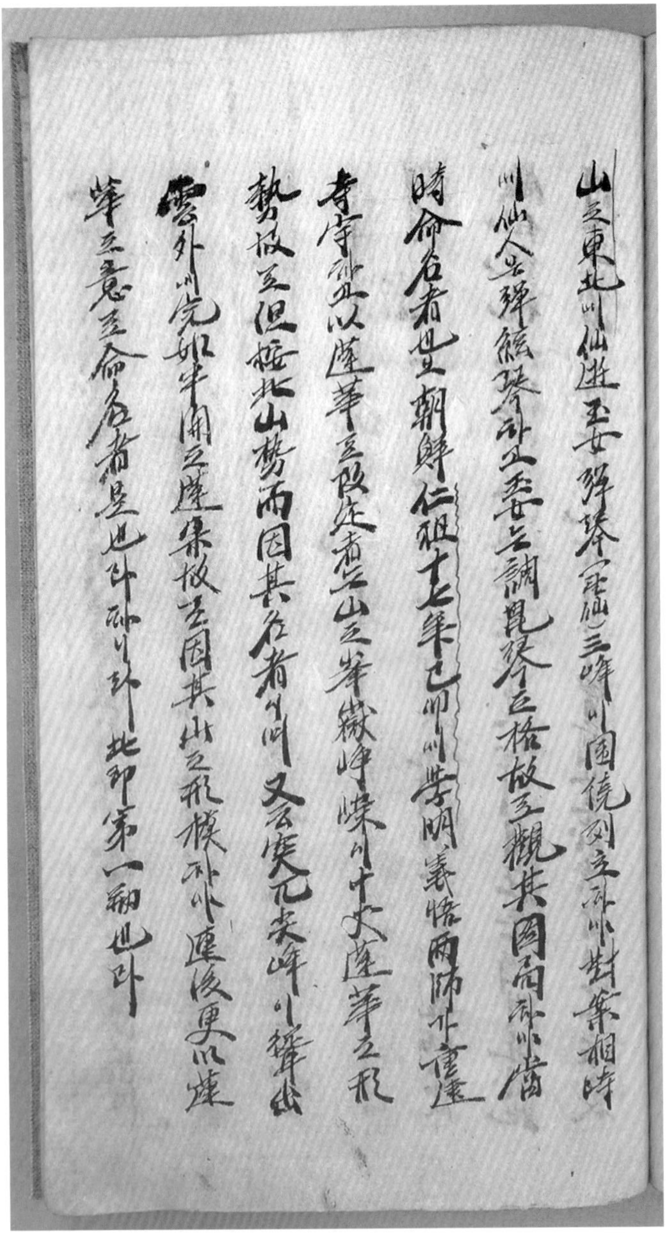

山之東北에 仙遊玉女彈琴(彈仙)三峰이 圍繞列立하야 對葉相峙
에 仙人이 彈絃琴하고 玉女는 調琵琴之格故로 觀其圍而當
時命名者也 朝鮮 仁祖十七年己卯에 學明 義悟兩師가 重建
寺宇하고 以蓮華로 改定者는 山之峯巒峥嵘이 十丈蓮華之形
勢故로 但從北山勢而因其名者이며 又云 突兀突峰이 聳出
雲外에 宛如半開之蓮朶故로 因其山之形模하야 蓮後更以蓮
峰之意로 命名者是也라 하니라 此即第一翻也라

11쪽

海東華嚴大學之所有十山焉 中岳公山美理寺 南岳智異山
華嚴寺 北岳浮石寺 康州(진주)迦耶山海印寺 普光寺 熊州(공주)迦耶峽普
願寺 鷄龍山岬寺 (括地志所云鷄龍是) 朔州(원주)華山寺 良州(양산)金井山
梵語(魚)寺 毘瑟山玉泉寺 全州母岳山國神寺 (今歸信寺) 更有
如漢州(경기광주)負岳山青潭寺也 則此十條所也라 하니라
本寺가 新羅時에 云毘瑟山玉泉寺라 寺額을 命名하엿스니 即 義湘
祖師가 十大寺刹中 一部 伽藍也라 然이나 昔之毘瑟로 爲名者는

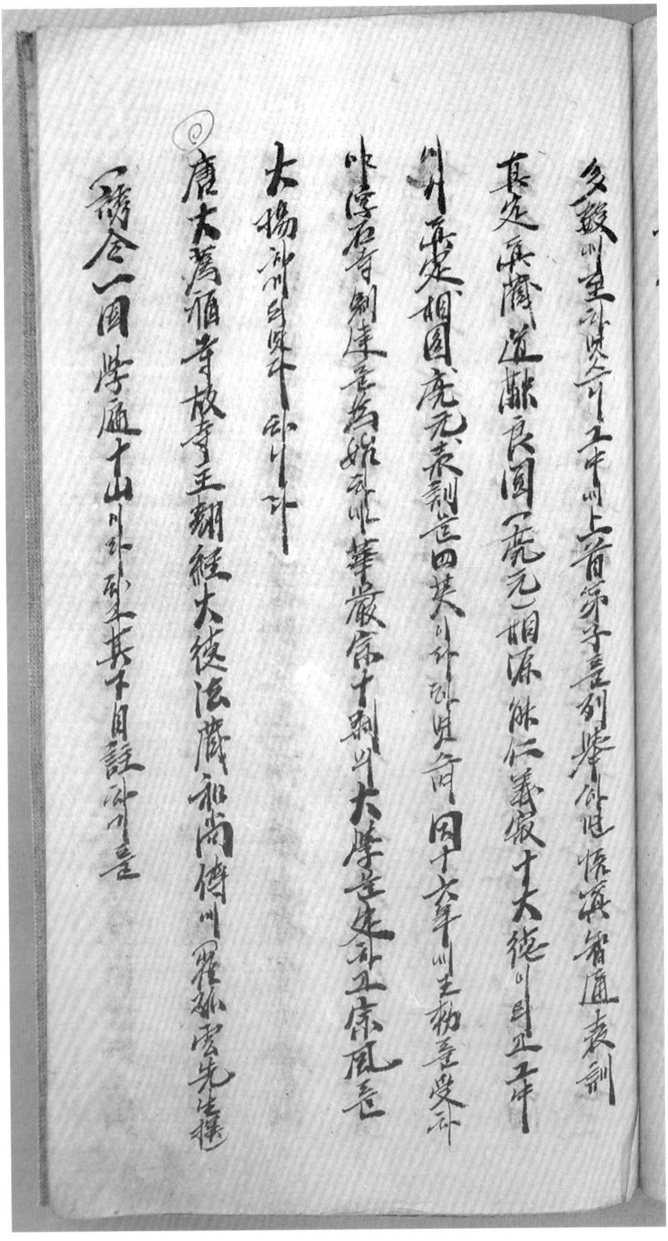
多數에 至하였으니 그中에 上首弟子를 列擧하면 悟眞 智通 表訓
眞定 眞藏 道融 良圓(亮元) 相源 能仁 義寂 十大德이 되고 그中
에 眞定 相圓 亮元 表訓은 四英이라 하였으며 同十六年에 王勅을 受하
야 浮石寺 創建을 爲始하야 華嚴宗十刹의 大學을 建하고 宗風을
大揚하게 되었다 하니라
◎唐大薦福寺故寺主翻經大德法藏和尚傳에 (崔致遠先生撰)
「誇今一國學徒十山이라 하고 其下自註하기를

9쪽

沿革緣起

新羅文武王第三十代十六年(六七六)丙子에義湘祖師가寺基를奠
開하고佛像을創建하야至於茲山基局하니是此始作祇桓之精舍
及初造彌陀之瑞像이라玉泉靈水가湧達於北源하다
右는新羅義湘祖師가文那에西學하야終南山至相寺에서智儼
禪師께서華嚴奧旨를學得하시니蘊萬의本色을並阻壞하고는文
武王元年에還國하니小白山錐洞에居하시며門徒가三千人이라

8쪽

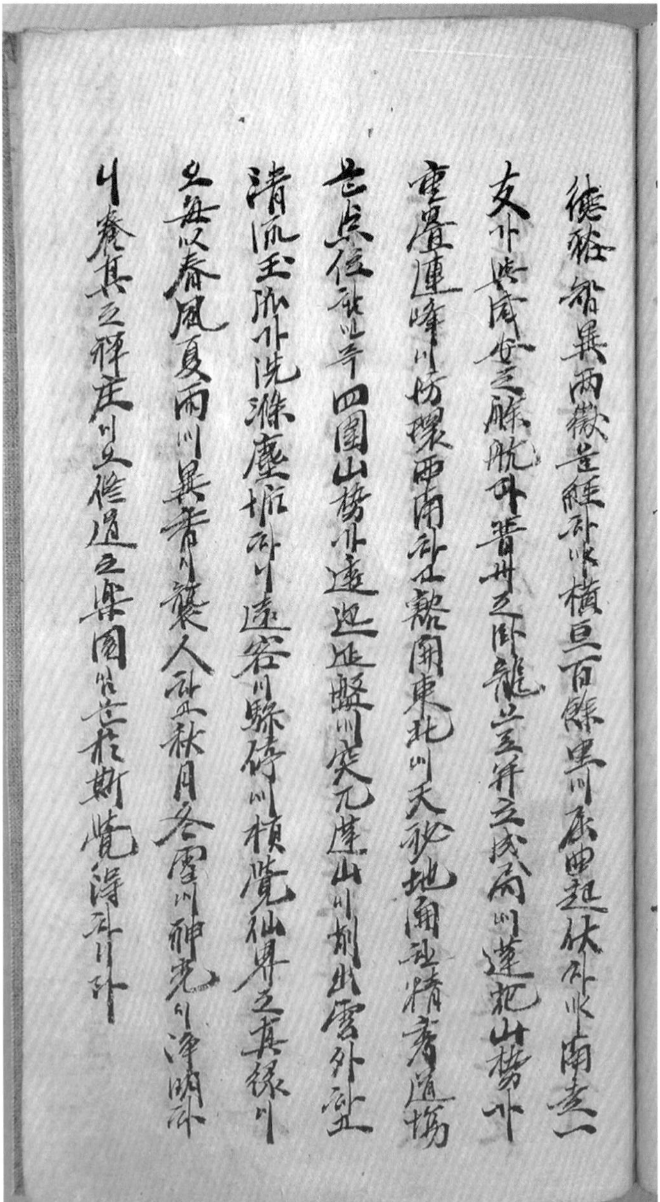

後落紹巽兩嶽並經하야 橫亘百餘里에 屈曲起伏하야 南走一
支가 將盡也之際에 普州之臥龍山과 并之成山에 蓮花山勢가
重疊連峰이 彷環西南하고 鄭開東北에 天秘地開하니 精靈道場
也라 位處兮 四圍山勢가 遠迎近盤이요 突兀蓮山이 削出雲外하고
清流玉脈가 洗滌塵垢하니 遠容이 駢峙에 楨覺仙界之真緣이요
也每以春風夏雨에 異香이 襲人하고 秋月冬雪에 神光이 淨明하니
니 養其之禪定이요 修道之樂園이로다 在斯覺得하니라

之限者是玉泉也則山之有寺이可堪甚昉이命名之義者也
又唐觀杜老玉泉詩하니蓮花交國共鳴鳥之句가著於斯
也則茲山形勝이與子美之所爲詩로亦以其有而名焉이라蓮花
玉泉이矣獨與子美之所稱으로異歟아北乃山名寺之名名者라
하니蓮華及玉泉이通古亘今에名義一稱者是寺總括也라

寺格位置

晋陽之南國伽倻之北에有蓮華山하니山脈이即小白山系至

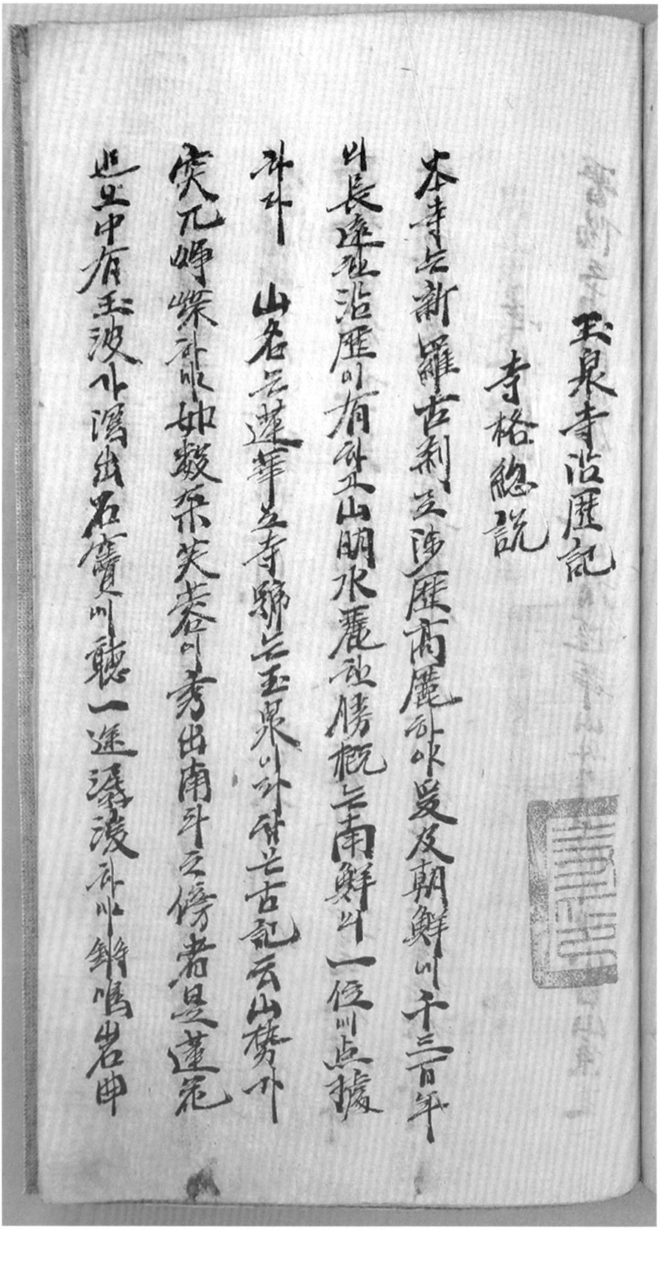

玉泉寺沿歷記

寺格總說

本寺는新羅古刹로涉歷高麗하야曁及朝鮮에千三百年의長遠한沿歷이有하고山明水麗한勝槪는南鮮의一位를占據하다 山名은蓮華오寺號는玉泉이라하는古記云山勢가突兀峥嵘하나니如數朶芙蓉이秀出南斗之傍者是蓮花也오中有玉波가湧出石竇에聽一道潺湲하나니鏘鳴岩曲

5쪽

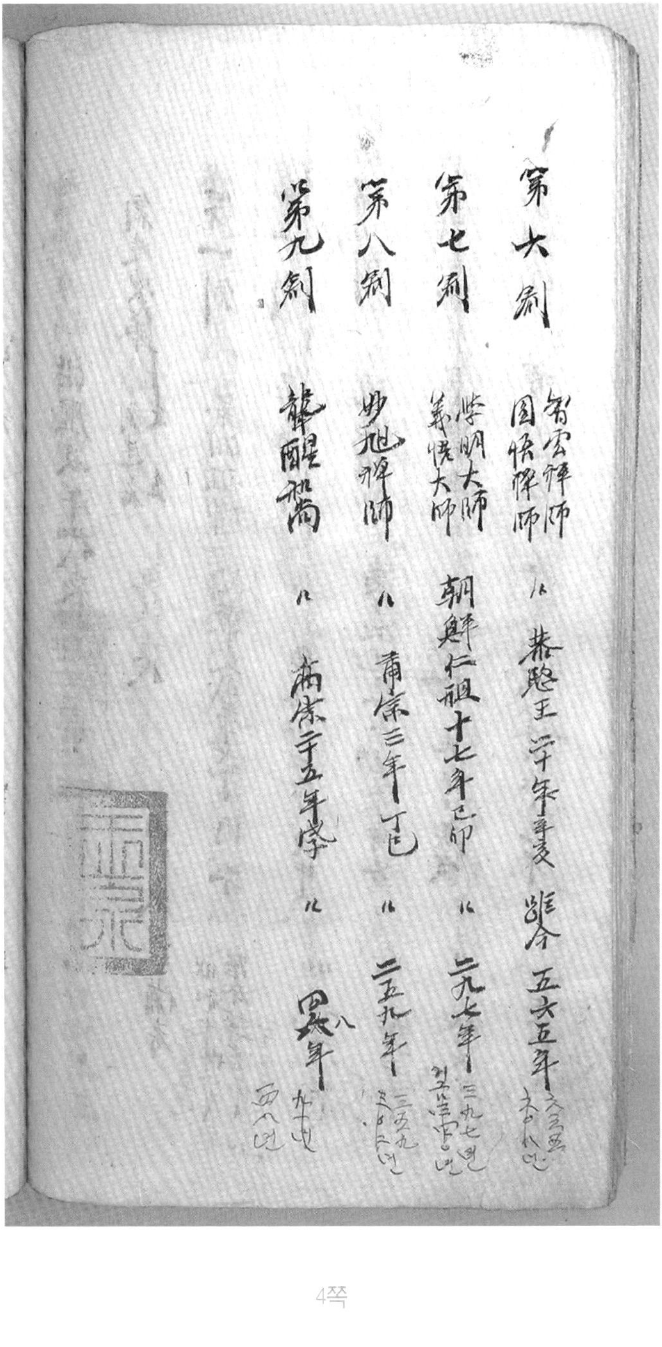
第六刹 智雲禅師 〃 恭愍王 辛亥年 距今 五六五年
圓悟禅師
第七刹 覺明大師 朝鮮仁祖十七年己卯 〃 二九七年
華悟大師
第八刹 妙旭禅師 〃 肅宗三年丁巳 〃 二五九年
第九刹 韓醒和尚 〃 高宗十五年戊寅 〃 五八年

4쪽

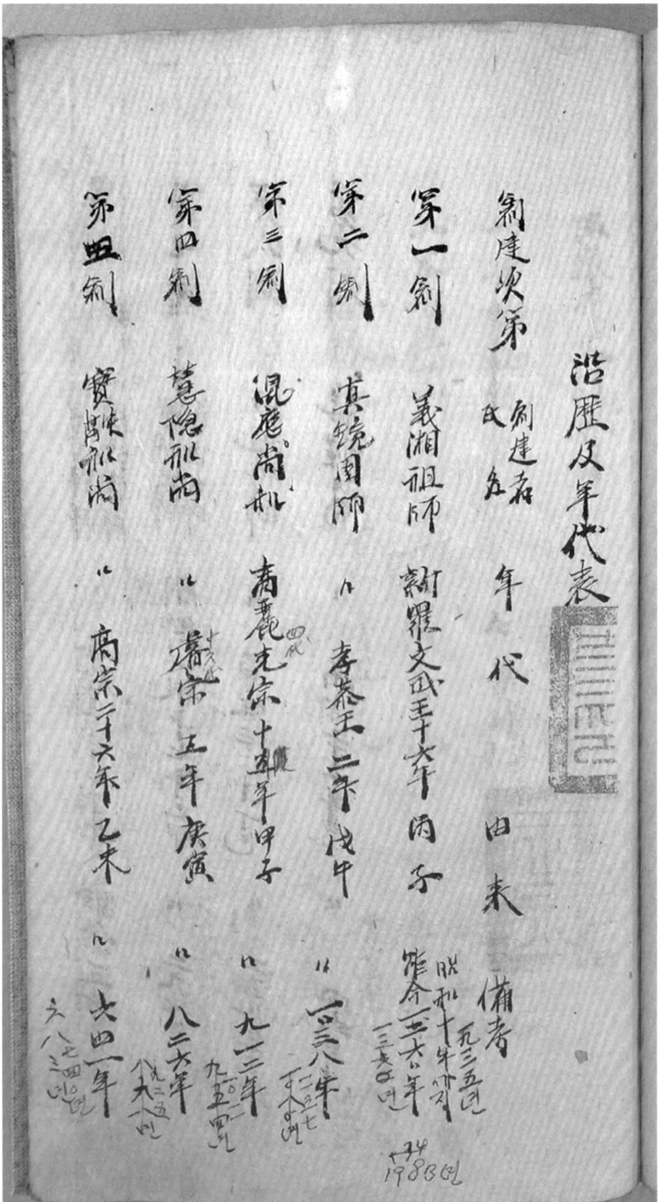

沿歷及年代表

創建次第	創建者氏名	年代	由來	備考
第一創	義湘祖師	新羅文武王十六年丙子		昭和十年까지 一九三五년 距今一二六〇年
第二創	真鏡國師	〃 孝恭王二年戊午		〃 一〇三八年
第三創	混應和尚	高麗光宗十五年甲子		〃 九一二年
第四創	慧隱和尚	〃 肅宗五年庚寅		〃 八二六年
第五創	寶性和尚	〃 高宗二十六年乙未		〃 七四一年

3쪽

八、有功文

龍雲和尙有功文

錦醒和尙有功文

洗塵橋頌功文

九、詩韻

玉泉寺韻

各房庵韻

實相臺韻

滋芳樓

蓮登橋

洗塵橋

蓮華山八景

十、完文

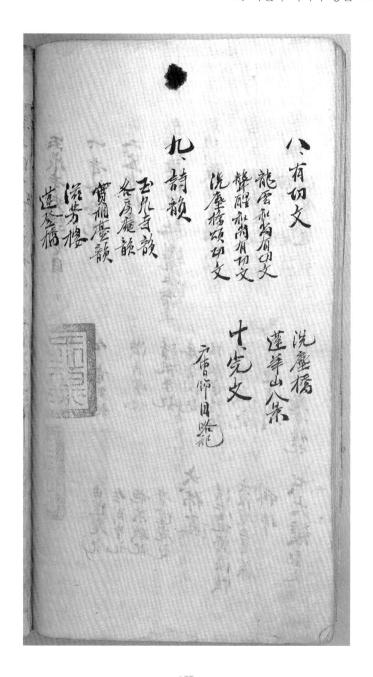

廣曾師目略記

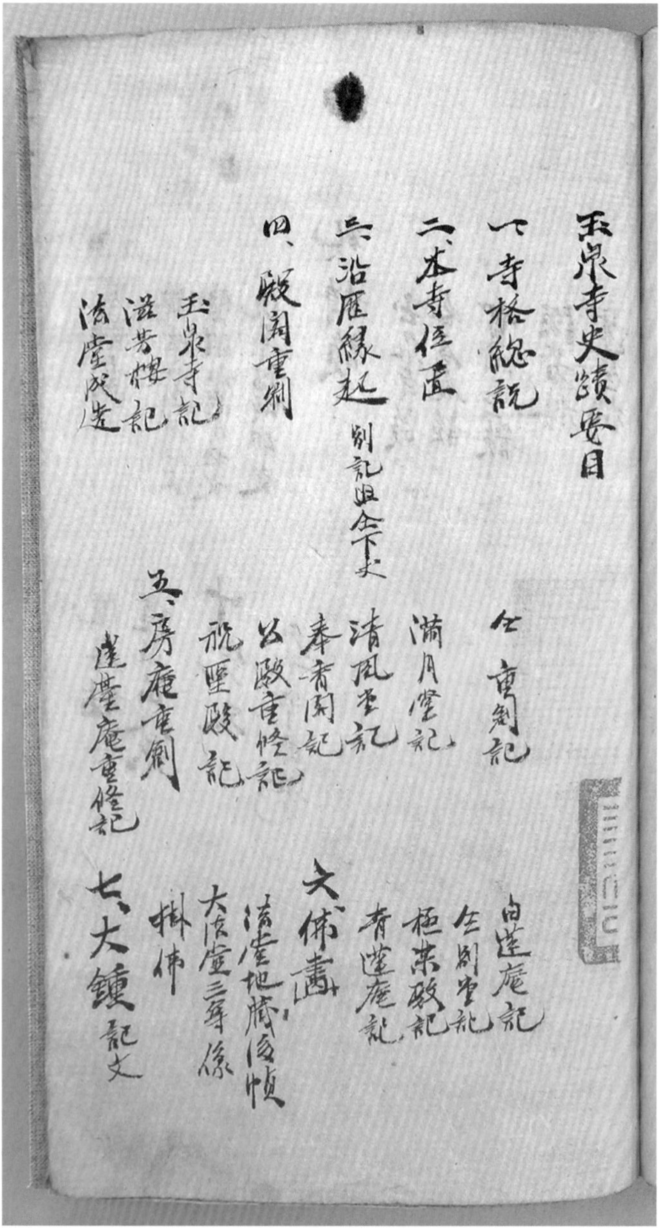

玉泉寺史蹟要目

一、寺格總說

二、本寺位置

三、沿歷緣起 別記但仝下文

四、殿閣重創

玉泉寺記

滋芳樓記

法堂成造

仝 重創記

滿月堂記

清風堂記

奉香閣記

冥殿重修記

祇陀殿記

五、房庵重創

蓮臺庵重修記

白蓮庵記

仝 別堂記

極樂殿記

靑蓮庵記

六、佛畵

法堂地藏後幀

大法堂三尊像

掛佛

七、大鍾記文

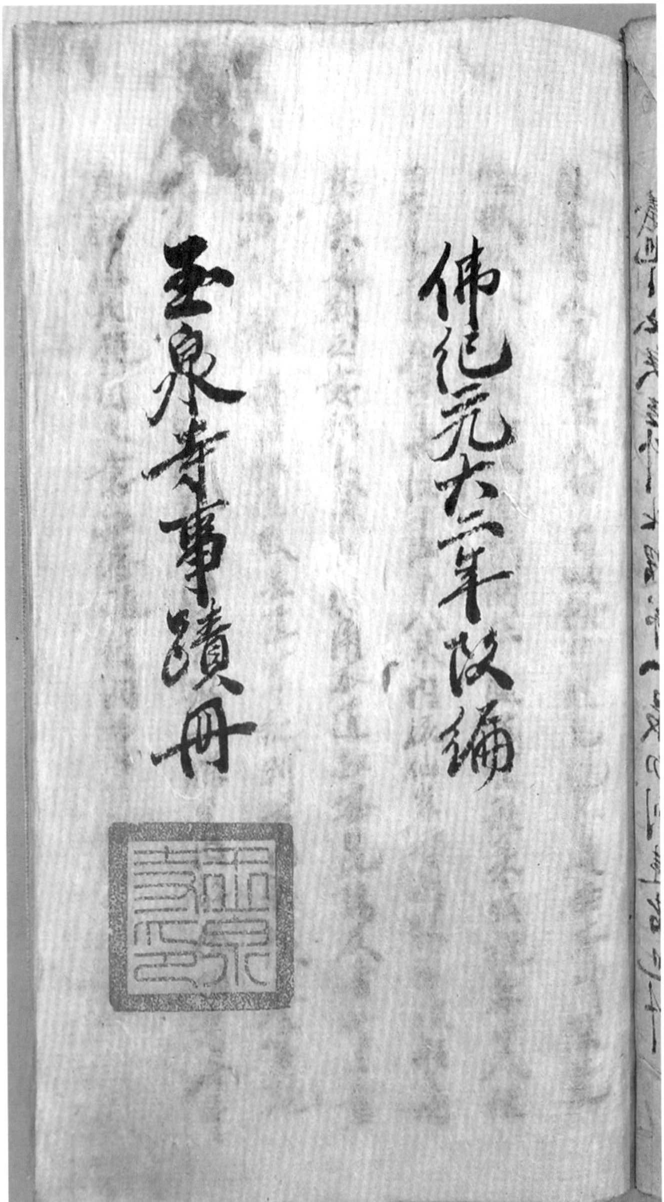
玉泉寺事蹟冊

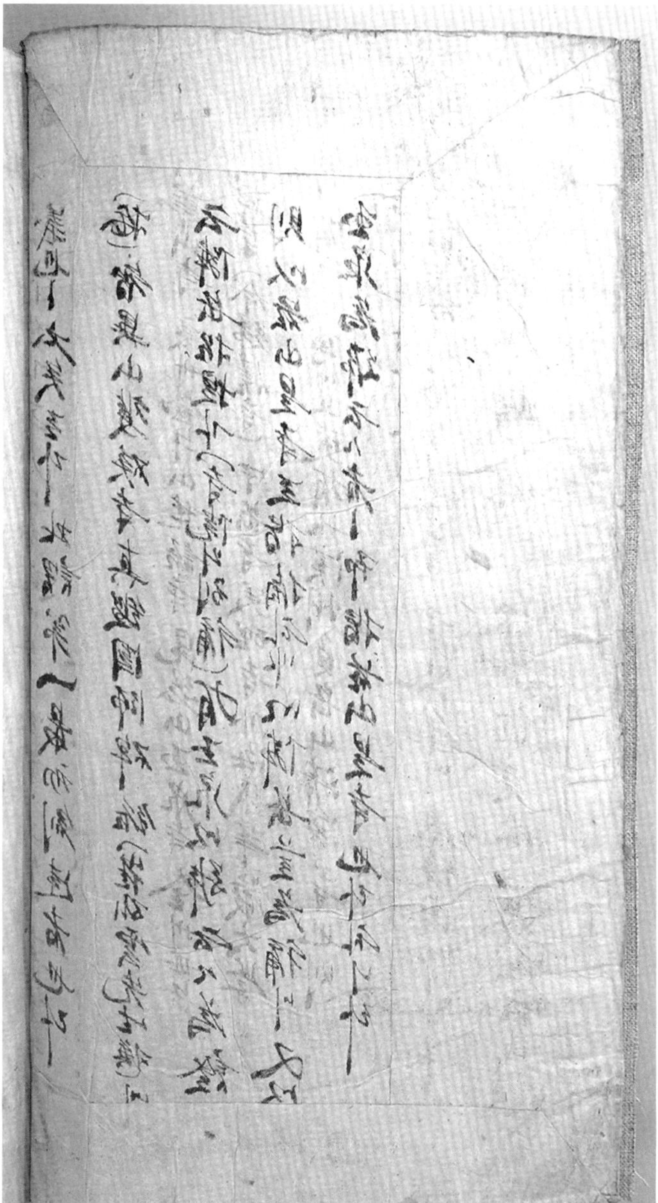

玉泉寺事蹟記